Programa de Integridade no Setor Educacional
MANUAL DE *COMPLIANCE*

> "Maus modos estragam tudo,
> até o que é justo e razoável.
> Boas maneiras favorecem tudo:
> amenizam o não, adoçam
> verdades amargas e dão um
> toque de beleza à velhice."

Baltasar Gracián (1601-1648)
A Arte da Prudência

DANIEL CAVALCANTE SILVA E JOSÉ ROBERTO COVAC

PROGRAMA DE INTEGRIDADE NO SETOR EDUCACIONAL

MANUAL DE COMPLIANCE

cultura

2019 © Daniel Cavalcante Silva e José Roberto Covac
2019 © EDITORA DE CULTURA
ISBN: 978-85-293-0218-8

Todos os direitos desta edição reservados
EDITORA DE CULTURA
Rua Pirajá, 1.117
CEP 03190-170 – São Paulo – SP

Fone: (11) 2894-5100
atendimento@editoradecultura.com.br
www.editoradecultura.com.br

Partes deste livro poderão ser reproduzidas, desde que
obtida prévia autorização escrita da Editora e nos limites
da Lei no 9.610/98, de proteção aos direitos de autor.

Primeira edição: Setembro de 2019
Impressão: 5ª 4ª 3ª 2ª 1ª
Ano: 23   22   21   20   19

Dados de Catalogação na Fonte (CIP)
Aline Laura Nascimento Tavella CRB 8ª Região 8833

S586p	Silva, Daniel Cavalcante
	Programa de integridade no setor educacional: manual de compliance / Daniel Cavalcante Silva, José Roberto Covac. - São Paulo: Editora de Cultura, 2019.
	256p.
	ISBN: 978-85-293-0218-8
	1. Ensino Superior no Brasil. 2. Educação. 3. Administração. I. Silva, Daniel Cavalcante. II. Covac, José Roberto. III. Título.
	CDD 378.81

SUMÁRIO

Prefácio, *por Ives Gandra da Silva Martins*   9

Apresentação   11

1. CONTEXTUALIZANDO O *COMPLIANCE*   17

1.1. O que é *compliance*?   18
1.2. Entendendo a função de *compliance*   21
1.3. A ética como requisito básico   24
1.4. Escopo e benefícios do *compliance*   26
1.5. Atual cenário legal do *compliance* no Brasil   30
1.6. Pilares legais de um programa de integridade   36
1.7. *Compliance* como modelo de gestão e de negócio   39

2. A FUNÇÃO DE *COMPLIANCE* NO ENSINO SUPERIOR PRIVADO   41

2.1. Identificando a função de *compliance* educacional   44
     1. Tratamento dos conflitos de interesses   47
     2. Identificação do risco de *compliance* setorial   50
     3. Planejamento de políticas e procedimentos   53
     4. Auditoria legal, regulatória e acadêmica   54

2.2. Custo do programa de *compliance* para uma instituição de ensino superior privada   57

3. RISCOS DE *COMPLIANCE* PRÓPRIOS DO SETOR EDUCACIONAL   59

3.1. Compreendendo a relação entre risco e *compliance*   59
3.2. Análise dos riscos de *compliance* específicos do setor educacional privado   64
3.3. Mensurando o custo de não conformidade   65

4. ***COMPLIANCE* NO TERCEIRO SETOR E SUA ADEQUAÇÃO À NATUREZA JURÍDICA DAS INSTITUIÇÕES DE ENSINO NO BRASIL** 68

4.1. Contextualização do terceiro setor no país 69

4.2. Natureza jurídica das entidades do terceiro setor 71

    4.2.1. Fundação 71

    4.2.2. Associações 73

4.3 *Compliance* em entidades do terceiro setor e o risco de não conformidade 75

4.4. Intervenção do Ministério Público na implantação dos programas de integridade em organizações do terceiro setor 80

4.5. Adequação do *compliance* às demais naturezas jurídicas das instituições de ensino privadas 81

    4.5.1. Sociedade simples 82

    4.5.2. Sociedade empresária 83

    4.5.3. Sociedade anônima 85

4.6. *Compliance* educacional e seu relacionamento com as demais áreas da entidade mantenedora e da mantida 87

5. ***COMPLIANCE* E O AMBIENTE REGULATÓRIO NO ENSINO SUPERIOR BRASILEIRO** 90

5.1. Compreendendo o sistema de avaliação, regulação e supervisão da educação superior no Brasil: análise de risco 91

5.2. Procedimentos específicos de avaliação 97

    5.2.1. Avaliação institucional 98

    5.2.2. Avaliação de cursos 99

    5.2.3. Exame Nacional de Desempenho dos Estudantes (Enade) 100

    5.2.4. Conceito Preliminar de Curso (CPC) 101

    5.2.5. Índice Geral de Cursos (IGC) 101

    5.2.6. Indicador de Diferença entre Desempenho Observado e Esperado (IDD) 102

    5.2.7. Censo da Educação Superior 102

5.3. Procedimentos específicos de regulação 103

    5.3.1. Credenciamento 104

    5.3.2. Recredenciamento 104

    5.3.3.Autorização 104

    5.3.4. Reconhecimento 104

    5.3.5. Renovação de reconhecimento 105

    5.3.6. Pedido de aditamento de ato regulatório 105

    5.3.7. Procedimentos de regulação de ensino a distância (EAD) 105

    5.3.8. Transferência de mantença 106

    5.3.9. Unificação de mantidas 108

5.4.	Procedimentos específicos de supervisão	109
	5.4.1. Procedimento preparatório	109
	5.4.2. Procedimento saneador	110
	5.4.3. Procedimento sancionador	110
	5.4.4. Medida cautelar administrativa	112
	5.4.5. Monitoramento	112
	5.4.6. Procedimento de supervisão e o risco de *compliance*	113
5.5.	*Compliance* na educação básica	114

6.   *COMPLIANCE* EM FACE DE PROGRAMAS E POLÍTICAS PÚBLICAS EDUCACIONAIS   118

6.1.	Fundo de Financiamento do Estudante do Ensino Superior (Fies)	120
6.2.	Programa Universidade para Todos (Prouni)	122
6.3.	Programa Nacional de Acesso ao Ensino Técnico e Emprego (Pronatec)	125
6.4.	Programa de Estímulo à Reestruturação e ao Fortalecimento das Instituições de Ensino Superior (Proies)	127
6.5.	Políticas públicas municipais	130

7.   *COMPLIANCE* RELACIONADO COM ROTINAS INSTITUCIONAIS   133

7.1.	Rotinas fiscais	134
	7.1.1. Exigências de certidões de regularidade fiscal	135
	7.1.2. *Compliance* na manutenção dos requisitos da imunidade tributária	138
	7.1.3. Manutenção de isenções fiscais	143
	7.1.4. Compensação tributária	144
7.2.	Rotinas trabalhistas	145
7.3.	Rotina na gestão de demandas judiciais variadas	152
7.4.	Rotinas acadêmicas	158
7.5.	Rotinas financeiras	162
	7.5.1. Sustentabilidade econômico-financeira e capacidade de autofinanciamento	165
	7.5.2. Política de ajuste de anuidades ou semestralidades escolares e o contrato de prestação de serviços educacionais	169
	7.5.3. Gerenciamento de contratos	174
7.6.	Lei Geral de Proteção de Dados (LGPD): uma nova rotina institucional	177

8. ANÁLISES QUE PRECEDEM A IMPLANTAÇÃO DO PROGRAMA DE INTEGRIDADE (*COMPLIANCE*) EM INSTITUIÇÕES DE ENSINO 183

8.1. Compreensão sistêmica do funcionamento da entidade e do setor educacional 184

8.2. Gestão integrada dos riscos de *compliance* próprio de instituições de ensino superior: escopo 186

8.3. Resiliência institucional: implementação de procedimentos societários de prevenção e tratamento do conflito de interesses 191

8.3.1. Acordo de sócios, acionistas e acordo de família: pactos parassociais 192

8.3.2. Criação e gerenciamento de *holding* 196

8.3.3. Controle institucional de associações 198

9. ESTRUTURAÇÃO E IMPLANTAÇÃO DO PROGRAMA DE INTEGRIDADE (*COMPLIANCE*) EM ENTIDADES EDUCACIONAIS 200

9.1. Procedimentos preliminares 202

9.1.1. Mapeamento da organização 203

9.1.2. Trabalho colaborativo e utilização de ferramenta de gestão 206

9.2. Estruturação do programa de integridade (*compliance*) com base nos pilares legais exigidos 207

9.2.1. Suporte da alta administração (*tone from the top*) 208

9.2.2. Avaliação de riscos e *due diligence* 209

9.2.3. Código de conduta e políticas institucionais 210

9.2.4. Controles internos 216

9.2.5. Treinamento e comunicação 219

9.2.6. Canais de denúncias 220

9.2.7. Investigações internas e medidas disciplinares 221

9.2.8. Monitoramento contínuo: planejamento de uma matriz de risco 222

9.2.9. Tratamento das não conformidades e mitigação de riscos 226

9.3. Gestão do programa de integridade (*compliance*) e aproveitamento da estrutura existente 228

9.3.1. O *chief compliance officer* e o procurador institucional: funções 231

9.3.2. Comitê de *Compliance* e Comissão Própria de Avaliação (CPA): funções 234

9.4 Validação do programa de integridade (*compliance*): auditoria externa e certificações do programa 239

Referências bibliográficas 243

Agradecimentos 249

Sobre os autores 253

PREFÁCIO

EM 2015, José Roberto Covac e Daniel Cavalcante Silva escreveram livro de particular atualidade para a Educação, qual seja: a aplicação do princípio do *compliance*, próprio dos setores mercadológicos ou empresariais, na área educacional.

Diante do fiel compromisso de atualizar a matéria, com a jurisprudência dos tribunais superiores, bem como com os novos instrumentos legislativos que entraram em vigor desde então, os autores procederam a substanciais modificações, dando origem, assim, a esta nova obra, que, de modo geral, traz acréscimos e aprofundamentos.

Tão grandes foram eles que o livro passou a ser denominado ***Programa de Integridade no Setor Educacional – Manual de* Compliance**. Passo, pois, a uma breve análise da obra, inclusive em suas inovações.

O livro, como o anterior, continua principiando com a contextualização de *compliance*, em que a explicação do vocábulo, sua função, seu escopo, benefícios e a perfilação de um "mercado de gestão do empreendimento negocial" facilitam o entendimento dos capítulos posteriores.

Ora, o risco, inerente a qualquer empreendimento, e a necessidade de adequá-lo a um exato cumprimento das regras, objetivando um processo governativo eficiente, à luz das melhores práticas, talvez seja a melhor conformação do que seja *compliance*, palavra que não tem tradução adequada para o português, mas pode se assemelhar a "boa governança".

Seguindo este raciocínio, têm adequado tratamento na segunda parte a análise da função do *compliance* no ensino superior privado, sua identificação, disciplina dos conflitos de interesses, determinação do risco setorial, formulação de políticas e procedimentos com a auditoria legal, regulatória e acadêmica (as três facetas da fiscalização, em sua implantação), além do custo do programa para a educação superior.

Lembro neste ponto que o artigo 209 da Constituição Federal de 1988 exige do ensino privado a mesma qualidade do ensino público (na maior parte das instituições, é muito superior, principalmente no ensino de 1º e 2º graus), mas não torna o ensino privado uma concessão do poder público. É, pois, uma imposição constitucional a ser respeitada.

Na terceira parte, os autores analisam os riscos que envolvem o *compliance*, examinando a intensa relação entre eles, principalmente no que tange à educação privada, assim como procurando mensurar o aumento de custo que gera a não conformidade.

A quarta parte decorre dos alicerces para a compreensão da temática, pois cuida da adequação do *compliance* à natureza jurídica das diversas instituições superiores privadas (fundações, associações, sociedades simples, empresariais, anônimas), assim como sua relação com as diversas áreas das entidades mantenedoras.

Ora, todos nós temos pleno conhecimento das dificuldades que o ensino particular sofre, apesar de ofertar ao país a possibilidade do real alargamento do crescimento universitário, em face da notória insuficiência das instituições públicas, cujo diagnóstico foge à alçada deste prefácio, mas que já tenho tratado em livros e estudos. Fato é que o artigo 213 da Constituição Federal é destinado às instituições filantrópicas, confessionais e comunitárias, sendo, para elas, permitida a versão de recursos retirados das burras oficiais.

Entretanto, num país em que as autoridades muitas vezes violentam a Constituição *"pro domo sua"* na busca de mais dinheiro para atender à burocracia esclerosada, e que conta com uma máquina pública que consome 35% do PIB brasileiro sem retorno adequado, muitas vezes dizer que o rei está nu é fundamental, para que a vontade do constituinte prevaleça sobre as interpretações menos avisadas de quem detém o poder

Por isto, causou-me, este livro, especial satisfação, por dimensionar o melhor gerenciamento das instituições privadas de ensino em país em que a instabilidade legislativa e exegética é uma constante.

São, pois, as entidades privadas as que ainda permitem o desenvolvimento do Brasil, embora de forma inferior às suas possibilidades, pois compõem mais de 75% da oferta de vagas acadêmicas no país. São elas que necessitam de um justo equilíbrio entre o risco e a boa governança, dentro dos esquadros próprios da legislação, pois estão a beneficiar o país com um ensino de boa qualidade e superior ao de muitas das instituições públicas.

Essas instituições são, todavia, punidas pela necessidade do governo de "fazer caixa" às custas do terceiro setor. Fato que preocupa. Embora façam o que o governo deveria fazer com os recursos tributários, e não o faz, em vez de incentivá-las, tributa-as, restringindo o gozo da imunidade constitucional, principalmente em relação às instituições sem fins lucrativos.

Feito este desabafo, destaco que a quinta parte do livro foi a que mais sofreu modificações, haja vista o advento dos Decretos n.º 9.235/2017 e n.º 9.057/2017, que tratam da regulamentação do ensino superior, enfatizando-se o sistema de avaliação, regulação e supervisão, no exame da teoria do risco aplicada, além dos procedimentos específicos de avaliação institucional dos cursos, Enade (Exame Nacional de Desempenho dos Estudantes), CPC (Conceito Preliminar de Curso) e IGC (Índice Geral de Cursos Avaliados da Instituição), IDD (Indicador de Diferença entre os Desempenhos Observado e Esperado, Censo da Educação Superior.

Os procedimentos específicos de regulação são cuidados: credenciamento, recredenciamento, autorização, reconhecimento, renovação do reconhecimento, pedidos de aditamento regulatório, EAD (educação a distância), transferência de mantença e unificação da matrícula.

Também os procedimentos específicos de supervisão são tratados: notificação sobre irregularidades, protocolos para sanear deficiências, medidas cautelares administrativas, instauração de processo administrativo. Considerações sobre Insaes (nstituto Nacional de Supervisão e Avaliação da Educação Superior) e *compliance* são tecidas, como sendo de possível aplicação na educação básica.

Na sexta parte, examina-se *compliance* em face de programas e políticas públicas (Fies, Prouni, Pronatec, Proies e diversas políticas municipais).

Na sétima parte, o *compliance* é relacionado com as rotinas institucionais, sejam as fiscais (certidões de regularidade fiscal, registro de imunidade tributária, isenções fiscais, compensação tributária), trabalhistas (já sob a óptica da reforma trabalhista e diversos outros temas, como a terceirização por exemplo), de gestão de demandas judiciais, acadêmicas e financeiras (sustentabilidade econômico-financeira, capacidade de autofinanciamento, política de ajustes de anuidades e semestralidades de gerenciamento de contratos); além de tratar da política de ajustes, bem como do gerenciamento de contratos.

O capítulo oitavo cuida da compreensão sistêmica do funcionamento da entidade e do setor, com gestão integrada de riscos do *compliance* nas instituições e análise do que deve vir antes da implantação do programa de integridade.

O item nono, por fim, é a grande inovação do livro, que descreve e analisa amplamente a estruturação e a implantação do programa de integridade nas entidades educacionais, tratando, portanto, dos procedimentos, estruturação, gestão e validade do *compliance* nas instituições de ensino.

Como se percebe, o livro é admiravelmente bem estruturado para que se possa compreender, em todos os seus aspectos, a teoria do risco e da boa governança nas instituições privadas, conforme as regras da legislação.

Sobre os autores, há pouco a falar, pois seus currículos, embora resumidos neste livro, permitem avaliar o prestígio que, merecidamente, angariaram. Conheço-os há muito e há muito os admiro. São das maiores autoridades do país na área.

Espero que, em face da relevância da matéria e da excelência dos autores, continue a manter este livro a bem- sucedida carreira editorial da obra anterior.

IVES GANDRA DA SILVA MARTINS
Professor Emérito da Universidade Mackenzie
Escola de Comando e Estado-Maior do Exército (Ecemep)
Escola Superior de Guerra (ESG)
Membro da Academia Brasileira de Filosofia

APRESENTAÇÃO

ESTA OBRA constitui, na verdade, uma segunda incursão ao tema do nosso livro *Compliance como boa prática de gestão no ensino superior privado*, lançado em 2015. A boa aceitação do livro e sua aplicabilidade prática nos levaram a este novo, com o título adequado para *Programa de Integridade no Setor Educacional: Manual de* Compliance.

A adequação do título da obra ocorreu porque a legislação do *compliance* avançou consideravelmente no país desde 2015, o que demandou uma ampliação do trabalho e a necessidade de abarcar o setor educacional como um todo, tendo em vista que o programa de integridade (*compliance*) deve ser compreendido como mecanismo sistêmico e aplicado em setores regulados.

O setor educacional se tornou uma das áreas mais reguladas da nossa economia, sobretudo porque, originariamente, não foi concebido para figurar como um setor econômico de fato. Essa alteração de cenário obrigou as entidades educacionais, principalmente as instituições de ensino superior (IES), a se adequar às novas exigências por meio da estruturação de mecanismos de gestão que atendessem minimamente aos novos padrões regulatórios. Consequentemente, na medida em que estes são alterados, sob o argumento da busca de qualidade, as exigências administrativas e gerenciais também aumentam.

Por outro lado, quando se dialoga com gestores sobre conceitos de gestão ou de governança no âmbito educacional, é comum ouvi-los dizer que esse assunto não lhes diz respeito ou, pior, que isso afeta apenas grandes organizações ou entidades que pretendem abrir o capital. No entanto, está claro que gestão e governança são conceitos extremamente relevantes para qualquer gestor, independentemente do tamanho e da natureza jurídica da organização, sobretudo porque, no atual cenário, não há mais espaço para a simplicidade administrativa do passado.

Todas as entidades educacionais, dos mais diversos níveis organizacionais, passaram a elaborar e rever periodicamente uma série de planejamentos e ações, com o intuito de se adequar às novas exigências regulatórias e mercadológicas. Além disso, a intensificação da difusão de informações provocou aumento tanto na transparência das organizações como nas expectativas da sociedade em geral em torno de várias questões ligadas às instituições de ensino. Com isso, a qualidade da gestão dessas entidades vem sendo paulatinamente avaliada com mais rigor, seja pelo órgão regulador, seja pelo mercado.

Nesse contexto, a eficiência de uma entidade educacional passa necessariamente pela obrigação de se tornar cada vez mais íntegra e preparada para lidar com as guinadas cíclicas dos órgãos regulatórios, assegurando, assim, o cumprimento de normas e condutas éticas e resguardando a integridade institucional.

Isso demonstra a necessidade de pôr em prática nas instituições educacionais o atual conceito de resiliência, ou seja, dotá-las da capacidade de manter o equilíbrio e a capacidade de recuperação diante de um ambiente sob pressão e mutação constantes.

O cenário regulatório do setor educacional demanda a implantação e o aprimoramento de mecanismos de eficiência já comprovada em outros setores da economia, como o financeiro, o farmacêutico e o de telecomunicações, que estão em constante busca de resiliência institucional, motivo pelo qual tais áreas promovem a criação e o aprimoramento do que chamamos de *compliance*.

O programa de *compliance* tornou-se um mecanismo efetivo tanto de prevenção ao descumprimento de normas como de combate a fraudes e desvios de conduta. Por esse motivo, tornou-se indispensável à manutenção da competitividade no complexo cenário corporativo. O *compliance* passou a servir como guia para proteção da integridade das organizações, reduzindo riscos e aprimorando os controles imprescindíveis à tomada de decisões.

Diante da importância do programa para as corporações, o *compliance* passou a ganhar considerável espaço em nossa legislação, com a sanção da Lei n.º 12.846, de 1º de agosto de 2013, que dispõe sobre a responsabilização administrativa e civil de pessoas jurídicas pela prática de atos contra a administração pública, nacional ou estrangeira, conhecida também como Lei Anticorrupção. A grande inovação da Lei Anticorrupção está na aplicação de sanções criminais a pessoas jurídicas, as quais poderão ser mitigadas na hipótese de a pessoa jurídica adotar mecanismos e procedimentos internos de integridade (*compliance*).

A Lei Anticorrupção passou a ser regulamentada pelo Decreto n.º 8.420, de 18 de março de 2015, que trouxe importantes inovações à legislação nacional, sobretudo no que tange aos parâmetros de implantação dos programas de integridade (*compliance*), ou seja, passou a prever aquilo que seria chamado de "pilares do programa de integridade".

Em concomitância com a Lei Anticorrupção e o seu decreto regulamentador, outras leis e atos normativos federais correlatos, além de legislações estaduais e do Distrital Federal, emergiram, fazendo com que o programa de integridade (*compliance*) passasse a ser uma realidade no país

Nesse contexto, é possível também inserir a Lei n.º 13.709, de 14 de agosto de 2018, conhecida como Lei Geral de Proteção de Dados (LGPD), que tem uma característica absolutamente similar à do Decreto n.º 8.420, de 18 de março de 2015 e traz importantes parâmetros de integridade em face do tratamento de dados pessoais. Essa nova legislação é divisor de águas, deverá ser objeto de tratamentos nas rotinas institucionais das organizações e, por via de consequência, no âmbito de atuação do programa de integridade de instituição.

As legislações em torno do *compliance* no país evidenciaram um curioso padrão de conduta, pois, ao incentivar atitudes socialmente desejáveis ou outras vantagens comerciais, além de um tratamento diferenciado para empresas que investem em medidas de prevenção e proteção da integridade corporativa (como ocorre em programas de *compliance*), passaram a ser fundamentais para minimizar desvantagens competitivas e reduzir distorções de mercado que beneficiariam organizações que nada fazem para evitar práticas ilícitas ou perniciosas.

É dentro desse cenário que as instituições de ensino, nas especificidades do setor, deverão se adequar às novas exigências dessa legislação e dos demais atos normativos relacionados a elas. Não será absolutamente surpresa se, por exemplo, o Ministério da Educação editar atos normativos regulatórios que exijam de instituições de ensino superior a adoção de programa de integridade (*compliance*), inclusive no que tange à avaliação institucional. Essa é uma realidade que pode ocorrer claramente.

Com base nas perspectivas apresentadas anteriormente, este livro começa abordando o *compliance* e sua função, sobretudo no atual cenário legal no país, e, posteriormente, analisa e identifica o programa em seu papel de boa prática de gestão no contexto do ensino superior privado. O capítulo apresenta a grande mudança de paradigma na legislação e a busca da conduta ética como requisito básico, além da apresentação dos pilares do programa de integridade no país.

O capítulo seguinte busca apresentar a função de *compliance* no setor educacional privado, com todas as especificidades decorrentes da forma de gestão adotada pelas organizações. Em seguida, apresentamos os riscos do *compliance* específicos ao ensino superior, abordando mais detalhadamente o ambiente regulatório da educação brasileira por meio de procedimentos administrativos cabíveis nos casos de não conformidade com leis e padrões.

Ato contínuo, passamos a abordar os programas de integridade (*compliance*) no terceiro setor e sua adequação à natureza jurídica das instituições de ensino no Brasil. Esse capítulo é bastante interessante, porque apresenta cenários que ainda não existiam na época em que a Lei Anticorrupção foi editada, a começar pela atuação do Ministério Público na exigência do *compliance* em entidades do terceiro setor. O capítulo também aborda as questões societárias específicas do setor e a sua correlação com o programa de integridade.

Como grande diferencial para a especificidade do setor, abordamos o programa de integridade (*compliance*) e sua relação com o ambiente regulatório do ensino superior brasileiro, além de uma breve passagem pela educação básica. Este capítulo adentra as minudências que cercam o ambiente regulatório do ensino superior e a necessidade de implantação de um programa de integridade que possa resguardar as instituições em face da não conformidade regulatória.

O livro também analisa os programas e as políticas públicas educacionais como fatores imprescindíveis à sustentabilidade econômico-financeira das instituições de ensino, o que requer uma avaliação crítica da adesão aos requisitos desses programas e o custo de uma eventual não conformidade, a qual pode implicar a exclusão da instituição dessas políticas educacionais.

Além disso, a análise do *compliance* também avaliará as principais rotinas institucionais das organizações educacionais relacionadas com exigências fiscais, trabalhistas e acadêmicas, entre outras, que devem ser atendidas com perspicácia e zelo. Neste capítulo, diga-se de passagem, a análise foi realizada com base na reforma trabalhista e seus impactos no programa, além de uma nova rotina institucional que deve ser criada em torno da chamada Lei Geral de Proteção de Dados (LGPD), analisada em suas especificidades no setor educacional.

Por fim, observada nos dois capítulos derradeiros dos procedimentos de implantação do programa. No primeiro deles, procedemos à análise que antecede a implantação do programa de integridade em instituições de ensino, ou seja, os procedimentos que a instituição deve adotar. No segundo, propomos a estruturação e implantação do programa de integridade (*compliance*) em instituições de ensino, independentemente de sua natureza jurídica. Para isso, o capítulo apresenta os procedimentos preliminares necessários à implantação e à estruturação do programa, com todos os pilares necessários, além dos modelos de gestão do programa com base no aproveitamento da estrutura já existente na organização. Finalmente, o capítulo apresenta a validação do programa por meio de auditorias externas e as certificações existentes.

Diferentemente do primeiro livro que publicamos, este foi concebido como um manual para a implantação de programas de integridade (*compliance*). Não obstante, como não se trata de uma receita de bolo, a implementação do programa de integridade demanda uma configuração bastante detalhada de cada entidade, inclusive suas características institucionais e regionais.

Na verdade, nosso objetivo é ajudar o gestor a desenvolver uma estratégia voltada às atividades que as organizações desenvolvem, levando em consideração o modelo regulatório que as cerca. Sendo assim, podemos dizer que não é a natureza jurídica da entidade educacional privada que vai definir se a função de *compliance* pode ser aplicada ou utilizada; pelo contrário, é o *compliance* que vai indicar e estabelecer as melhores estratégias de gestão, considerando a natureza jurídica adotada pela instituição de ensino.

Muito longe de esgotar o tema, nossa intenção é apresentar o programa de integridade (*compliance*) como uma proposta extremamente viável e estratégica para as instituições privadas de ensino, sobretudo diante do presente cenário legal, regulatório e da acirrada concorrência, os quais não permitem margem para a não conformidade.

Capítulo

1

CONTEXTUALIZANDO O *COMPLIANCE*

PARA A GESTÃO de uma organização na sociedade contemporânea, em que mercados, serviços, produtos, tecnologias e concorrências estão sujeitos a mudanças constantes, é cada vez maior a exigência de competências sofisticadas e personalizadas. Em um cenário cada vez mais competitivo, exigente e complexo, com margens e rentabilidade cada vez menores, a organização que deseja se destacar deve oferecer produtos e serviços com alto padrão de qualidade, atendendo da melhor maneira às necessidades do mercado e dos clientes.

Nesse sentido, a inovação e o conhecimento – fontes vitais para uma vantagem competitiva e sustentada – convertem-se em bases para o crescimento econômico e o aumento da produtividade dessas organizações. De acordo com as teorias modernas, o conhecimento é o recurso corporativo mais importante, porque representa os ativos intangíveis, as rotinas operacionais e os processos criativos, que são difíceis de imitar. Do mesmo modo, sabemos que, hoje, a criação de uma abordagem sistemática para a partilha e a geração de fluxos de conhecimento é bastante relevante.

Visando a uma adequação melhor às exigências do mercado atual, todas as organizações, independentemente de seu nível de profissionalismo, passaram a elaborar e rever periodicamente seus planejamentos e suas ações. Isso proporcionou maior circulação de informações, provocando aumento na transparência tanto das organizações como das expectativas da sociedade em geral com relação a várias questões, sobretudo aquelas relativas à ética.

Tais expectativas promoveram o movimento em favor da chamada "governança corporativa", e, hoje, o público se preocupa não apenas com a atuação das organizações dentro das normas legais, mas sobretudo se atendem às melhores práticas defendidas por valores e princípios como transparência, equidade, prestação de contas e responsabilidade.

Os recorrentes casos de fraudes e desvios de conduta em organizações estimularam a estruturação de práticas de governança corporativa com a finalidade de "otimizar o desempenho de uma companhia, protegendo investidores, empregados e credores, e facilitando, portanto, o acesso ao capital".[1] Nessa mesma pers-

---

1. DA SILVA, Edson Cordeiro. *Governança corporativa nas empresas: guia prático de orientação para acionistas, investidores, conselheiros de administração, executivos, gestores, analistas de mercado e pesquisadores.* 2. ed. São Paulo: Atlas, 2010, p. 18.

pectiva, surgiu a necessidade de tornar as organizações cada vez mais íntegras e capazes de se resguardar das constantes guinadas do mercado, possibilitando, assim, a criação e o aprimoramento do que, no âmbito institucional e corporativo, é conhecido como *compliance*.

Assim, o programa de *compliance* passou a ser um mecanismo efetivo de prevenção ao descumprimento de normas, de combate a fraudes e desvio de condutas, e, com isso, tornou-se indispensável à manutenção da competitividade no intrincado cenário corporativo. Em outras palavras, esse programa tornou-se um vetor para a proteção da integridade das organizações, reduzindo riscos e aprimorando controles imprescindíveis para a tomada de decisões.

O *compliance* teve início nas instituições financeiras, mas logo se transformou em mecanismo regulatório setorial, conforme veremos mais adiante, sendo adotado em outros setores igualmente regulados, como o farmacêutico e o de telecomunicações, e posteriormente expandindo-se para vários outros. Essa expansão decorre do fato de o *compliance* ser cada vez mais considerado um fator estratégico para as organizações, independentemente de sua natureza jurídica (com ou sem fins lucrativos).

A consolidação do *compliance* no atual cenário corporativo e organizacional demonstra a existência de um vácuo entre os valores institucionais e as abundantes possibilidades mercadológicas. Isso evidencia o que foi dito por Marshall Berman: "A moderna humanidade se vê em meio a uma enorme ausência de valores, mas, ao mesmo tempo, em meio a uma desconcertante abundância de possibilidades".[2]

Em virtude do alto nível regulatório, o setor educacional privado também passou a adotar o *compliance* como fator estratégico, uma vez que o risco de não conformidade com leis, atos normativos, regulamentos e padrões do programa passou a ser considerado elemento imprescindível em decisões sobre a segregação de funções, a resolução de conflitos de interesses, a adequação dos serviços prestados e a manutenção da credibilidade institucional.

Nesse cenário, não há dúvida de que esse programa se mostra um poderoso mecanismo de gestão, o qual, no âmbito do ensino superior privado, podemos compreender somente se adotarmos uma visão sistêmica do setor em suas diversas interfaces com a função de *compliance*, e é justamente a essas interfaces que este livro se voltará.

1.1 O que é *compliance*?

Dentro dos conceitos doutrinários, *compliance* é um termo muito expressivo. Em sua etimologia, a palavra *compliance* (do inglês *to comply*, que significa cumprir, concordar, obedecer, estar de acordo, consentir ou sujeitar-se)[3] pode ser entendida como agir de acordo com alguma regra, instrução, comando ou pedido.

---

2. BERMAN, Marshall. *Tudo o que é sólido desmancha no ar – A aventura da modernidade*. São Paulo: Companhia das Letras, 1992, p. 21.

3. *Dicionário Michaelis*, disponível em http://michaelis.uol.com.br/moderno/ingles/index.php?lingua=ingles-portugues&palavra=compliance. Acessado em: 3 out. 2012.

Para Coimbra e Manzi, *compliance* é "o dever de cumprir, estar em conformidade e fazer cumprir leis, diretrizes e regulamentos internos e externos, buscando mitigar o risco atrelado à reputação e o risco legal/regulatório".[4]

O *compliance* pode ser compreendido como um conjunto de disciplinas ou procedimentos destinados a fazer cumprir as normas legais e regulamentares, bem como as políticas e as diretrizes institucionais, além de detectar, evitar e tratar qualquer desvio ou inconformidade que possa ocorrer dentro da organização.

Para Candeloro, De Rizzo e Pinho, "o *compliance* não existe apenas para assegurar que a instituição cumpra com suas obrigações regulatórias, mas também para assistir à alta administração na sua responsabilidade de observar o arcabouço regulatório e as melhores práticas na execução das estratégias e dos processos decisórios".[5]

De modo geral, os programas de *compliance* servem para designar "esforços adotados pela iniciativa privada para garantir o cumprimento de exigências legais e regulamentares relacionadas às suas atividades e observar princípios de ética e integridade corporativa"[6].

Originalmente, o *compliance* nasceu no mercado financeiro e acabou se desenvolvendo em razão de diversos eventos históricos, todos atrelados a nuances econômico-financeiras, entre os quais podemos citar:

- a criação da política intervencionista denominada *New Deal*, em 1932, que implantou os conceitos keynesianos;
- a Conferência de Bretton Woods, em 1944, que culminou com a formulação do Acordo de Brettoon Woods, estabelecendo uma série de medidas voltadas ao controle do capital financeiro e do mercado;
- o desenvolvimento do mercado de opções e a metodologia de finanças corporativas (*Corporate Finances*), segregação de funções (*Chinese Walls*) e informações privilegiadas (*Insider Trading*), em 1970;
- a criação do Comitê da Basileia, em 1974, que estabeleceu as primeiras regras de supervisão bancária;
- o primeiro Acordo da Basileia, em 1988, que padronizou rotinas de controle em instituições bancárias;
- a divulgação dos 25 princípios para uma supervisão bancária eficaz pelo Comitê da Basileia em 1997;
- a publicação da Resolução 2.554 pelo Banco Central do Brasil, em 1998, que determina a implantação de sistemas de controles internos nas instituições financeiras do país;

---

4. COIMBRA, Marcelo de Aguiar e BINDER, Vanessa Alessi Manzi (Orgs.). *Manual de compliance: preservando a boa governança e a integridade das organizações.* São Paulo: Atlas, 2010, p. 2.

5. CANDELORO, Ana Paula P., DE RIZZO, Maria Balbina Martins, e PINHO, Vinícius. Compliance *360°: riscos, estratégias, conflitos e vaidades no mundo corporativo.* São Paulo: Trevisan Editora Universitária, 2012, p. 37

6. MAEDA, Bruno Carneiro. *Programas de* Compliance *Anticorrupção: importância e elementos essenciais. In Temas de Anticorrupção & Compliance,* Alessandra Del Debbio, Bruno Carneiro Maeda, Carlos Henrique da Silva Ayres, coordenadores. Rio de Janeiro: Elsevier, 2013, p. 167.

- a fraude na empresa Enron, em 2011;
- a publicação da Lei Sarbanes-Oxley pelo Congresso Americano, no ano de 2002, em decorrência da concordata da Worldcom, assinada em 30 de julho daquele ano, segundo a qual as empresas deveriam adotar melhores práticas de governança e criar um comitê de auditoria;
- divulgação pelo Comitê da Basileia, em 2003, das práticas recomendáveis para gestão e supervisão de riscos operacionais, bem como publicação do documento consultivo referente à função de *compliance* nos bancos – evento este que escancarou a necessidade histórica do *compliance*.

É importante considerar que o Banco Central do Brasil tem publicado diversos atos normativos (como as circulares n° 3.467/09, 3.461/09, 3.325/06 e as cartas-circulares n° 3.337/08, 3.260/06 e 3.234/06) para conduzir as instituições financeiras à conformidade – ou seja, fazer que elas adotem mecanismos de controles internos e referentes à prevenção da lavagem de dinheiro, materializando a função do *compliance* no país.

Mais recentemente, o *compliance* passou a fazer parte de diversos diplomas legais internacionais, entre eles a Lei Anticorrupção do Reino Unido (UK Bribery Act, em vigor desde 1º de julho de 2011), a Lei Mexicana de Combate à Corrupção (Ley Federal Anticorrupción en Contrataciones Públicas, em vigor desde 12 de junho de 2012) e também a Comissão de Valores Imobiliários dos Estados Unidos (US Securities & Exchange Commission, SEC), além de importantes convenções internacionais, como a Convenção de Combate à Corrupção de Funcionários Públicos Estrangeiros em Transações Comerciais Internacionais, da Organização para a Cooperação do Desenvolvimento Econômico (OCDE), firmada em 1997, e a Convenção das Nações Unidas Contra a Corrupção, aprovada em 2005.

Atualmente, o Brasil estabeleceu um importante marco legal para a previsão do *compliance* por meio da Lei n.° 12.846, de 1° de agosto de 2013, que dispõe sobre a responsabilização administrativa e civil de pessoas jurídicas pela prática de atos contra a administração pública, nacional ou estrangeira, conhecida também como Lei Anticorrupção. A referida legislação foi regulamentada por meio do Decreto n.° 8.420, de 18 de março de 2015, que trouxe importantes inovações à legislação nacional, sobretudo no que tange aos procedimentos de implementação dos chamados "programas de integridade" (*compliance*), conforme será abordado adiante.

O modelo de mercado atual, como sabemos, é institucionalizado e determinado pelo Estado e, por essa razão, a composição de conflitos nas relações de intercâmbio pede um grau mínimo de regulamentação estatal, conforme defende Eros Roberto Grau.[7] Assim, historicamente, o Estado intervencionista se transformou em Estado regulador para garantir o interesse público, deixando a regulação do interesse privado para os mecanismos de mercado orientados à

---

7. GRAU, Eros Roberto. *O Direito posto e o Direito pressuposto*. 3. ed. São Paulo: Malheiros Editores, 2000, p. 91.

competição. Em outras palavras, o Estado regulador passou a ser a base social do Estado contemporâneo.

Como vimos anteriormente, o *compliance* surgiu em virtude de fatos históricos e ganhou ímpeto na medida em que o Estado intervencionista se transformou em Estado regulador. Essa premissa econômica é explícita em todos os países democráticos, inclusive o Brasil; por isso, os estudos e as doutrinas econômico-jurídicas contemporâneas têm entendido que o *compliance* é um mecanismo agora utilizado nas mais diversas organizações privadas e governamentais, especialmente as que estão sujeitas a forte regulamentação e controle. No Brasil, diante do modelo regulatório que o país adota, o *compliance* é uma realidade inevitável.

A partir de meados da década de 1990, a grande maioria das organizações públicas e privadas adotou o *compliance* como uma de suas regras mais fundamentais para a transparência de suas atividades, embora essas regras não fossem sistematizadas como funções ou atividades próprias de *compliance*; todavia, a não aplicação desse modelo denunciava justamente sua importância. As empresas ou os órgãos públicos que não contavam com uma área de *compliance* minimamente estruturada, mesmo que diferente do conceito original, perdiam não apenas credibilidade perante as partes relacionadas (*stakeholders*), mas também – e cada vez mais – oportunidades no mercado, principalmente o financeiro, além de provocar crises de confiança com os administrados (instituições públicas) e os consumidores (instituições privadas).

Ainda que, de início, o *compliance* jamais tenha sido previsto como fim em si mesmo, nem teria a aceitação que conquistou, ganhou importância no atual cenário intrincado e competitivo, marcado por severas implicações regulatórias. A concorrência é livre, mas o mercado é regulado, e, nesse contexto, o *compliance* e sua importância para a gestão das organizações são subsídios relevantes às melhores práticas de execução de estratégias e aos processos decisórios.

1.2 Entendendo a função do *compliance*

O professor John Rawls, um dos mais importantes filósofos e juristas do século XX, em sua obra *Uma teoria da justiça*,[8] afirma que a sociedade é uma associação mais ou menos autossuficiente de pessoas, que, em suas relações, reconhecem a existência de regras de conduta obrigatórias, as quais, na maioria das vezes, são cumpridas e obedecidas, especificando um sistema de cooperação social para realizar o bem comum. Seguindo o entendimento de Rawls, poderíamos dizer, então, que em cada pessoa existe naturalmente uma função de *compliance*.

Nesse sentido, surgem tanto identidades como conflitos de interesses, pois as pessoas podem concordar ou discordar pelos mais variados motivos no que diz respeito às formas de repartir os benefícios e os ônus gerados no convívio social.

---

8. RAWLS, John. *Uma teoria da justiça*. São Paulo: Martins Fontes, 2000, p. 3.

É justamente nesse momento que o respeito às normas se torna importante, não apenas para evitar punições e criar relações harmônicas, mas também para que a vida em grupo seja ordenada e as organizações (públicas e privadas) consigam atingir seus objetivos.

O sentido das normas está ligado ao fato de elas serem a concretização de princípios éticos, jurídicos e democráticos, premissas fundamentais do chamado Estado Democrático de Direito; sendo assim:

> É da essência do Estado Democrático de Direito subordinar--se à Constituição e ao império da lei, não só quanto ao seu conceito formal de ato jurídico abstrato, geral, obrigatório e modificativo da ordem jurídica existente, mas também em sua função de regulamentação fundamental, produzida segundo um procedimento constitucional qualificado.[9]

Em outras palavras, o Estado Democrático de Direito pressupõe a superioridade da lei e das normas em geral, e obedecê-las é uma função de *compliance*, que é, podemos dizer, uma decorrência ou uma exigência do Estado Democrático de Direito.

Portanto, no Estado Democrático de Direito, a lei representa a decisão política efetiva, visto que decorre da vontade popular e se materializa na condução e na realização dos interesses do cidadão. Do ponto de vista institucional, o respeito à lei é uma forma de controlar o poder cada vez maior das atuais empresas e organizações – a chamada ética da legalidade, outro fundamento do *compliance*.

Vários autores situam a ética como objeto do *compliance*, mas não deixam claro como isso ocorre na prática. Na verdade, o compromisso ético das organizações não se limita a obedecer às leis, mas começa justamente pela mínima conduta ética esperada: "A ética impõe, para que haja preservação do grupo social, certa autonomia da vontade baseada nos princípios fundamentais da lei da moral e de uma escala de valores, que cada qual deve adotar livremente, adaptando a aceitação do grupo às normas vigentes".[10]

No cenário corporativo, as relações econômicas devem se basear em posturas éticas, consideradas valores universalmente aceitos. Assim, por exemplo, se uma empresa se envolver em um caso de corrupção perante algum órgão público, o custo dessa não conformidade poderá incidir no futuro da empresa: "Os investidores fogem das empresas com má reputação ética. A falta de respeito às normas (fraude, corrupção) encarece, burocratiza, reduz a velocidade dos negócios, afetando, ainda, a livre concorrência"[11].

---

9. SILVA, Daniel Cavalcante. *O Direito do advogado em 3D: Um sacerdócio – Uma análise sobre o advogado moderno e um legado às gerações futuras.* Brasília: Ensinamento, 2012, p. 70.
10. SILVA, Daniel Cavalcante, *op. cit.*, 2012, p. 83.
11. COIMBRA, Marcelo de Aguiar e BINDER, Vanessa Alessi Manzi (Orgs.), *op. cit.*, 2010, p. 16.

Hoje em dia, verificamos que a ética no ambiente corporativo ganha contornos diferenciados, segundo a nova escala de valores, e é considerada um bem de valor intangível para empresas e organizações, inclusive como objeto de um autêntico *goodwill* ou fundo de comércio.

Atualmente, é possível perceber a tendência de pessoas (físicas e jurídicas) a utilizar a ética como paradigma necessário para a contratação de uma empresa ou para a compra de produtos. Também é possível registrar o movimento de pessoas dispostas a rescindir contratos ou deixar de consumir produtos ou serviços de empresas claramente envolvidas em atos escusos ou contrários à moral e à ética mínima esperada. Nesse cenário, a ética se destaca como insumo determinante no desenvolvimento e no crescimento de empresas e organizações, tornando-se um selo de combate a dilemas morais no ambiente corporativo. Em sua função de *compliance*, a conduta ética constitui uma verdadeira mais-valia das empresas no intrincado universo corporativo, uma vez que resguarda a integridade das instituições, garantindo decisões cada vez mais perenes e aceitáveis.

Para esse fim, a Associação Brasileira de Bancos Internacionais (ABBI) e a Federação Brasileira de Bancos (Febraban), por intermédio de seus respectivos Comitês de *Compliance*, consolidaram o entendimento do que significa "ser e estar" em *compliance*.

> "Ser *compliance*" é conhecer as normas da organização, seguir os procedimentos recomendados, agir em conformidade e sentir quanto são fundamentais a ética e a idoneidade em todas as nossas atividades. "Estar em *compliance*" é estar em conformidade com leis e regulamentos internos e externos.[12]

Podemos deduzir que o propósito da função de *compliance*, do ponto de vista do órgão regulador,[13] é assistir aos gestores no gerenciamento do risco de *compliance*. Esse pode ser definido como o risco de sanções legais ou regulatórias, perdas financeiras ou até a perda da reputação como resultado do não cumprimento de disposições legais, regulamentares, códigos de conduta etc.

Na realidade, a função de *compliance* vai além das barreiras legais e regulamentares, incorporando princípios de integridade e conduta ética e, com base nessas concepções, o professor Enrique Bacigalupo, integrante do Supremo Tribunal Espanhol, explicita que a função de *compliance* é ainda mais abrangente:

---

12. *Função de Compliance*. Cartilha elaborada em conjunto pela Associação Brasileira de Bancos Internacionais (ABBI) e a Federação Brasileira de Bancos (Febraban). Disponível nos sites www.abbi.com.br e www.febrabam.org. br, acessados em: 17 out. 2012.

13. Banco Central do Brasil (www.bcb.gov.br). "Auditoria Interna e *Compliance* na visão do BACEN: Perspectiva e Responsabilidade". 8º Congresso Febraban de Auditoria Interna e *Compliance*, 2007, *apud Função de Compliance, op. cit.*, p. 8.

A conformidade corporativa não é apenas o simples dever de respeitar os mandamentos legais, mas (no Direito das Sociedades) o dever de estabelecer um departamento especial para o controle e o monitoramento da empresa, bem como procedimentos especiais para assegurar que ela esteja em conformidade com as ordens legais.[14]

Para o mestre espanhol, a função de *compliance* está inserida no Direito Comercial (Direito das Sociedades), pois se trata de uma medida eficaz para prevenir e descobrir riscos, devendo ser objeto de um departamento próprio de controle e vigilância dentro das empresas. Integrada aos fundamentos da governança corporativa, a função de *compliance* é determinante para assegurar o cumprimento de normas, da conduta ética e, assim, resguardar a integridade corporativa por meio de procedimentos proativos e de resiliência.

Portanto, quando uma instituição está em conformidade (*compliance*), ela dissemina a ética, mitiga riscos, age com transparência, monitora seus colaboradores e clientes, e comunica as faltas de conformidade às autoridades competentes, contribuindo para o bom funcionamento do sistema e evitando sua utilização em fraudes ou outras inconformidades.

1.3 A ética como requisito básico

O processo de modernização em nossa sociedade acaba causando grandes impactos nas instâncias organizacionais da vida social, transformando o seu modo de ser, relegando valores seculares e, em outra instância, elegendo novas prioridades e invadindo áreas antes invioláveis. A ruptura desses valores é a ruptura do "*ethos*", culturalmente transmitido. O homem tropeça numa hipertrofia de valores materiais e numa atrofia de valores humanos e espirituais, o que está provocando uma sensação de vazio existencial, como dito por Berman, citado anteriormente:

> A moderna humanidade se vê em meio a uma enorme ausência de valores, mas, ao mesmo tempo, em meio a uma desconcertante abundância de possibilidades.[15]

No campo das práticas morais e das formulações éticas correspondentes, vive-se o domínio e o incentivo à exclusividade da individualidade. Esta muito tem fascinado as pessoas, conduzindo-as prioritariamente à busca de soluções de seus problemas. Não é de causar espanto se, na corrida desenfreada atrás de eficiência, do

---

14. BACIGALUPO, Enrique. *Compliance y Derecho Penal*. Buenos Aires: Hammurabi, 2012, p. 134. [Tradução livre]
15. BERMAN, Marshall. *Tudo o que é sólido desmancha no ar – A aventura da modernidade*. São Paulo: Companhia das Letras, 1992, p. 21.

lucro e da produtividade, as pessoas acabarem confundindo valores, prioridades e necessidades vitais, exilando a própria ética das discussões sobre o viver. Às vezes um questionamento perpassa à mente de um empresário: como ser ético se a necessidade e a concorrência são desleais? Como ser ético com toda esta crise aflorando?

Esquece o referido empresário que a crise em que vivemos é, antes de tudo, uma crise ética. Esta consciência é premente em todos os setores da sociedade. A este respeito, é possível observar os movimentos atuais de moralização, demonstrados rotineiramente nos jornais de grande circulação.

É justamente nesse ponto que a ética volta à pauta da sociedade e, principalmente, das atividades empresariais, sendo insumo determinante na implementação dos programas de integridade (*compliance*). Não existe integridade sem ética e não existe ética sem integridade.

Esmiuçando os conceitos doutrinários, pode-se constatar que o termo "ética" é deveras expressivo. Se for considerado em sua etimologia, a palavra ética, de origem grega, é procedente da palavra "*ethos*", que significa lugar onde se habita, morada ou residência, o que enseja a acepção de lugar privilegiado que tem o homem e que o distingue e o qualifica.

Da mesma forma, a concepção supracitada se vincula com a palavra moral, que deriva do latim *mos, moris*, que significa uso, costume ou maneira de viver, donde se manifesta a expressão consciência moral para delimitar exatamente este núcleo de ser. Desta feita, ética, em sentido estrito, é a ciência do dever moral, em outras palavras, o fim inerente a um comportamento, núcleo a partir do qual apela, interpela, discrimina e nos identifica como indivíduos.

A ética impõe, para que haja preservação do grupo social, certa autonomia da vontade baseada nos princípios fundamentais da lei da moral e de uma escala de valores, que cada qual deve adotar livremente, adaptando a aceitação do grupo às normas vigentes, conforme explicita a doutrina:

> Mesmo que os mais diversos fatores sociais contribuam para uma conceituação moral, constitui a ética uma decisão livre e consciente, assumida por uma convicção pessoal e interior, que leva o indivíduo a decidir quando da realização de um ato social. [16]

Estuda, a ética, uma forma de comportamento humano, obrigatório e necessário, que a sociedade julga importante, conforme ensina o mestre Miguel Reale:

> Podemos criticar as leis, das quais dissentimos, mas devemos agir de conformidade com elas, mesmo sem lhes dar a adesão de nosso espírito. [17]

---

16. FRANÇA, G. V. *Noções de jurisprudência médica*. João Pessoa: Editora Universitária, UFPB, 1977, p.18.
17. REALE, Miguel. *Lições preliminares de Direito*. 22ª Ed. São Paulo: Editora Saraiva, 1995, p. 49.

Programa de Integridade no Setor Educacional **25**

Por outro lado, mesmo considerando ser a ética um ato assumido por convicção pessoal, é evidente que o indivíduo necessita de outro para viver, sendo bem verdade que este lhe impõe o limite de sua liberdade, razão pela qual é preciso viver em harmonia com a sociedade em que faz parte. Logo a ética é também comunitária, pois é expressão da vertente pessoal e social do homem. Nesse caso, quando a ética está relacionada com qualquer profissão, o indivíduo passa mais exigido sob o ponto de vista ético e de deveres morais, sobretudo quando for mais importante e elevada a atividade desempenhada.

Tal fato é de fácil comprovação, pois quanto mais envolvido com outros ramos do saber humano o exercício profissional se torna mais complexo. É o caso, por exemplo, de um médico, um empresário, um jornalista ou um juiz, que precisa não apenas ter o conhecimento do que lhe é comum, mas também do conhecimento prático em relação às pessoas.

A ética aplicada ao exercício profissional visa equacionar muitos problemas que têm origem na própria estrutura da sociedade, motivo pelo qual a disseminação de uma nova cultura para a discussão desses problemas é de fundamental importância, eis que a moral profissional não pode ficar apoiada apenas pela opinião dos que exercem a profissão, fato este que levaria a ética a ser apenas um ideal vazio.

É justamente nesse momento que ética e *compliance* novamente se imbricam, emergindo como uma necessidade atual. A ética e o *compliance* se tornam componentes orientadores de toda tentativa de pensamento, buscando relacionar-se e diferenciar-se, enquanto síntese, de formulações gerais e particulares. Uma ética que seja consistente, de fato, surge a partir do contexto corporativo trazido pelo *compliance*.

Ética e *compliance* se complementam. Enquanto a primeira influi poderosamente na construção de um clima de confiança, respeito, solidariedade e integridade, o *compliance* opera como um guardião da cultura ética, zelando para que sejam obedecidas todas as normas legais e regulamentares que disciplinam o ambiente de trabalho, inclusive por meio do código de conduta que deva ser criado.

1.4 Escopo e benefícios do *compliance*

O escopo e os benefícios do *compliance* são compreendidos de maneira objetiva quando se avalia sua inaplicabilidade, ou seja, no caso de *compliance* negativo. Em outras palavras, o escopo e os benefícios do *compliance* ficam evidentes no ambiente corporativo quando a instituição compreende aquilo que se chama *risco de compliance* ou *risco de não conformidade*.

No vernáculo formal,[18] a palavra "risco" significa a probabilidade de insucesso, de malogro de determinada coisa, em função de acontecimento eventual,

---

18. *Dicionário Houaiss*, disponível em http://houaiss.uol.com.br. Acesso em: 19 out. 2018.

incerto, cuja ocorrência não depende exclusivamente da vontade dos interessados. No âmbito da economia e das finanças, o termo "risco" pode ser compreendido como um qualificador dos fatores que se opõem à realização de um objetivo com segurança.

O conceito de *risco de compliance*, utilizado de maneira uniforme por diversos autores brasileiros, decorre de uma orientação do Bank for International Settlements (BIS, Banco de Compensações Internacionais), e pode ser compreendido da seguinte forma:

> É o risco de sanções legais ou regulatórias, de perda financeira ou de reputação que um banco pode sofrer como resultado da falha no cumprimento da aplicação de leis, regulamentos, código de conduta e das boas práticas bancárias.[19]

Para Candeloro, De Rizzo e Pinho,[20] o risco de *compliance* pode ser compreendido como a soma de dois riscos corporativos iminentes: o risco de imagem (perda da credibilidade aos olhos da sociedade, ainda que baseada apenas na percepção, e não em fatos concretos) e os riscos de sanções pelos órgãos reguladores e autorreguladores (decorrentes da falta de adesão a normas, regulamentos, políticas e procedimentos internos).

O risco de imagem pode ser compreendido como a probabilidade de perda da reputação, acarretando publicidade negativa, perda de rendimento, processos judiciais e declínio da organização. Esse risco, embora tênue, pode resultar de meras conjecturas, o que evidencia a importância do *compliance*. Por outro lado, o risco legal é objetivo e decorre da não conformidade com as leis, os regulamentos, os padrões de *compliance* estabelecidos (segregação de funções, código de conduta etc.), os conflitos de interesse (acordo de sócios), a adequação na venda de produtos e serviços (observância dos direitos do consumidor) e a prevenção à lavagem de dinheiro, entre outras situações.

O risco de imagem e o risco legal, apesar de objetos do risco de *compliance*, indicam a necessidade de se estabelecerem instrumentos de controle criados por um conjunto de regras, padrões e procedimentos éticos e legais, que, uma vez definidos e implantados, orientarão o comportamento da instituição no mercado em que atua.

Portanto, muito mais do que representar a observância de normas, os processos do *compliance* afetam procedimentos de identificação, administração e mitigação dos riscos corporativos, a fim de que a organização seja mais eficiente e rentável, de forma sustentável, cumprindo as regras e evitando condutas temerárias.

---

19. Bank for International Settlements (BIS).*The* Compliance *Function in Banks – Consultative Document*, October 2003, p. 3. Disponível em: www.bis.org. Acesso em: 19 out. 2012.
20. CANDELORO, Ana Paula P., DE RIZZO, Maria Balbina Martins, e PINHO, Vinícius, *op. cit.*, 2012, p. 30.

Dessa maneira, o *compliance* agrega valor às organizações na medida em que maximiza os resultados operacionais e econômicos, alcançados com o aprimoramento de alguns procedimentos, como:

- melhora na qualidade e na velocidade das interpretações políticas e regulatórias e nos procedimentos a elas relacionados;
- melhora do relacionamento com os órgãos reguladores;
- melhora no relacionamento entre acionistas, sócios, clientes e partes relacionadas (stakeholders);
- maior velocidade de novos produtos e serviços em conformidade;
- disseminação de padrões ético-culturais de *compliance* pela organização;
- acompanhamento da correção de deficiências (não conformidade);
- decisões de negócio baseadas em *compliance*.

Embora os valores agregados não se limitem aos procedimentos apresentados anteriormente, os benefícios do *compliance* podem ser medidos pela análise dos custos da não conformidade (não estar em *compliance*), que são bastante elevados e incluem:

- danos à imagem da organização, de seus funcionários e perda do valor da marca;
- má alocação de recursos e redução da eficiência e da inovação;
- cassação da licença de operação ou outro ato administrativo pertinente (autorização, permissão ou concessão);
- sanções administrativas, pecuniárias e até mesmo criminais, dependendo do caso;
- custos secundários, não previstos (advogados, contabilistas, consultores etc.).

A Associação Brasileira de Bancos Internacionais (ABBI) e a Federação Brasileira de Bancos (Febraban), por meio de seus respectivos Comitês de *Compliance*, incluíram, em uma cartilha conjunta, a função de *compliance* como objeto do sistema de controles internos das instituições financeiras com a seguinte aplicabilidade:[21]

1. **Leis:** certificar-se da aderência e do cumprimento;
2. **Princípios éticos e normas de conduta:** assegurar-se da existência e da observância;
3. **Regulamentos e normas:** assegurar-se da implementação, da aderência e da atualização;
4. **Procedimentos e controles internos:** assegurar-se da existência de procedimentos associados aos processos;

---

21. Associação Brasileira de Bancos Internacionais (ABBI) e Federação Brasileira de Bancos (Febraban), *op. cit.*, p. 11.

5. **Sistema de informação:** assegurar-se da implementação e da funcionalidade;
6. **Planos de contingência:** assegurar-se da implementação e da efetividade por meio de acompanhamento de testes periódicos;
7. **Segregação de funções:** assegurar-se da adequada implementação da segregação de funções nas atividades da instituição, a fim de evitar conflito de interesses;
8. **Prevenção à lavagem de dinheiro:** fomentar a cultura de prevenção à lavagem de dinheiro, através de treinamentos específicos;
9. **Cultura de controles:** fomentar a cultura de controles em conjunto com os demais pilares do sistema de controles internos na busca incessante de sua conformidade;
10. **Relatório do sistema de controles internos (gestão de *compliance*):** avaliação dos riscos e dos controles internos – elaborar ou certificar-se da elaboração do referido relatório com base em informações obtidas junto às diversas áreas da instituição, visando apresentar a situação qualitativa do sistema de controles internos em atendimento à Resolução n.º 2554/98;
11. **Participação:** atuar decisivamente no desenvolvimento de políticas internas que previnam problemas futuros de não conformidade e a regulamentação aplicável a cada negócio;
12. **Relações com órgãos reguladores e fiscalizadores:** assegurar-se de que todos os itens requeridos pelos reguladores sejam atendidos de pronto pelas várias áreas da instituição financeira, assertivamente, com representatividade e fidedignidade.

A prática das funções de *compliance* em uma organização evita problemas jurídicos e processos judiciais, além de reduzir riscos legais e custos correlatos. O *compliance* também preserva a responsabilidade civil e criminal de proprietários, conselheiros, executivos e gestores, pois diminui e previne erros da administração e, consequentemente, previne fraudes, resguardando a conduta dos dirigentes da organização. Em suma, a função de *compliance* protege a integridade corporativa e a pessoal de seus dirigentes.

O *compliance* é determinante para a qualidade e a velocidade das interpretações regulatórias, tendo em vista que favorece uma melhor relação com os órgãos reguladores do Estado, e a interpretação eficiente e a consequente aplicação correta e segura da legislação, por sua vez, reduzem o risco de multas e encargos. Sendo assim, podemos dizer que a observância do *compliance* é determinante para a manutenção do regime de concessão, permissão e autorização de serviços públicos delegados, tornando-se mais-valia em processos licitatórios.

O programa de *compliance* evidente promove melhoria no relacionamento entre acionistas, sócios, clientes, fornecedores, órgãos regulatórios e partes relacionadas (*stakeholders*), pois estabelece parâmetros confiáveis de interação baseados em uma cultura organizacional fiel à ética. Com isso, constatamos que o programa traz benefícios não apenas em termos de ganho de valor e competitividade no médio e no longo prazos, mas contribui decisivamente para a própria sobrevivência da organização. É justamente por esse fato que o programa de *compliance* pode maximizar resultados econômicos e, principalmente, operacionais, motivo pelo qual não deve se limitar a instituições com fins lucrativos.

Segundo Arnold Schilder[22], estudos referentes ao valor comercial do *compliance* comprovam que cada 1 dólar gasto significa a economia de 5 dólares referentes a custos com processos judiciais, danos à imagem e perda de produtividade. Como disse Andrew Newton, "se você pensa que *compliance* é caro, tente não estar em *compliance*"[23]. Visto como um mecanismo benéfico para a própria sociedade, as empresas compreenderam que a adoção de um sistema de *compliance* representa uma vantagem competitiva ao garantir qualidade, segurança e boas práticas de conduta corporativa.

1.5 Atual cenário legal do *compliance* no Brasil

De início, o *compliance* foi previsto no Brasil em atos normativos esparsos, principalmente pelo setor financeiro e pelas sociedades de capital aberto; no entanto, ganhou espaço considerável quando foi sancionada a Lei nº 12.846, de 1º de agosto de 2013, conhecida também como Lei Anticorrupção, que dispõe sobre a responsabilização administrativa e civil de pessoas jurídicas pela prática de atos contra a administração pública, seja nacional, seja estrangeira.

Esse instrumento legal tem inspiração em diversos documentos internacionais de combate à corrupção, entre eles:

- Lei de Práticas Corruptas no Exterior (Foreign Corrupt Practices Act, FCPA, de 1977) do Departamento de Justiça norte-americano;
- Lei Anticorrupção do Reino Unido (UK Bridery Act, em vigor desde 1º de julho de 2011);
- Lei Mexicana de Combate à Corrupção (Ley Federal Anticorrupción en Contrataciones Públicas, em vigor desde 12 de junho de 2012);
- Comissão de Valores Mobiliários norte-americana.

E também em importantes convenções internacionais, como a Convenção de Combate à Corrupção de Funcionários Públicos Estrangeiros em Transações Comerciais Internacionais, da OCDE, firmada em 1997, e a Convenção das Nações Unidas Contra a Corrupção, aprovada em 2005.

---

22. SCHILDER, Arnold. *Banks and the* Compliance *Challenge*. In: Asian Bankers Summit, Bangkok, 16 mar. 2006. Proceedings. "TI Corruption Perception Index", *Transparency International*, 2008. Disponível em: <www.transparency.org>. Acesso em: 20 out. 2018.

23. In NEWTON, Andrew. *The Handbook of* Compliance: *Making ethics work in financial service*. Mind into Matter. 2002.

A Lei Anticorrupção nacional estabelece que a pessoa jurídica envolvida em atos contra a administração pública poderá ser responsabilizada objetivamente, em âmbito administrativo e civil, pelos atos lesivos previstos e praticados em seu interesse ou benefício, sem excluir a responsabilidade individual de seus dirigentes ou administradores – responsabilidade esta que subsiste até mesmo na hipótese de alteração contratual da instituição, transformação, incorporação, fusão ou cisão.

A Lei Anticorrupção prevê as hipóteses de atos lesivos à administração pública, dando ênfase a procedimentos que envolvam licitações e contratos firmados com a administração pública, além de equiparar a administração pública e agentes públicos estrangeiros aos nacionais. Essa legislação indica sanções administrativas e judiciais, como multa de até 20% sobre o faturamento bruto, nunca inferior ao valor da vantagem irregular obtida ou, caso não seja possível realizar esse cálculo, no valor de até R$ 60 milhões. A legislação prevê, inclusive, a dissolução da empresa, com perda de seus bens, além de outras penas já previstas na Lei de Improbidade Administrativa.

A grande inovação da Lei Anticorrupção em vigor está prevista em seu art. 7º, inciso VIII, segundo o qual, na aplicação das sanções, serão levadas em consideração a existência de mecanismos e procedimentos internos de integridade, auditoria e incentivo à denúncia de irregularidades, bem como a aplicação efetiva de códigos de ética e de conduta no âmbito da pessoa jurídica. O inciso anterior (VII) também é uma evolução legal, pois prevê a hipótese de mitigação da penalidade em razão da cooperação da pessoa jurídica na apuração das infrações, além da possibilidade de firmar o chamado acordo de leniência.

EM FOCO

Nos termos do art. 16 da nova Lei Anticorrupção, a autoridade máxima de cada órgão administrativo poderá celebrar acordo de leniência com as pessoas jurídicas responsáveis pela prática dos atos considerados ilegais e contrários à administração pública. Esse acordo limita-se a dizer que a cooperação na apuração da infração será levada em conta no momento em que as sanções forem aplicadas.

A celebração desse acordo isentará a pessoa jurídica das sanções de publicação extraordinária de decisão administrativa condenatória e a proibirá de receber incentivos, subsídios, subvenções, doações ou empréstimos de órgãos ou entidades públicas, e também de instituições financeiras públicas ou controladas pelo poder público pelo prazo mínimo de um e máximo de cinco anos, além de reduzir em até dois terços o valor da multa aplicável.

O acordo de leniência, previsto na legislação brasileira, tem o poder de estimular a adoção de programas e políticas de *compliance* em empresas e demais instituições, ou seja, promover atividades internas que incentivem ou favoreçam o cumprimento de normas e dos regulamentos, evitando, assim, o comprometimento da instituição com práticas ilícitas. Com isso, a ideia do legislador foi internalizar os valores éticos, estimulando uma cultura ética no seio da própria instituição privada.

A atenuante do *compliance* somada à previsão da proporcionalidade da pena ao grau de cooperação da pessoa jurídica na apuração das *infrações* levantará questões novas e interessantes, visto que a *investigação* de práticas ilícitas em âmbito interno feita pela própria empresa será frequente, o que pode gerar debates sobre limites e direitos dos investigados, por exemplo, quanto à privacidade no caso de apreensão de documentos, mensagens eletrônicas etc.

Podemos considerar que o fato de uma empresa ou instituição contar com um programa de *compliance* efetivo, aliado a outros fatores antes que a violação ocorra, é um importante elemento mitigador ou potencialmente excludente de responsabilidade. Tal entendimento baseia-se em uma lógica simples: empresas que comprovadamente agem de forma diligente na prevenção de violações devem ser diferenciadas daquelas que agem de má-fé ou que adotam conduta negligente diante do risco de que condutas indevidas sejam praticadas por seus empregados ou agentes para fechar negócios ou obter vantagens comerciais.

EM FOCO

A possibilidade de exclusão completa de responsabilidade da empresa em decorrência da existência de um programa de *compliance* robusto foi expressamente reconhecido pelo Departamento de Justiça norte-americano e pela Comissão de Valores Mobiliários dos Estados Unidos em um importante caso de não conformidade publicado no primeiro semestre de 2012. Nessa ocasião, ambos os órgãos decidiram não iniciar processo contra o banco Morgan Stanley embora um diretor com sede na China tivesse cometido violações. Ao justificar tal decisão, o Departamento de Justiça mencionou expressamente ter considerado que a empresa desenvolveu e manteve um sistema de controles internos com garantias razoáveis de que seus empregados não realizavam pagamento de propinas a funcionários públicos estrangeiros.

Fonte: MAEDA, Bruno Carneiro. "Programas de *compliance* anticorrupção: importância e elementos essenciais". In DEL DEBBIO, Alessandra; MAEDA, Bruno Carneiro; AYRES, Carlos Henrique da Silva (Coords.). *Temas de cnticorrupção &* compliance. Rio de Janeiro: Elsevier, 2013, p. 173.

No contexto da nova legislação nacional, o *compliance* também evidenciará um curioso padrão de conduta, pois, ao incentivar atitudes socialmente desejáveis ou outras vantagens comerciais, além de justificar tratamento diferenciado para empresas que investem em medidas de prevenção e proteção da integridade corporativa (como ocorre em programas de *compliance*), será fundamental para minimizar desvantagens competitivas e reduzir distorções de mercado que beneficiariam aquelas empresas que nada fazem para evitar práticas ilícitas ou perniciosas.

É importante notar que nossa Lei Anticorrupção segue a mesma tendência do sistema jurídico internacional, ou seja, a adoção de um programa de *compliance* não é obrigatória, mas adotá-lo é considerada um atenuante, pois aponta para um esforço de prevenção e mitigação de riscos. Assim, podemos dizer que o fato de a empresa adotar mecanismos razoavelmente bem estruturados para evitar a ocorrência de violações poderá ser um importante fator atenuante de sua responsabilidade.

Com base na perspectiva acima, o Decreto n.º 8.420, de 18 de março de 2015, veio regulamentar a Lei Anticorrupção, trazendo uma série de inovações na legislação pátria que, de maneira direta, passou a disciplinar os parâmetros que devem ser avaliados em um programa de integridade de uma empresa ou entidade privada.

Ele estabelece os mecanismos e procedimentos de responsabilização administrativa para os agentes públicos que participaram de atos lesivos à administração pública e ao patrimônio público, nos termos estabelecidos pela Lei Anticorrupção. Ato contínuo, o referido decreto estabelece sanções administrativas e encaminhamentos judiciais para as pessoas jurídicas envolvidas nos casos de fraude ou corrupção. As sanções administrativas vão desde restrições da celebração de contratos com a administração pública, inclusive com a hipótese de cancelamento do CNPJ (Cadastro Nacional de Pessoa Jurídica), até a aplicação de pesadas multas incidentes sobre faturamento da empresa ou contratos firmados com a administração pública.

Seguindo a lógica da Lei Anticorrupção, o Decreto n.º 8.420/2015 estabelece que as sanções administrativas podem ser minoradas na hipótese de a pessoa jurídica celebrar um acordo de leniência e/ou possuir programa de integridade (*compliance*) com base nos parâmetros estabelecidos no próprio decreto.

Com base nos dispositivos do referido decreto, pode-se inferir alguns pilares básicos de um programa de integridade: comprometimento e apoio da alta direção da pessoa jurídica; necessidade de uma instância responsável pelo programa de integridade; análise de perfil e riscos; necessidade de estruturação de regras e instrumentos; e, necessidade de estratégia de monitoramento contínuo. É necessário que cada pessoa jurídica, dentro de seu respectivo segmento de atuação, faça uma análise sobre os seus procedimentos e suas rotinas para a criação de um programa de integridade dentro dos parâmetros estabelecidos na Lei e no Decreto Anticorrupção.

EM FOCO

O Decreto n.º 8.420, de 2015, estabelece de maneira objetiva o que seja um programa de integridade, disciplinando: "Programa de integridade consiste, no âmbito de uma pessoa jurídica, no conjunto de mecanismos e procedimentos internos de integridade, auditoria e incentivo à denúncia de irregularidades e na aplicação efetiva de códigos de ética e de conduta, políticas e diretrizes com objetivo de detectar e sanar desvios, fraudes, irregularidades e atos ilícitos praticados contra a administração pública, nacional ou estrangeira."

Fonte: art. 41 do Decreto n.º 8.420, de 18 de março de 2015.

Neste momento, fica claro que a Lei e o Decreto Anticorrupção reconhecem formalmente o papel da iniciativa privada na prevenção da corrupção e na manutenção de um ambiente corporativo e competitivo baseado em princípios éticos e de integridade corporativa, tendência que é impulsionada pela aplicação rigorosa de legislações correlatas ao redor do mundo.

Em janeiro de 2017, o governo federal também editou o Decreto nº 9.203, de 22 de novembro de 2017, que dispõe sobre a política de governança da administração pública federal direta, autárquica e fundacional. O referido decreto estabelece os procedimentos necessários à estruturação, execução e monitoramento de programas de integridade no setor público, por meio de um cronograma bem objetivo. O Decreto nº 9.203, de 2017, tem o objetivo de promover a adoção de medidas e ações institucionais destinadas a prevenção, detecção, punição e remediação de fraudes e atos de corrupção, estabelecendo a obrigatoriedade de instituição de programa de integridade, estruturado nos seguintes eixos:

I. comprometimento e apoio da alta administração;
II. existência de unidade responsável pela implementação no órgão ou na entidade;
III. análise, avaliação e gestão dos riscos associados ao tema da integridade;
IV. monitoramento contínuo dos atributos do programa de integridade.

Imbuídas na mesma perspectiva, outras legislações esparsas e estaduais também surgiram de forma complementar à Lei ao Decreto Anticorrupção.

Em julho de 2016, entrou em vigor a Lei n.º 13.303, de 30 de junho de 2016, que, objetivando regulamentar o art. 173, §1º, da Constituição da República, dispôs sobre o estatuto jurídico da empresa pública, da sociedade de economia mista e de suas subsidiárias, no âmbito da União, dos Estados, do Distrito Federal e dos Municípios. Ela trouxe a necessidade de as estatais terem programas de integridade, ao determinar que elas devem prever em seus estatutos "regras de governança corporativa, de transparência e de estruturas, práticas de gestão de riscos e de controle interno, composição da administração e, havendo acionistas, mecanismos para sua proteção". A Lei das Estatais identificou a necessidade de tutelar a empresa estatal e, mais do que isso, por meio de mecanismos que extrapolam o rol tradicional das formas de controle da administração pública.

Em outubro de 2017, o governador do estado do Rio de Janeiro sancionou a Lei n.º 7.753, de 17 de outubro de 2017, que dispõe sobre a obrigatoriedade de instituição de programa de integridade nas empresas que contratarem com o poder público fluminense. Além de impor às contratantes a adoção do referido programa, estabelece uma série de medidas que visam proteger a administração direta, indireta e fundacional contra prejuízos financeiros, dificultar a corrupção, conferir maior transparência aos processos e aperfeiçoar as licitações. Trata-se de esforço legislativo para incentivar a adoção de medidas de integridade, sobretudo após a edição da Lei n.º 12.846/13 e sua regulamentação.

A nova lei fluminense determina que a adesão ao *compliance* passará a ser obrigatória nos contratos firmados com o poder público em todo o estado do Rio de Janeiro desde que ultrapassem os limites hoje previstos na Lei n.º 8.666, de 1993, para determinar a modalidade de contratação via concorrência – R$ 650 mil (para compras e serviços), ou R$ 1,5 milhão (para obras e serviços de engenharia).

Em março de 2018, entrou em vigor a Lei Distrital n.º 6.112, de 02 de fevereiro de 2018, que dispõe sobre a obrigatoriedade de implementação de programas de integridade ou *compliance* para as empresas que celebrem contratos com qualquer esfera da administração pública do Distrito Federal.

A norma se aplica a todas as empresas, independentemente de seu porte, que celebrarem contrato, consórcio, convênio, concessão ou parceria público-privada com qualquer esfera da administração pública do Distrito Federal, cujo prazo de vigência seja igual ou superior a 180 (cento e oitenta) dias e cujos valores envolvidos sejam superiores a 80 (oitenta) mil reais. Além das sociedades empresárias, a lei também se aplica às fundações, associações civis e sociedades estrangeiras com sede, filial ou representação no território brasileiro.

O programa de integridade exigido pela Lei n.º 6.112/18 é definido nos mesmos moldes da Lei Anticorrupção (Lei n.º 12.846/13) e seu respectivo decreto regulamentador (Decreto n.º 8.420/15) e consiste na implementação de um conjunto de mecanismos e procedimentos internos de integridade, auditoria, controle e incentivo à denúncia de irregularidades e na aplicação efetiva de códigos de ética e de conduta, políticas e diretrizes com o objetivo de detectar e sanar desvios, fraudes, irregularidades e atos ilícitos praticados contra a administração pública do Distrito Federal.

Em agosto de 2018, foi editada a Lei Federal n.º 13.709, de 14 de agosto de 2018, que dispõe sobre a proteção de dados pessoais e altera o Marco Civil da Internet (Lei n.º 12.965, de 23 de março de 2014), intitulada como Lei Geral de

Proteção de Dados (LGPD), que se alinha aos principais regulamentos do mundo neste tema (principalmente com a recente legislação europeia) e vem representando verdadeiro símbolo e clara referência, que certamente viabilizará negócios nacionais e internacionais.

Em apertada síntese, a Lei Geral de Proteção de Dados (LGPD) destina-se a dar efetividade a uma série de direitos fundamentais da pessoa humana, tais como a liberdade, a privacidade, seu desenvolvimento pessoal, pela proteção de seus dados quando os mesmos são disponibilizados a um terceiro (seja pessoa física ou jurídica) que tratará esta informação, seja dentro ou fora do Brasil, se os dados forem aqui coletados ou em razão de atividades que perpassem ou se destinem ao território brasileiro. A base de tal proteção está no poder de consentimento de cada pessoa, que decidirá sobre o tratamento de suas informações de acordo com a sua livre vontade, além de amplo acesso a transparência sobre o que é feito com seus dados. Não há mais espaço para que dados sejam tratados à revelia de seu titular.

Os princípios de finalidade e consentimento norteiam tanto a norma europeia quanto e lei brasileira. Em resumo, torna-se ilegal o uso ou a transferência de dados pessoais para fins que não forem expressamente autorizados pelo cidadão. "O consentimento deverá se referir a finalidades determinadas, sendo nulas as autorizações genéricas para o tratamento de dados pessoais", explicita o inciso 4º do artigo 8. "O consentimento pode ser revogado a qualquer momento, mediante manifestação expressa do titular, por procedimento gratuito e facilitado", enfatiza o inciso seguinte.

Conforme previsto na LGPD, as empresas, dentre várias outras medidas, deverão indicar um encarregado para que seja o elo de comunicação entre a empresa e o órgão da administração pública responsável por fiscalizar o cumprimento da lei, receber e processar reclamações além de prover o adequado treinamento dos colaboradores da empresa sobre proteção de dados. O escopo de atuação deste cargo de encarregado, a sensibilidade e impacto que pode trazer para os negócios, faz com que tal área tenha profunda sinergia com o *compliance,* sendo até mesmo uma relação de interdependência.

Mudando um pouco o foco agora para o contexto educacional, pode-se observar que o Ministério da Educação já vem adotando padrões decisórios com base em critérios de *compliance*, especialmente em processos de supervisão. Nesses casos, atenua a aplicação de penalidades e sanções por meio da análise da eventual postura diligente e preventiva da instituição, incentivando condutas pedagogicamente desejáveis para tentar estabelecer maior qualidade na educação nacional.

1.6 Pilares legais de um programa de integridade

A grande inovação trazida pela Lei Anticorrupção é o fato de imputar responsabilização, objetiva administrativa e civil, a pessoas jurídicas pela prática de atos contra a administração pública, nacional ou estrangeira, não excluindo evidentemente a responsabilidade individual de seus dirigentes ou administradores ou de qualquer pessoa natural, autora, coautora ou partícipe do ato ilícito.

A instauração de processo administrativo pode atribuir a aplicação de multas que podem variar entre 0,1% (um décimo por cento) a 20% (vinte por cento) do faturamento bruto, ou multa de R$ 6.000,00 (seis mil reais) a R$ 60.000.000,00 (sessenta milhões de reais), além de outras penalidades administrativas.

A legislação traz uma série de circunstâncias que mitigam as sanções aplicadas, dentre elas podemos citar: a gravidade da infração; a consumação ou não da infração; a cooperação da pessoa jurídica para a apuração das infrações; e, por fim, a existência de mecanismos e procedimentos internos de integridade, auditoria e incentivo à denúncia de irregularidades e a aplicação efetiva de códigos de ética e de conduta no âmbito da pessoa jurídica (*compliance*).

Nesse caso, a Lei Anticorrupção estabelece a criação de mecanismos de integridade (*compliance*) como um dos principais pressupostos para a mitigação das sanções administrativas em face da empresa ou entidade, conforme disposição expressa no art. 7º, III, da referida legislação.[24]

A Lei Anticorrupção não trazia uma definição e nem estabelecia parâmetros para o programa de integridade (*compliance*), restringindo-se a citá-los. Não obstante, posteriormente, o Decreto n.º 8.420, de 18 de março de 2015, que regulamentou a Lei n.º 12.846 de 01 de agosto de 2013, passou a definir o programa de integridade e estabelecer os parâmetros deste programa.

Partindo do conceito legal já explicado acima[25], o Decreto n.º 8.420, de 2015, estabeleceu os pilares sobre os quais o programa de integridade (*compliance*) deve ser estruturado, os quais permitem avaliar a eficiência e efetividade dos programas criados pelas empresas e demais entidades. São pilares do programa de integridade:

- **Suporte da alta administração:** o programa deve receber aval explícito e incondicional dos mais altos executivos da organização, bem como recursos e autonomia suficiente de gestão para garantir sua eficácia;
- **Avaliação de riscos e diligência prévia (*due diligence*):** para avaliação de eventuais riscos, é importante que se conheça os objetivos da organização e todo o conjunto de leis aplicáveis às suas operações, bem como seja realizado um robusto processo de *due diligence*, para completa análise da estrutura societária e financeira da instituição;

---

24. "Mitigação de sanções administrativas em face da existência de mecanismos e procedimentos internos de integridade, auditoria e incentivo à denúncia de irregularidades e a aplicação efetiva de códigos de ética e de conduta no âmbito da pessoa jurídica." (art. 7º, VIII, da LAC)

25. De acordo com o decreto, "o programa de integridade consiste, no âmbito de uma pessoa jurídica, no conjunto de mecanismos e procedimentos internos de integridade, auditoria e incentivo à denúncia de irregularidades e na aplicação efetiva de códigos de ética e de conduta, políticas e diretrizes com objetivo de detectar e sanar desvios, fraudes, irregularidades e atos ilícitos praticados contra a administração pública, nacional ou estrangeira." (art. 41, caput, do Decreto n.º 8.420, de 2015)

Programa de Integridade no Setor Educacional **37**

- **Código de conduta e políticas institucionais:** dentro da documentação do programa de integridade, o Código de conduta é o alicerce principal, na medida em que estabelece padrões de conduta, direitos e obrigações aplicáveis a empregados e administradores, indistintamente, estendendo-se, ainda, a terceiros, prestadores de serviços e fornecedores. Sobre esse pilar, também são estruturadas as políticas institucionais, que servem para formalizar a postura e o modus operandi da organização em relação aos diversos assuntos relacionados às suas práticas negociais;
- **Controles internos:** são mecanismos internos, geralmente formalizados através das políticas, que, além de minimizar riscos operacionais e de não conformidade, asseguram a pronta elaboração e confiabilidade de relatórios e demonstrações financeiras, além de assegurar que leis e regulamentos estão sendo cumpridos;
- **Treinamento e comunicação:** promove a disseminação, de maneira orgânica e permanente, dos valores, normas, políticas e procedimentos éticos e de conduta;
- **Canais de denúncia:** fornecem aos funcionários e parceiros comerciais uma forma eficiente de alerta a organização para potenciais violações ao Código de conduta, a políticas institucionais ou mesmo a respeito de condutas inadequadas de terceiros que agem em nome da empresa;
- **Investigações Internas:** as organizações devem ter procedimentos específicos para investigações e prevenção de fraudes e ilícitos no âmbito de processos licitatórios, execução de contratos ou qualquer interação com o setor público, bem como para a condução de investigações que permitam apurar comportamentos ilícitos ou antiéticos;
- **Monitoramento:** processo rotineiro e contínuo de avaliação do programa de *compliance*, visando seu aperfeiçoamento e eventuais correções.

Embora estabeleça uma regra geral, a legislação reconhece expressamente que o programa de integridade deve ser estruturado, aplicado e atualizado de acordo com as características e riscos atuais das atividades de cada empresa ou entidade, as quais devem fazer constante aprimoramento e adaptações do programa para garantir sua efetividade.

A previsão da legislação leva em consideração o fato de que os segmentos de atuação empresarial apresentam diversas peculiaridades que não estão adstritas apenas à natureza jurídica das empresas e instituições. Além do mais, não existe um modelo único de integridade, motivo pelo qual o decreto apenas estabelece as diretrizes do programa para que se adaptem às características e riscos de cada segmento de atuação de empresas e entidades. Por isso se diz que não existe receita de bolo para a implementação do programa de integridade.

No caso de segmento educacional, é possível constatar a existência de diversas nuances regulatórias que indicam a necessidade de implementação do programa de integridade, sobretudo quando as instituições estejam afetas a atos normativos de funcionamento vinculados à administração pública. Além do mais, é claramente perceptível que a entidade educacional que adota o programa de integridade se torna naturalmente eficiente, pois permite que seu planejamento estratégico seja efetivado por meio de decisões sólidas no caminhar dos seus objetivos institucionais.

1.7 *Compliance* como modelo de gestão e de negócio

Antes de compreender o *compliance* como modelo de gestão e de negócio, é importante deixar claro que ele não deve ser confundido com governança corporativa, embora ambos façam parte do mesmo contexto de planejamento estratégico e estabeleçam formas sistemáticas para a tomada de decisões visando assegurar o êxito da instituição tanto no presente quanto no futuro, podendo, por esse motivo, ser consideradas ferramentas de planejamento estratégico. Nas palavras de Edson Cordeiro da Silva, esse planejamento "não inclui decisões futuras, mas as implicações futuras de decisões do presente. O planejamento não é um fim, mas um meio para que a companhia possa alcançar os seus objetivos."[26]

De acordo com o Instituto Brasileiro de Governança Corporativa (IBCG), a governança corporativa pode ser compreendida como um sistema de relações, ao passo que a OCDE a define como um sistema guardião de direitos e o Cadbury Comunitte britânico, como uma estrutura de poder. Do ponto de vista conceitual, a governança corporativa engloba os mecanismos de *compliance* como parte de um todo, embora ele seja dotado de estrutura e sistemática próprias.

Para Candeloro, De Rizzo e Pinho, a governança corporativa "abriga a cultura de *compliance* em seu raio de abrangência",[27] e, nesse sentido, parafraseando os autores, não existe a possibilidade de haver uma governança corporativa eficiente sem *compliance*, pois é este que fortalece os controles internos da instituição e restringe os riscos atrelados à reputação e às sanções regulatórias, disseminando patrões éticos e institucionais elevados. Resumindo, podemos dizer que o *compliance* seria a prática recomendada dentro de um sistema de governança corporativa, ou seja, a função daquele é um dos pilares desta.

Dada a evidente intersecção entre *compliance* e governança corporativa, podemos ver aquele como modelo de gestão e de negócio – ou seja, como um procedimento, uma função ou um mecanismo voltado ao planejamento estratégico adotado por qualquer organização.

Fazendo nossas as palavras de José Antônio Pereira Gonçalves, entendemos como negócio "o espaço de oportunidade que a organização quer ocupar com

---

26. DA SILVA, Edson Cordeiro, *op. cit.*, p. 6.
27. CANDELORO, Ana Paula P.; DE RIZZO, Maria Balbina Martins; PINHO, Vinícius, *op. cit.*, 2012, p. 291.

suas atividades e operações. É o foco de sua atuação".[28] Já o modelo de negócio, segundo o consultor alemão Patrick Stähler, é constituído por três elementos: proposição de valores, arquitetura de uma cadeia de valores e um modelo de receitas.[29] Ainda que a conceituação de modelo de negócio varie bastante, é razoável afirmar que, em suma, é a estrutura de suporte para a criação de um escopo econômico, social ou outra forma de valoração – isto é, ele revela a inteligência estratégica de cada organização.

Como o *compliance* estabelece diretrizes de valor, é evidente que interfere nos elementos que compõem o plano de negócio de cada organização, motivo pelo qual podemos entender que ele está incluído no próprio modelo de negócio ou é tido como parte dele, influenciando a estrutura, os processos, a infraestrutura e as políticas da organização.

Já o modelo de gestão é considerado o conjunto de normas e princípios que devem orientar os gestores na escolha das melhores alternativas e práticas para levar a organização a cumprir sua missão – ou seja, a razão de existência da entidade. A cultura organizacional, entendida como o conjunto de crenças, valores e princípios partilhados pelas pessoas em determinada organização, vive uma interação direta com o modelo de gestão em razão do poder exercido por seus principais gestores.

Uma vez que prevalece em todos os passos na cadeia de valores, o *compliance* funciona como um modelo de gestão, ou seja, pode ser compreendido como um modelo de gestão, na medida em que subsidia a cultura organizacional e orienta as melhores práticas com o objetivo de tornar a organização cada vez mais íntegra e robusta. Como modelo de gestão, ele é posto em prática pelo *compliance officer* ou *chief compliance officer (CCO)*, expressão adotada do inglês, que significa "oficial de conformidade".

Neste momento, não devem restar dúvidas de que, sendo parte do planejamento estratégico, o *compliance* funciona como modelo de gestão e de negócio, e, mais do que um fim em si mesmo, é um meio para a organização alcançar os objetivos traçados.

---

28. GONÇALVES, José Antônio Pereira. *Alinhando processos, estrutura e* compliance *à gestão estratégica.* São Paulo: Atlas, 2012, p. 5.
29. STÄHLER, Patrick. *Geschäftsmodelle in der digitalen Ökonomie.* Colônia: Josef Eul, 2002.

CAPÍTULO
2

A FUNÇÃO DE *COMPLIANCE* NO ENSINO SUPERIOR PRIVADO

COMO DISSEMOS anteriormente, a função de *compliance*, inevitável no Brasil, ganhou importância no atual mercado competitivo e bastante intrincado, especialmente em razão da atividade regulatória exercida pelo Estado. Com base nisso, é fácil constatar que o setor educacional privado é um dos mais regulados em nossa economia, em particular porque inicialmente não foi concebido para ser efetivamente um setor econômico, tendo em vista que a educação só foi tratada como direito e dever exclusivo do poder público a partir da Emenda Constitucional n.º 1, de 1969, em seu art. 176.

A participação da iniciativa privada na educação foi de fato admitida pela Constituição Federal de 1988, e, a partir de então, a educação passou a ser desenvolvida "com a colaboração da sociedade", de modo que esta também pudesse contribuir para a formação do cidadão. Ao solicitar a participação da sociedade civil na formação das pessoas, o Estado reconhece expressamente sua incapacidade de atender a todas as necessidades educacionais dos cidadãos, e, por intermédio de leis de incentivo, favorece a sociedade ao proporcionar ensino àqueles que não têm condições de pagar.

Em sua evolução, as políticas educacionais, sensíveis às e dependentes das transformações sociais e das reestruturações da economia nacional, devem atender às demandas por novas vagas e novas competências. Devem ainda estar atentas às mudanças no modo de produção do conhecimento e na organização do ensino, inovando continuamente suas práticas.

Segundo nossa Constituição (art. 290), a participação da iniciativa privada na educação é possível desde que cumpra as normas gerais da educação com seus protocolos de autorização e avaliação de qualidade pelo poder público. Em outras palavras, o ensino é livre à iniciativa privada desde que cumpra as normas gerais da educação nacional e desde que tenha autorização e avaliação de qualidade pelo poder público. A esses requisitos específicos somam-se os requisitos gerais estabelecidos pela ordem econômica e financeira para disciplinar a iniciativa privada como um todo, incluindo a intervenção estatal dos órgãos de fiscalização e controle das instituições de ensino particulares.

A atividade educacional, apesar de ser uma função essencialmente pública, não é privativa do Estado, portanto, ocorre com a participação da comunidade em instituições particulares, sem obstáculos à colaboração entre ambas as esferas, mediante programas de fomento ou parcerias. Porém, seja qual for a situação, prevalece a atuação controladora e intervencionista do Estado.

É importante salientar que a educação é um dos direitos fundamentais garantidos por nossa Constituição e reafirmado em nível internacional como um dos direitos humanos. Como enfatiza Marcos Augusto Maliska, a educação é um direito fundamental prestacional,[30] e está presente no núcleo irredutível da Carta de Direitos brasileira e merece aplicabilidade imediata com a atuação de terceiros, ou seja, entidades educacionais da iniciativa privada. Nesse sentido, é importante salientar que "seria o ensino privado colaborador do ensino público".[31]

Atualmente, as normas jurídicas que estruturam a educação superior no Brasil estão contidas, prioritariamente, na Lei n.° 9.394, de 20 de dezembro de 1996, conhecida como Lei de Diretrizes e Bases da Educação Nacional (LDB), e na Lei n.° 10.841, de 14 de abril de 2004, que institui o Sistema Nacional de Avaliação do Ensino Superior, sem que tenham sido abolidos os diversos decretos, resoluções, portarias, deliberações e outros atos normativos elaborados pelos órgãos vinculados aos sistemas de ensino existente no país.

Portanto, com relação ao papel do Estado na educação superior, a orientação predominante sempre foi a de que deveria ser reformulado, transformando-se em órgão regulador, supervisor e avaliador, em vez de executor. Além disso, as instituições de ensino deveriam gozar de maior autonomia, mas sempre sujeitas às ações do governo, para fins de credenciamento, recredenciamento, avaliação e supervisão, entre outros procedimentos igualmente importantes.[32]

Nesse cenário, o Estado brasileiro contemporâneo tem presença expressiva no campo da educação, pois:

- planeja, define políticas e as executa;
- legisla;
- regulamenta;
- interpreta e aplica a legislação por meio dos Conselhos de Educação;
- financia e subvenciona o ensino, a pesquisa e a extensão de serviços;
- mantém universidades e demais instituições públicas de ensino (básico e superior);
- oferece diretamente ensino de graduação e pós-graduação;
- autoriza, reconhece, credencia, recredencia e supervisiona cursos e instituições;

---

30. MALISKA, Marcos Augusto. *O direito à educação e a Constituição*. Porto Alegre: Sérgio Fabris, 2001, p. 243.
31. MALISKA, Marcos Augusto, *op. cit.*, p. 189.
32. AMARAL, Nelson Cardoso. *Financiamento da educação superior: Estado x mercado*. São Paulo: Cortez/Unimep, 2003, p. 117.

- determina sua desativação e a intervenção em instituições;
- avalia alunos, cursos e instituições em todo o país;
- interfere na organização do ensino;
- estabelece diretrizes curriculares, entre outras ações.

Essas atividades aplicam-se tanto à esfera pública como à privada, e a todos os sistemas de ensino. Assim, constatamos que o controle do Estado sobre o setor educacional privado é abrangente e engloba ações determinantes na gestão das instituições, sejam elas de educação básica ou de ensino superior.

No Brasil, a educação está inserida em um nicho econômico extremamente regulado, em especial porque a educação privada é objeto de um ato administrativo delegado – ou seja, a educação é uma atividade desenvolvida pelo setor privado por meio do regime de autorização nos limites previstos no art. 209 da Constituição Federal.

No ensino superior, podemos citar como exemplos de atos a autorização propriamente dita, o reconhecimento e a renovação de cursos, além do credenciamento, do recredenciamento e da renovação de recredenciamento de instituições de educação superior. E mais: o início de funcionamento de uma instituição de educação superior depende da prévia publicação do ato de credenciamento emitido pelo Ministério da Educação com autorização para o funcionamento do primeiro curso.

Os constantes mecanismos de avaliação da educação, sobretudo no ensino superior, se traduzem em atos regulatórios ditados pelo poder público, incluindo um conjunto de regras obrigatórias que a instituição educacional deve cumprir, tanto relativas a avaliações como a sanções, aplicáveis por meio de medidas administrativas urgentes ou atos administrativos de supervisão.

Assim, em uma análise geral, é possível verificar que o setor educacional privado é um dos mercados mais regulados no país; por isso, a ideia é que o *compliance* possa ser utilizado como estratégia operacional para que as instituições de ensino superior mantenham sua integridade corporativa diante das guinadas políticas cíclicas do ambiente regulatório.

Nesse contexto, é possível estabelecer uma função de *compliance* própria e específica do ensino superior privado como forma de minimizar o risco de não conformidade que afeta o setor, tanto reduzindo danos à imagem da instituição (como as sanções administrativas), por exemplo, problemas no recredenciamento e suspensão da autonomia universitária e do processo seletivo. Além disso, o *complicance* promove a alocação eficiente de recursos, além de melhorias no relacionamento entre os *stakeholders*, na medida em que cria parâmetros confiáveis de relacionamento baseados em uma cultura organizacional ética.

Embora tenha surgido inicialmente como estratégia corporativa de bancos e agentes financeiros, não há dúvidas quanto à pertinência do *compliance* ao setor educacional, principalmente em face dos pesados mecanismos regulatórios que caracterizam o setor, mesmo que a função original de *compliance* não possa ser aplicada literalmente no setor educacional, uma vez que a natureza jurídica dessas instituições e seus modelos de gestão e de negócio são diferentes dos modelos de instituições financeiras.

Por outro lado, não é a natureza jurídica das instituições de ensino superior (sociedade simples, sociedade empresária limitada, sociedade anônima, associação ou fundação) que vai definir se a função de *compliance* pode ser aplicada ou não, já que se trata de uma estratégia para as atividades que essas organizações desenvolvem segundo modelo regulatório específico. Sendo assim, vemos que o *compliance* é utilizado, por exemplo, como mecanismo que maximiza resultados operacionais e institucionais de associações e fundações privadas de educação, inclusive aquelas consideradas beneficentes de assistência social (instituições filantrópicas). Aliás, diga-se de passagem, como benefício extremamente regulado, a filantropia é ideal para a adoção da função de *compliance*.

Também não é pelo fato de a estrutura administrativa ou institucional das instituições de ensino superior ser mais enxuta do que a das instituições financeiras que o *compliance* não possa ser adotado. Muito pelo contrário: ele pode ser extremamente eficiente, por exemplo, em associações com número reduzido de associados, em sociedades empresárias com poucos sócios e em outras organizações de administração igualmente restrita, pois não depende do tamanho da organização, mas da atividade e das rotinas próprias da organização.

Nessa nova perspectiva, e tendo em mente a intensa atividade regulatória no setor educacional privado, principalmente no ensino superior, é possível implementar uma função de *compliance* que seja própria e específica para o setor, ou seja, uma estratégia pertinente ao gerenciamento do risco de *compliance* no ensino superior privado, conforme apresentamos a seguir.

2.1 Identificando a função de *compliance* educacional

Diferentes ferramentas e instrumentos podem ser empregados na implantação de um programa de *compliance* em uma organização, porém, mantendo sempre o foco no cumprimento de normas, na observância da conduta ética e, dessa maneira, resguardando a integridade corporativa da instituição.

De acordo com orientações dadas por vários órgãos voltados à política anticorrupção, a estruturação de um programa de *compliance* cria mecanismos de gerenciamento próprios para esse tipo de instituição. Isso significa que os tópicos de um programa de *compliance*, originalmente dirigidos ao setor financeiro, abordam questões regulatórias próprias ao setor, a exemplo do estabelecimento de políticas anticorrupção e de prevenção à lavagem de dinheiro.

As atividades desenvolvidas por uma instituição financeira em geral envolvem questões ligadas a transações monetárias de todos os gêneros, desde o simples escambo (troca de moedas) até a operação mais sofisticada ligada ao capital (dinheiro). Assim, a criação de procedimentos, rotinas, controles e uma gestão própria desse tipo de organização tem o objetivo de minimizar perdas decorrentes da sua atuação.

Desvios fraudulentos, subornos, corrupção privada, corrupção pública, venda casada de produtos financeiros, cobrança indevida de encargos bancários e a assunção de risco creditício, entre outras distorções ético-legais, são ocasionados pela atividade-fim da instituição financeira. Todas essas deformações sistêmicas têm grande impacto na integridade corporativa de cada uma delas, podendo levar até mesmo à falência, como é possível constatar nos dias atuais.

O sucesso do programa de *compliance* no setor financeiro, onde se tornou obrigatório, acabou atraindo o interesse de outros segmentos, que passaram a aplicá-lo conforme sua área de desempenho, embora preservando os princípios éticos e as normas de conduta que o regem desde o começo. As regras básicas são as mesmas para todas as instituições, todavia, cada uma delas deve aplicá-las de acordo com a área e o local de atuação, segundo os objetivos e a complexidade de suas operações, garantindo as boas práticas de conduta em seu respectivo mercado.

O *compliance* passou a ser utilizado, por exemplo, como estratégia gerencial de empresas e entidades que atuam no setor ambiental, segundo uma nova perspectiva chamada *compliance ambiental*. No plano governamental, o programa também vem conquistando um espaço considerável, como é o caso das empresas que atuam no setor elétrico, as quais atualmente enfrentam o risco de *compliance* decorrente da não conformidade regulatória que tem acarretado apagões de grandes proporções, falta de investimentos e outras intercorrências. No setor farmacêutico, a função de *compliance* também vem sendo adotada em virtude da forte regulação e das severas críticas ético-morais que o setor enfrenta.

EM FOCO

A atuação do *compliance* na seara ambiental vai além da verificação das normas ambientais aplicáveis a determinada empresa, uma vez que a ele cabe implementar estratégias por meio das quais seja possível medir o desempenho de todas as ações destinadas ao controle ambiental, com a finalidade de prevenir autuações, multas, instaurações de processos administrativos, cíveis e criminais.

Fonte: BARBOSA, Michelle Sanches. *"Compliance* ambiental". *Jus Navigandi*, Teresina, ano 17, n.º 3.404, 26 out. 2012. Disponível em: <http://jus.com.br/revista/texto/22868>. Acesso em: 29 out. 2012.

Os excelentes resultados do *compliance*, aplicado a tantos setores, demonstram a existência de um eixo central imutável em sua função, pois, além de favorecer o cumprimento de normas e regulamentos, influencia os procedimentos de identificação, administração e mitigação de riscos corporativos e institucionais, permitindo que a organização seja mais eficiente e rentável, e tudo isso de forma sustentável.

Com isso, vemos que a função de *compliance* tem amplas condições de ser aplicada ao setor educacional privado, uma vez que as entidades que a integram atuam em um mercado extremamente competitivo e regulado, e, por isso, propício a sua implementação. Apesar dessas características, é imprescindível identificar especificamente a função de *compliance* no setor educacional privado – ou seja, é essencial reconhecer suas especificidades.

No âmbito da educação, a identificação da função de *compliance* pode auxiliar o gestor na gestão de risco, definido como o risco de sanções legais ou regulatórias, perdas financeiras ou mesmo a perda da reputação decorrentes do não cumprimento de disposições legais, regulamentares, códigos de conduta etc.

A implementação dessa função no setor educacional demanda a identificação de uma matriz própria de aplicação do *compliance* e, no contexto do setor educacional, além das funções originalmente formatadas para o mercado financeiro, ele possui as seguintes especificidades:

- tratamento de conflitos de interesses;
- identificação do risco de *compliance* setorial;
- planejamento de políticas e procedimentos;
- auditoria legal, regulatória e acadêmica.

Nesse cenário, a aplicação do *compliance* representa uma alternativa extremamente viável para a prevenção de riscos oriundos da atividade regulatória própria do setor educacional, para o tratamento dos diversos conflitos de interesses dentro das instituições, além de ser importante para o planejamento de políticas institucionais, entre outros benefícios, traduzindo-se em um novo modelo jurídico que incentiva o cumprimento de normas atinentes a padrões éticos, preventivos e jurídicos aos quais a atividade educacional ainda não esteja adaptada.

Em outras palavras, o *compliance* educacional não se limita a verificar o estrito cumprimento da Lei n.º 12.846, de 1º de agosto de 2013, a chamada Lei Anticorrupção, mas também passou a ser uma estratégia extremamente eficiente no cumprimento de atos normativos específicos do setor, além de levar ao conhecimento do público em geral a adesão da instituição a princípios de responsabilidade social ao evidenciar a acuidade e o zelo da instituição diante de eventuais problemas e as medidas para saneá-los. Assim, podemos dizer que a implementação do *compliance* confere maior credibilidade às instituições educacionais perante seus consumidores, investidores, fornecedores, parceiros, e também perante a comunidade acadêmica e os órgãos públicos etc.

A seguir, detalhamos as funções de *compliance* específicas do setor educacional privado.

2.1.1 Tratamento de conflitos de interesses

O conflito de interesses, bem como seu tratamento e prevenção, é objeto da função original de *compliance*, sendo aplicado nos mais diversos setores, inclusive o educacional privado. Em suma, esse conflito pode ser entendido como "a falta de alinhamento entre os integrantes de um grupo, não somente na questão objetiva de definição de uma ação ou tomada de decisão, mas também na percepção de que interesses individuais poderão se sobrepor à decisão ou à ação".[33]

Não se trata de mera indisposição ou divergência moral ou ideológica dentro de uma instituição, mas de uma divergência de interesses entre indivíduos que fazem parte da instituição ou na relação entre sócios, acionistas, associados, funcionários, fornecedores, credores, consumidores e órgãos governamentais. No conflito de interesses, objeto do *compliance*, geralmente há algum tipo de vantagem ou proveito envolvido, criando problemas para a integridade da instituição.

Para que se configure um conflito de interesses, basta a existência de um interesse contrário ao da instituição, independentemente de o conflito ter sido gerado pelo administrador, o gestor, um funcionário, um consumidor etc. Trata-se de situação geralmente criada por quem detém poder dentro da instituição.

Segundo Coimbra e Manzi, entre as situações que configuram ou têm potencial para configurar conflito de interesses estão:

> Manter outra atividade profissional paralela, participar do Conselho de Administração de outra empresa, obter vantagens ou benefícios em razão do cargo que ocupa na organização, manter investimentos em organizações que atuam no mesmo mercado, relacionar-se profissionalmente através da sua organização com parentes, dentre outras.[34]

Por esse ângulo, vemos que o setor educacional é bastante propício à existência de conflitos de interesses, pois muitas vezes a atividade do gestor se confunde com a de diretor ou docente da instituição, dando margem a equívocos de entendimento em que a função do gestor se confunde com a da entidade mantida.

Muitas vezes, o conflito de interesses emerge até mesmo do fato de o gestor figurar como sócio ou proprietário em consultorias externas que prestam serviço para a instituição; em outros casos, porém, o gestor participa de órgãos represen-

---

33. CANDELORO, Ana Paula P.; DE RIZZO, Maria Balbina Martins, e PINHO, Vinícius. *op. cit.*, 2012, p. 85.
34. COIMBRA, Marcelo de Aguiar e BINDER, Vanessa Alessi Manzi (Orgs.), *op. cit.*, 2010, p. 78.

tativos de instituições privadas e, em alguns momentos, as decisões desses órgãos podem ser contrárias aos interesses da instituição da qual o gestor faz parte.

Ainda falando de conflito de interesses, ele também pode abranger interesses subjetivos, como a concessão de privilégios a um parceiro econômico em decorrência de uma relação pessoal que o mantenedor, o gestor ou o administrador mantenha com outra empresa. Até mesmo um empregado de departamento menos evidente, como o almoxarifado, pode criar conflito de interesses quando facilita o desperdício de material escolar destinado aos docentes.

No entanto, o conflito mais aparente nas instituições educacionais é aquele ligado aos interesses dos sócios ou associados, e é bastante comum que nessas instituições exista apenas estatutos ou contratos sociais para regular um possível conflito de interesses entre associados e sócios, respectivamente. É possível constatar, nas mais diversas organizações educacionais, o sentimento de que tais instrumentos (estatuto e contrato social) seriam em si suficientes para regular a relação entre sócios e entre associados. Apenas para exemplificar, existem problemas bastante corriqueiros, como a concessão de bolsas de estudo em desacordo com a política institucional, a utilização indevida de empregados para serviços privados, o uso indevido de carros da instituição, todos esses casos que não estão previstos no contrato ou no estatuto.

A ideia de que uma instituição seja pequena e que, por isso, não deva ter um instrumento diverso do estatuto ou do contrato social para regular conflitos de interesses evidencia uma prática temerária e até imprudente, pois esses documentos são uma obrigação legal na constituição de uma instituição com determinada natureza jurídica (associação ou sociedade empresária, por exemplo). Tais documentos (estatuto ou contrato social) não resguardam a instituição de um conflito de interesses que pode redundar inclusive no encerramento de suas atividades por conta de disputas societárias ou associativas.

Em casos extremos, o conflito de interesses pode ocasionar inclusive o encerramento das atividades de uma instituição educacional, a exemplo de decisão do Conselho Nacional de Educação (CNE) que determinou o descredenciamento de uma faculdade em vista de má gestão administrativa. Segundo o parecer do CNE/CES n.º 259/2012, houve conflito de interesses entre os gestores, situação extrema que revela a importância do *compliance* no setor educacional privado, pois, se fosse adotado nessa instituição, dificilmente ela seria descredenciada por tal motivo. Vale a pena salientar que o descredenciamento não levou em conta nenhum aspecto relacionado com a natureza jurídica da instituição e muito menos o tipo de acordo societário, mas apenas o impacto regulatório ocasionado pela má gestão administrativa decorrente do conflito de interesses.

Os gestores ou os mantenedores de instituições privadas de educação que se encontram em situação de potencial conflito de interesses devem agir de forma transparente e de modo a impedir o surgimento desse conflito, abrindo mão de posições capazes de gerar interesses contrários. É imprescindível que o gestor ou o mantenedor de uma instituição educacional tenha ciência de que conflitos de interesses são prejudiciais à integridade corporativa dessa organização.

A experiência acumulada com a prática do *compliance* recomenda que os conflitos de interesses sejam administrados por meio da criação de procedimentos e políticas institucionais que levem em conta a finalidade e a natureza jurídica da instituição e a legislação específica que regulamenta a atividade do setor. As regras instituídas devem tornar as instituições educacionais resilientes, ou seja, devem facilitar sua recuperação natural após a fase de pressões e estresses decorrentes de conflitos de interesses.

O tratamento e a prevenção de conflitos de interesses podem ocorrer por meio de medidas que envolvem instâncias diversas, por exemplo, acordo de sócios, regimentos internos, códigos de ética, códigos de conduta etc., como veremos mais adiante. Esses instrumentos sempre devem levar em conta os conceitos de integridade corporativa e resiliência, e, assim, ao mesmo tempo que promovem a solidez da instituição, capacitam-na a ser espontaneamente elástica o bastante para minimizar perdas durante episódios de conflitos de interesse.

Entre as estratégias para implantar o tratamento e a prevenção de conflitos de interesses em instituições educacionais, encontramos:

- a delimitação de critérios objetivos para regulamentar as relações que os mantenedores, os gestores e os administradores da instituição mantêm com concorrentes, envolvendo fornecedores (advogados, consultores, contabilistas etc.), docentes, discentes, órgãos públicos e o público em geral;
- a clara delimitação do relacionamento entre a instituição mantenedora e a instituição mantida, que não se esgota na definição do estatuto ou do regimento da IES;
- a definição de conteúdos institucionais por ordem de importância e relevância; esses conteúdos tornam-se então objeto de regulamento próprio para resguardar a instituição de instabilidades entre mantenedores, gestores, administradores etc.;
- o uso de instrumentos legais próprios para que os mantenedores se abstenham de praticar atos temerários à administração da instituição, fato verificado e comprovado por auditores externos;
- a identificação de transações, benefícios e procedimentos contrários ao que se considera o objeto de conflito de interesses; essa questão também é confirmada por auditoria externa e está inserida no regulamento interno da instituição.

Na estruturação de um programa de *compliance* em instituições educacionais privadas, essas propostas serão postas em práticas com a identificação e o desenvolvimento de padrões de conduta compatíveis com a atividade-fim da instituição e sua integridade corporativa. Em seguida, esses procedimentos serão objeto de políticas escritas a serem adotados em todas as áreas e atividades da instituição.

2.1.2 Identificação do risco de *compliance* setorial

Quanto à função original de *compliance*, várias corporações estruturaram áreas para monitorar o chamado "risco de *compliance*", que, na maioria das vezes, não era o foco dos processos de gestão de risco até então. Em outras palavras, esse risco específico não era mensurado pela gestão de risco das organizações, motivo pelo qual a gestão de risco de *compliance* tornou-se um segmento corporativo.

Dentre os vários objetos a cujo respeito a gestão de risco das corporações não possuía parâmetros, o *compliance* passou a identificar a chamada *matriz de risco regulatório*. Essa matriz inclui a identificação e o mapeamento total do ambiente regulatório de determinado setor econômico e utiliza essa base para monitorar o risco de *compliance* e criar metodologia para sua gestão.

Aqui, é importante compreender o que é o ambiente regulatório e o que é a matriz de risco regulatório: ambiente regulatório é o conjunto de normas instituídas pelo poder público, que possui autoridade para supervisionar a conformidade de sua aplicação pelo setor privado e impor sanções no caso de descumprimento ou violação.

No ambiente regulatório implantado no Brasil, o Estado mantém papel relevante na prestação dos serviços de interesse público, não apenas como único executor, mas principalmente como fiscalizador e incentivador, conforme alerta Villela Souto:

> O papel do Estado na atividade econômica deixa de ser de agente propulsor da economia e da riqueza, função esta que é reservada à iniciativa privada; cabe-lhe reprimir os abusos e assegurar o bem-estar da coletividade e do desenvolvimento do país.[35]

Nesse mesmo sentido, Maria Inês Barreto explicita que esse processo deve ser entendido no contexto de redefinição do papel do Estado, que deixa de ser responsável direto pelo desenvolvimento econômico e social (através da produção de bens e serviços) e passa a exercer a função de promotor e regulador desse desenvolvimento.[36]

---

35. SOUTO, Marcos Jurema Villela. *Direito administrativo da economia*. 3. ed. Rio de Janeiro: Lumen Júris, 2003, p. 139.
36. BARRETO, Maria Inês. "As organizações sociais na reforma do Estado brasileiro". In PEREIRA, Luiz Carlos Bresser; GRAU, Nuria Cunill (Orgs.) *O público não estatal na reforma do Estado*. Rio de Janeiro: Fundação Getúlio Vargas, 1997, p. 111.

A regulação, que tem efeito normativo e fiscalizador, decorre de decisões tomadas pelo Poder Executivo e se destina a estabelecer os procedimentos administrativos por meio dos quais o governo intervém nas decisões econômicas. Esses instrumentos burocráticos podem gerar impactos substanciais no desempenho do setor privado. É por essa razão que o *compliance* ganha importância em mercados regulados.

Como objeto do *compliance*, a matriz de risco regulatório – que inclui as leis e os regulamentos aplicáveis ao setor econômico envolvido, nesse caso, o setor educacional privado – é uma ferramenta usada para garantir que o risco de conformidade seja levado em conta, pois é a base do monitoramento e das metodologias da gestão de risco. Para cada risco definido pela matriz de risco regulatório, deve haver um controle que o neutralize.

Os elementos que compõem a matriz são: as diretivas de regulamentação e as políticas internas aplicadas às finalidades da instituição; a identificação de seus riscos inerentes; os controles internos que visam neutralizar os riscos; testes para validar os controles; a frequência para a realização dos testes, e o risco residual. E essa matriz pode ser adequada à instituição educacional, contendo apenas leis e regulamentações aplicáveis à prestação de serviços educacionais (direito do consumidor e legislação regulatória), bem como a avaliação dos riscos envolvidos.

No setor educacional privado, as atividades de *compliance* pertencem ao contexto da gestão preventiva de riscos, monitorando e supervisionando continuamente as práticas das instituições de ensino superior e suas operações cotidianas, de modo a inseri-las no que se entende como boas práticas de governança.

A identificação do risco de *compliance* do setor educacional privado inclui as seguintes situações:

- acompanhamento da divulgação de normas regulatórias e sua adequação imediata pelos setores internos da instituição, que se fará por meio de orientações formais e será integrada às normas internas da instituição. Tal procedimento é importante, por exemplo, no acompanhamento das alterações nas regras de renovação de reconhecimento de algum curso superior, no processo de recredenciamento institucional ou no caso das normas para cursos de pós-graduação *lato sensu*, geralmente transgredidas;
- avaliação de diversos procedimentos internos e tratamentos de riscos com o objetivo de resguardar as instituições de implicações relativas às mais variadas demandas judiciais na área do consumidor, da responsabilidade civil, criminal e ambiental, em ações civis públicas, entre outras questões. Nesse mesmo contexto, inserem-se os indicadores negativos oriundos dos órgãos de defesa do consumidor (Procon), já que tais indicadores afetam a imagem da instituição e, com isso, sua integridade corporativa;

- avaliação e tratamento de riscos relacionados com programas e políticas públicas, as quais podem se tornar elementos centrais na gestão de certas instituições, como o Programa Universidade para Todos (Prouni) e o Fundo de Financiamento do Estudante do Ensino Superior (Fies), além de programas municipais e estaduais. Esses programas são de vital importância para a sobrevivência de algumas instituições, motivo pelo qual o risco de não conformidade poderá ser determinante para o encerramento das atividades de algumas delas;
- avaliação e tratamento de riscos relacionados a tributos devidos pelas instituições educacionais privadas, levando-se em consideração sua respectiva natureza jurídica e os impactos tributários decorrentes (imunidade tributária, isenção e filantropia), sobretudo diante do fato de que algumas políticas públicas governamentais (Prouni, FIES, Pronatec, por exemplo) têm impacto direto no risco fiscal dessas instituições. Da mesma forma, há os benefícios fiscais regionais (municipais e estaduais), que devem ser objeto de avaliação permanente para evitar o risco de *compliance*;
- avaliação e tratamento de riscos relativos à manutenção da condição de instituição beneficente de assistência social, lembrando as diversas alterações que vêm ocorrendo para fins de certificação;
- avaliação e tratamento de riscos relacionados à gestão de pessoal e recursos humanos, tendo em vista que algumas exigências trabalhistas decorrem de normas regulatórias e outras têm natureza jurisprudencial, como a demissão em massa de trabalhadores e/ou professores;
- avaliação e tratamento de riscos na gestão financeira das instituições educacionais, como a adoção de políticas de reajuste de anuidades escolares, controles dos demonstrativos de pagamentos, gerenciamento de contratos e convênios, além do estabelecimento de controles sobre benefícios institucionais e investimentos obrigatórios;
- avaliação e tratamento de riscos com os terceiros que prestam serviços para a entidade educacional, sobretudo aqueles que falam em nome da instituição perante os órgãos públicos (Ministério da Educação, Secretaria Estadual e Municipal de Educação, entre outros).

Todas essas situações incluídas na matriz de risco regulatório setorial – e cujos detalhes serão esmiuçados adiante – visam reduzir o risco sistêmico natural ao setor educacional privado. Elas fomentam a estabilidade institucional e financeira, e também o crescimento sustentável das instituições educacionais, gerando resultados positivos na medida em que essas instituições se comprometem com as boas práticas de governança e a implantação de um sólido programa de *compliance*.

2.1.3 Planejamento de políticas e procedimentos

A implantação de políticas e procedimentos em uma instituição educacional privada parece um clichê muito antigo, banalizado por ser repetitivo e por ser objeto de exigências regulatórias; todavia, a concepção de regimentos, com o fim de estabelecer procedimentos internos nas instituições educacionais, decorre de exigências legais ou de atos normativos emitidos pelos órgãos reguladores.

Com isso, as políticas internas parecem ser apenas uma exigência legal, mas a questão é que tanto essas políticas quanto os procedimentos internos das instituições educacionais são fundamentais para sua eficiência e a obtenção de resultados positivos, e isso não tem absolutamente nada a ver com as exigências legais dos órgãos reguladores.

Em sentido amplo, política institucional é o conjunto de diretrizes que trata de questões cotidianas, organizacionais e operacionais, e deve estar em conformidade com as boas práticas de governança adotadas pela organização. Além disso, deve objetivar o equilíbrio entre as necessidades das pessoas (empregados e empregadores) e a integridade corporativa da organização.

A meta da política institucional é tornar a organização íntegra e resiliente, ou seja, capaz de tomar decisões sólidas, e também apta à recuperação natural diante de pressões e condições adversas do setor econômico em que atua. Ela serve para resguardar a instituição de seu próprio poder institucional.

Retomando uma antiga e sábia analogia de Montesquieu, "não se trata de fazer ler, mas de fazer pensar";[37] no fundo, a razão desse mandamento é garantir a liberdade do cidadão. Em outras palavras, para não permitir o abuso de poder, restringindo a liberdade do cidadão, é preciso que o poder freie o poder. A sabedoria dessa analogia consiste no entendimento de que a política institucional serve para frear o poder do gestor, de modo que este só possa utilizá-lo dentro dos parâmetros de governança estabelecidos pela instituição.

Em um programa de *compliance*, a política adotada por uma instituição educacional deve estabelecer todos os procedimentos a serem seguidos, de modo que qualquer decisão seja passível da mínima probabilidade. Sendo assim, a formulação de uma política institucional resguarda a empresa da alegação de falta de conhecimento ou de transparência nas regras por ela adotadas.

Para Coimbra e Manzi,[38] a política de *compliance* deve incluir os seguintes procedimentos:

- documentação do programa de *compliance*;
- documentação da missão do programa;
- regras para criação, alteração e revisão das políticas institucionais;

---

37. MONTESQUIEU, Charles Louis de Secondat, baron de la Brède et de. *O espírito das leis*. Trad. Fernando Henrique Cardoso. Brasília: Universidade de Brasília, 1995, p. 211.
38. COIMBRA, Marcelo de Aguiar e BINDER, Vanessa Alessi Manzi (Orgs.), *op. cit.*, 2010, p. 79.

- papel do profissional ou do comitê de *compliance*;
- processo de educação e treinamento;
- formalização das comunicações;
- monitoramento;
- ações disciplinares e corretivas;
- estabelecimento de valores e princípios.

A política de *compliance* deve estar integrada a todas as demais políticas da instituição educacional, de forma a assegurar-lhe consistência; ao mesmo tempo que mantém sua independência, o *compliance* deve ser integrado aos sistemas de gestão já existentes nas instituições educacionais, como contratos e estatutos sociais, regimentos internos, e códigos de ética ou de conduta.

Nos termos do Decreto n.º 8.420, de 18 de março de 2015, que regulamenta a Lei Anticorrupção, as políticas institucionais fazem parte de um dos pilares do programa de integridade (*compliance*), devendo ser adotadas para que os colaboradores da instituição cumpram as determinações que a entidade considera como imprescindíveis para a sua finalidade institucional.

Assim, por exemplo, os procedimentos para acompanhar os avaliadores externos do Ministério da Educação em uma instituição de ensino superior, por ocasião de uma avaliação *in loco*, devem ser regidos pelas melhores regras da boa governança corporativa e inseridos em sua política institucional. Embora não previsto em lei ou ato normativo, esse quesito da política institucional demonstra sua precisão e seu zelo em garantir a qualidade almejada pelo Ministério da Educação. A regras simples de conduta interna, mas que têm um efeito prático extremamente positivo.

2.1.4 Auditoria legal, regulatória e acadêmica

Em um programa de *compliance*, é fundamental que haja a aplicação de monitoramentos e testes regulares, uma vez que o risco de *compliance* passa a ser objeto de contínuo rastreamento, análise e tratamento. Esses procedimentos cabem à auditoria que, tanto quanto o *compliance*, é um importante pilar da governança corporativa, como reconhece o Comitê da Basileia.[39]

No entanto, a auditoria não se confunde com a função de *compliance*: elas são atividades complementares. A auditoria é um exame sistemático das atividades de uma empresa ou setor, com o objetivo de averiguar se estão de acordo com as disposições planejadas e/ou estabelecidas previamente, se foram implantadas com eficácia e se estão adequadas.

As auditorias podem ser classificadas em externa e interna: a primeira delas atesta a adequação de um ato praticado por uma organização, com a característi-

---

39. BIS (Bank for International Settlements). *Enhancing Corporate Governance for Banking Organizations*, Basel Committee on Supervision, Fev. 2006. Disponível em: www.bis.org. Acesso em: 1º nov. 2012.

tica de confiabilidade, e são distribuídas em diversas áreas da gestão, como sistemas, recursos humanos, qualidade, demonstrações financeiras, jurídica, contábil etc. Além disso, os profissionais que participam da auditoria de demonstrações financeiras são certificados e devem seguir normas profissionais rigorosas.

Já a auditoria interna tem como objetivo avaliar o processo de gestão, cobrindo a governança corporativa e a gestão de riscos e procedimentos de aderência às normas, a fim de apontar eventuais desvios e vulnerabilidades.

Nenhumas das duas se confundem com a função de *compliance*, pois ambas são independentes e se reportam sempre à alta administração da instituição. A auditoria executa a avaliação objetiva de todo o processo de governança e de validações por meio de testes dos processos e controles institucionais, sempre baseados nos riscos da instituição. Por meio de amostragens, a auditoria realiza, de forma aleatória e não agendada, uma análise sistêmica da instituição e identifica a não conformidade após a falha ter sido cometida.

A função de *compliance* procede com uma análise mais proativa, de forma rotineira e permanente, de modo a controlar e prevenir os riscos envolvidos em cada atividade e que foram apontados pela auditoria, assegurando que as diversas áreas da instituição estejam em conformidade com a regulamentação aplicável. O *compliance* inclui o acompanhamento dos pontos falhos identificados pela auditoria até que sejam regularizados – ou seja ele faz parte da estrutura de controle, ao passo que a auditoria faz parte da avaliação, que é objeto do controle institucional.

Para Santana,[40] embora as competências dessas duas áreas sejam próximas, suas funções pertencem a elementos distintos do sistema de controles internos, e, comparando responsabilidades, a auditoria não implanta controles, ao passo que o *compliance*, sim. Além disso, a auditoria faz trabalhos periódicos com metodologia específica, ao passo que o *compliance*, inserido no contexto da cultura organizacional, atua no dia a dia, introduzindo melhorias – ou seja, é um instrumento de gestão e aconselhamento que faz parte da estrutura organizacional e pode ter obrigações estatutárias, como na gestão do risco operacional.

Além das várias facetas da auditoria e de sua intersecção com o *compliance*, é possível constatar no setor educacional que a auditoria assume nuances próprias, com forte ligação com a função de *compliance*. Nesse âmbito, a fim de criar um programa próprio de *compliance*, é possível estabelecer três tipos de auditoria: legal, regulatória e acadêmica.

A autoria legal (*due diligence*) implica a revisão de toda a documentação relacionada com a área jurídica e administrativa de uma empresa ou de indivíduo e a regularidade do seu registro, de contratos em vigor, da situação patrimonial, de eventuais questões imobiliárias, tributárias e contábeis, ambientais, ações e execuções cíveis. Já a auditoria regulatória visa detectar deficiências e apresentar as respectivas recomendações de ações corretivas dentro do marco regulatório que

---

40. SANTANA, Belline, *apud* MANZI, Vanessa Alessi, *op. cit*, 2008, p. 63.

rege as instituições educacionais privadas. No âmbito da educação superior, por exemplo, a auditoria regulatória está intimamente atrelada aos atos regulatórios ditados pelo Ministério da Educação, como o credenciamento de instituições, a autorização para o funcionamento de cursos, entre outros.

Por fim, a auditoria acadêmica consiste na avaliação sistemática e analítica da situação da organização educacional como um todo, com o objetivo de verificar se as atividades e os processos acadêmicos são adequados e se estão em conformidade com leis, regulamentos e políticas institucionais. Esse tipo de auditoria é independente e se reporta à alta administração, projetando subsídios para fornecer valores, melhorias nas atividades, nos processos acadêmicos e nos procedimentos destinados a avaliar, testar, verificar, recomendar e enfatizar o cumprimento de metas, objetivos e demais normas de regulamentação do setor.

No ensino superior, por exemplo, a auditoria acadêmica envolve uma análise detalhada da situação de uma instituição de ensino superior (IES) e de seus cursos com base na LDB, entre eles:

- os instrumentos de avaliação do Ministério da Educação, além da análise dos instrumentos internos obrigatórios (estatuto ou regimento);
- o Plano de Desenvolvimento Institucional (PDI);
- o Projeto Pedagógico Institucional, os projetos pedagógicos dos cursos, o plano de carreira e o perfil dos gestores e do corpo docente dos cursos.

A auditoria acadêmica na educação superior também analisa os indicadores avaliativos e da gestão educacional como um todo, conforme detalharemos mais adiante, e permite que uma instituição estabeleça os cenários nos quais deseja atuar, apresentando sua estratégia de crescimento linear por meio de metas pedagógico-acadêmicas a serem alcançadas. Assim, por exemplo, se uma faculdade deseja se projetar como centro universitário e precisa de uma estratégia para esse fim, a auditoria acadêmica é imprescindível para garantir as condições necessárias a atingir essa meta.

No Decreto n.º 8.420, de 18 de março de 2015, que regulamenta a Lei Anticorrupção, o monitoramento se constitui como um dos pilares do programa de integridade (*compliance*), motivo pelo qual a auditoria legal, regulatória e acadêmica passam a integrar o risco sistêmico analisado pelo programa no setor educacional, em que o risco setorial passa a ser objeto de contínuo rastreamento, análise e tratamento.

Para a função de *compliance* no setor educacional privado, a auditoria legal, a regulatória e a acadêmica formam um tripé indissociável no controle do risco de *compliance*, minimizando custos e perdas capazes de afetar a atividade e os ativos da instituição, e servindo de subsídio para que a instituição possa realizar metas de expansão com a qualidade esperada pelo poder público.

2.2 Custo do programa de *compliance* para uma instituição de ensino superior privada

A análise de um programa de *compliance* sempre inclui o custo de sua implantação, principalmente porque as IES, mesmo as que possuem uma cultura administrativo-institucional eficiente, adotam em seu modelo de gestão uma base orçamentária formal e explícita. Nesse cenário, a decisão de adotar ou não um programa de *compliance* será precedida de uma análise comparando o custo e o risco de desse programa, ou, ainda, uma análise simples do custo/benefício do programa.

A chamada "gestão de conformidade" deve demonstrar como se a recuperação do investimento se desse em um programa de *compliance*, ou seja, qual o retorno financeiro para a instituição se sua atuação no contexto educacional estiver em conformidade, e qual o preço de proteger a instituição de sanções (medidas cautelares administrativas, processos de supervisão ou processos administrativos) impostas pelo Ministério da Educação e pelas Secretarias Estaduais de Educação, além dos procedimentos administrativos e judiciais oriundos do Ministério Público e de órgãos de defesa do consumidor. Esse custo também inclui a análise dos danos à imagem e à reputação e os custos de assumir determinado risco.

Para apurar o retorno que a instituição educacional pode esperar se investir no programa de *compliance*, é essencial mensurar detalhadamente esses custos. Por esse motivo, também é indispensável analisar a gestão do custo do programa de *compliance*.

Para Coimbra e Manzi, "a gestão de custos do programa de *compliance* inclui todos os custos incorridos pela organização para estar em conformidade com regras externas e internas, regulamentações e normas, incluindo custos para responder aos eventos de não conformidade".[41]

Para esses autores, a gestão dos custos de *compliance* deve levar em conta três grupos de custos: os de manutenção, os de não conformidade e os de governança.

O custo de manutenção representa investimentos efetuados para executar e promover a conformidade em todas as áreas da organização, e aqui estão incluídos tanto custos diretos como indiretos (isto é, aqueles orçados como custos de conformidade, por exemplo, os relacionados a profissionais de *compliance* e os embutidos em outros orçamentos, nos quais serão alocados, envolvendo profissionais com responsabilidade de *compliance*). Esses custos incluem o pessoal indireto e os custos administrativos associados com o percentual de tempo despendido pelo funcionário em atividades de *compliance*, em comparação com a produtividade do negócio.

O custo de não conformidade é aquele em que a organização incorre em consequência de não conformidades encontradas em regras externas, regulamentações ou políticas internas. Esses custos geralmente são de natureza reativa e

---

41. COIMBRA, Marcelo de Aguiar e BINDER, Vanessa Alessi Manzi (Orgs.), *op. cit.*, 2010, p. 105.

muitas vezes são mais difíceis de ser gerenciados depois da não conformidade. Dependendo da natureza da não conformidade, esses custos podem ser devastadores do ponto de vista financeiro e da reputação. Além disso, o custo de manutenção pode se transformar em custo de não conformidade se a atividade de manutenção for considerada ineficaz pelos reguladores.

Considere, por exemplo, o custo das inspeções efetuadas por reguladores em organizações regulamentadas. Quando a instituição passa por inspeções e avaliações de órgãos reguladores, cujos custos normalmente são incluídos no custo de manutenção, eles serão significativos se forem encontradas deficiências rotineiras. Contudo, a solução dos problemas estaria inclusa no custo de não conformidade, e esse fato elevará a estimativa inicial do custo de manutenção.

O custo de governança representa os investimentos diretos efetuados pela organização no corpo diretivo e nos comitês para estruturar uma governança adequada. Por exemplo, esses custos podem incluir a manutenção dos membros dos conselhos de administração, custos legais e relacionados a aspectos jurídicos, relações com investidores e outros custos de comunicação. O custo de governança tem um impacto significativo no custo de controle e redução do custo de não conformidade.

O custo de implantação de uma estrutura de *compliance* nas organizações pode ser considerado baixo quando comparado aos benefícios que oferece ao desenvolvimento do negócio, caso levemos em conta a contribuição dessa função para o gerenciamento integrado de riscos e, principalmente para uma atuação em conformidade com as exigências dos órgãos reguladores.

Capítulo
3

RISCOS DE *COMPLIANCE* PRÓPRIOS
AO SETOR EDUCACIONAL

EM SUA PROPOSTA de implantação de um programa de *compliance* em instituições privadas de educação, este estudo abordará o monitoramento, a análise, o diagnóstico e a mitigação dos riscos específicos para o setor. Considerando o programa uma boa prática de governança corporativa, buscamos correlacionar risco e *compliance* a fim de apresentar cenários de riscos próprios do setor, e, com isso, evidenciar o nível de exposição em que a instituição aceita incorrer.

Ao contrário do que possa parecer, o conceito de risco aqui assume o sentido de oportunidade, ou seja, o risco pode apontar uma situação oportuna, apropriada e favorável à expansão da instituição com base no critério de resiliência – isto é, pensando até onde suportará os riscos assumidos. A apresentação dos cenários de riscos próprios ao setor educacional privado destaca ainda os possíveis equívocos institucionais e, ao mesmo tempo, traz uma visão diferenciada das práticas adotadas pela concorrência.

Embora haja muitas questões interessantes para analisar, neste capítulo vamos examinar os riscos de *compliance* próprios do setor educacional privado, a fim de oferecer às instituições de ensino superior ferramentas capazes de detectar, evitar e tratar desvios ou inconformidades em sua organização.

3.1. Compreendendo a relação entre risco e *compliance*

O termo "risco" vem de *risicu* ou *riscu*, em latim, e significa ousar. O mais comum, no entanto, é compreender o conceito de risco como possibilidade de fracasso ou perda decorrente de uma incerteza. O risco é inerente a qualquer atividade na vida pessoal, profissional ou corporativa, e pode envolver perdas, mas também está relacionado a oportunidades.

No contexto empresarial, nas palavras de Manzi,[42] *risco* pode ser compreendido como qualquer ameaça de que um evento ou ação (interna ou externa) dificulte ou impeça a empresa de atingir os objetivos do negócio. Costuma-se entender *risco* como a possibilidade de "algo não dar certo", mas seu conceito atual envolve graus e tipos tanto de "perdas" como de "ganhos", em termos dos acontecimentos planejados pelo indivíduo ou pela organização.

---

42. MANZI, Vanessa Alessi. Compliance *no Brasil: consolidação e perspectivas.* São Paulo: Saint Paul, 2008, p. 93.

Na atividade empresarial, o risco pode ser considerado uma via de mão dupla, pois o retorno de determinado empreendimento está associado ao grau de risco envolvido. Em finanças, a relação risco-retorno indica que, quanto maior o nível de risco aceito, maior o retorno esperado do investimento, e, nesse sentido, empreender significa buscar um retorno econômico-financeiro adequado ao nível da atividade.

No setor educacional, principalmente no ensino superior, a equação risco/oportunidade é apresentada ao mantenedor quando ele está avaliando se entrará nesse nicho econômico ou não. Como sabemos, o pedido de credenciamento de uma instituição de ensino superior ou o pedido de autorização de funcionamento de um curso superior é um risco em si, pois a instituição é obrigada a fazer pesados investimentos em infraestrutura, corpo docente e projetos pedagógicos sem ainda ter certeza de que seu pedido será deferido ou de que possa haver alguma intercorrência. Nesse caso, o investimento no credenciamento de uma instituição e/ou na autorização de um curso não implica necessariamente aprovação pelo Ministério da Educação, ou seja, o risco precede o próprio negócio: a atividade educacional almejada.

Todo negócio depende da disposição de correr riscos e tomar decisões, e, para tanto, a consciência do risco e a capacidade de administrá-lo são elementos-chave. Nesse sentido, o Instituto Brasileiro de Governança Corporativa (IBCG), em seu guia de orientação para gerenciar riscos corporativos, alerta:

> Assumir riscos diferencia empresas líderes, mas também pode levá-las a estrondosos fracassos. O resultado das iniciativas de negócios revela que o risco pode ser gerenciado a fim de subsidiar os administradores na tomada de decisão, visando alcançar objetivos e metas dentro do prazo, do custo e das condições preestabelecidas.[43]

Para situar o conceito de risco no contexto empresarial, é preciso definir indicadores internos de desempenho (geração de fluxo de caixa, valor de mercado, lucro, reclamações de clientes, quebras operacionais, fraudes, entre outros) associados a níveis de volatilidade, ou seja, à variação dos resultados em torno de uma média. As possibilidades, tanto de ganho como de perda, causadas por fatores externos (ambiente competitivo, regulatório, financeiro) ou internos (diferencial tecnológico, controles, capacitações, conduta) decorrem do contexto em que cada organização atua.

Do ponto de vista do planejamento e da execução do negócio, o monitoramento de risco é feito pela área de controladoria, mas a origem da informação

---

43. LA ROCQUE, Eduarda (Coord.). "Guia de orientação para o gerenciamento de riscos corporativos". Instituto Brasileiro de Governança Corporativa, série Cadernos de Governança Corporativa, n.º 3. São Paulo: IBCG, 2007, p. 11.

sobre a natureza do risco e sua mitigação está na função de *compliance*. Assim, é preciso entender a atuação da controladoria de uma instituição:

> A área de controladoria atua compreendendo as operações globais da empresa, provendo informações e tendo como função a comunicação destas aos gestores. Deve ser capaz de analisar as informações obtidas em diversas áreas, disponibilizando projeções de resultados econômicos frutos dessa análise, fornecendo-as, por fim, em tempo hábil aos interessados a fim de orientar a tomada de decisões.[44]

A área de controladoria utiliza a função de *compliance* para identificar riscos e também para mitigá-los, e, dependendo da natureza jurídica que a instituição decide adotar, a área de controladoria pode ser estratégica ou não, mas a função de *compliance* não depende da existência de uma área de controladoria na organização. Nesse caso, ela é um mecanismo independente de controle de risco, principalmente em termos da regulação a que a instituição está sujeita.

Para lidar com a possibilidade de risco empresarial, o *compliance* é um programa fundamental que ajuda os gestores a gerenciar o risco de punições legais, perdas financeiras ou mesmo a perda de reputação decorrentes do não cumprimento de disposições legais, regulamentares, códigos de conduta etc.

Lembrando o que dissemos no Capítulo 1, o risco de *compliance* pode ser visto como a soma de dois riscos corporativos iminentes[45]: a perda da credibilidade ou da imagem aos olhos da sociedade, ainda que baseada apenas na percepção e não em fatos concretos, e o risco de punições aplicadas por órgãos reguladores e autorreguladores, fruto de desobediência a normas, regulamentos, políticas e procedimentos internos.

Segundo as novas perspectivas da governança corporativa, sem a mensuração e o controle de riscos a instituição acaba ameaçando sua própria continuidade. Como o *compliance* é um dos pilares das boas práticas de governança corporativa, seja qual for a natureza jurídica da organização, é imprescindível que todos os riscos de um determinado setor econômico sejam minimamente mapeados – é esse procedimento que visa minimizar o risco de não conformidade. Em outras palavras, o risco de *compliance* é altamente significativo e deve ser objeto de mensuração para resguardar a instituição, evidenciando o nível de exposição a riscos que considera aceitável e até onde chega sua resiliência.

Embora a literatura especializada apresente diversos critérios para categorizar riscos, essa diversidade não determinará a estruturação do programa de *compliance* pertinente ao setor educacional. De maneira geral, para estruturá-lo podemos identificar os seguintes riscos:

---

44. NASCIMENTO, Auster Moreira; REGINATO, Luciane (Orgs.). *Controladoria: um enfoque na eficácia organizacional.* 2. ed. São Paulo: Atlas, 2009, p. 2.
45. CANDELORO, Ana Paula P.; DE RIZZO, Maria Balbina Martins; PINHO, Vinícius, *op. cit.*, 2012, p. 30.

1. Risco financeiro (mercado, crédito e liquidez) – diz respeito à vulnerabilidade das operações financeiras da organização. É o risco de que os fluxos de caixa não sejam administrados efetivamente para maximizar a geração de receita operacional, para gerenciar os riscos e os retornos específicos das transações financeiras, e para captar e aplicar recursos de acordo com as políticas estabelecidas. É a administração financeira inadequada que provoca um endividamento elevado, causando prejuízos cambiais, aumentos nas taxas de juros etc.

EM FOCO

O risco de mercado, especificamente, decorre de possíveis oscilações contrárias no valor financeiro de posições compostas por instrumentos financeiros, principalmente nos mercados de taxa de juros, moedas, ações e mercadorias, ao passo que o risco de crédito se caracteriza pela perda da totalidade do crédito principal, acrescido de juros contratuais. O risco de não recebimento, por sua vez, ocorre com o não cumprimento da obrigação de pagar e, por fim, o risco de liquidez decorre da falta de recursos necessários para honrar obrigações assumidas em transações.

2. Risco estratégico ou empresarial[46] – diz respeito a perdas pelo fracasso das estratégias adotadas, levando-se em conta a dinâmica do negócio e da concorrência, as alterações políticas no país e fora dele, e as alterações na economia nacional e mundial. Os riscos estratégicos estão associados às decisões tomadas pela alta administração e podem gerar uma perda substancial no valor econômico da organização, ao passo que os riscos decorrentes da má gestão empresarial muitas vezes resultam em fraudes relevantes nas demonstrações financeiras.

3. Riscos operacionais[47] – decorrem de perdas (de produção, ativos, clientes, receitas) resultantes de falhas, deficiências ou inadequação de processos internos, pessoas e sistemas, assim como de eventos externos, como catástrofes naturais, fraudes, greves e atos ter-

---

46. LA ROCQUE, Eduarda (Coord.), *op. cit.* São Paulo: IBCG, 2007, p. 18. Definição dada pela Resolução CVM n.º 3.380, de 29 de junho de 2006.
47. MANZI, Vanessa Alessi, *op. cit.*, p. 93.

roristas. Os riscos operacionais geralmente acarretam redução, degradação ou interrupção total ou parcial das atividades, com impacto negativo na reputação da organização, além da possível geração de passivos contratuais, regulatórios e ambientais.

4. Risco legal – é a possibilidade de perdas decorrentes de multas, penalidades ou indenizações resultantes da ação de órgãos de supervisão e controle, bem como perdas decorrentes de decisão desfavorável em processos judiciais ou administrativos.

5. Risco de imagem ou de reputação[48] – trata-se do risco decorrente da veiculação de informações que afetem a imagem da instituição, ameaçando a manutenção de clientes e a continuidade de transações com eles. Em geral, esse tipo de risco é avaliado pelo departamento de propaganda ou marketing.

6. Risco sistêmico – trata-se de um risco inicialmente típico do mercado financeiro, mas que pode ser ocorrer em outros setores da economia.

EM FOCO

Os economistas Olivier de Brandt e Philipp Hartmann, em estudo realizado para o Banco Central Europeu, definem risco sistêmico como a transmissão de um choque isolado em determinado agente ou grupo de agentes econômicos para outros participantes do mercado, sem que, necessariamente, o choque inicial gere diretamente efeitos reais nos demais participantes. Esse risco decorre de problemas que uma ou mais instituições passam a enfrentar e que podem afetar negativamente o próprio sistema em que transacionam, uma vez que transmitem dificuldades a outras instituições, impedindo até mesmo sua atuação habitual. Sendo assim, as autoridades reguladoras procuram evitar ao máximo a ocorrência desse tipo de risco.

Fonte: DE BRANDT, Olivier; HARTMANN, Philipp. "Systemic Risk: A survey". Working Paper, n.º 35, Berlim: European Central Bank, 2000.

Além dos critérios de categorização de riscos, sua mensuração e suas consequências podem atingir empresas e instituições em decorrência da presença ou da ausência de regras específicas para prevenir condutas ou omissões de funcionários e gestores. Embora a menção aos riscos gerais dos diversos setores econô-

---

48. BRITO, Osias Santana de, *op. cit.*, p. 18.

micos seja comum na literatura especializada, ela é precária no que se refere aos riscos específicos que afetam o setor educacional privado.

A dificuldade de detectar e mensurar o risco de *compliance* no setor educacional privado decorre do fato de a literatura especializada e as pesquisas realizadas se restringirem somente a exposições meramente demonstrativas sobre a aplicação dos conceitos de *compliance* a casos do setor financeiro. Se levantarmos os riscos que possivelmente afetam os gestores e as instituições do setor educacional privado no país, bem com sua neutralização, chegaremos à conclusão de que a questão pede conhecimentos mais detalhados.

A análise do risco de *compliance* no setor educacional privado serve de instrumento para decisões tomadas pelo mantenedor com a intenção de melhorar o desempenho da instituição ao identificar oportunidades de ganhos e de redução de perdas, indo muito além do cumprimento das exigências regulatórias ou legais.

Enfim, conhecer os riscos próprios do setor, tanto os efetivamente ocorridos como os que possam ocorrer, mensurar seus impactos financeiros, desenvolver ações para sua mitigação e adotar uma gestão adequada garantem às instituições educacionais privadas maior segurança na busca de seus objetivos institucionais ou financeiros.

3.2. Análise dos riscos de *compliance* específicos do setor educacional privado

No âmbito regulatório nacional, é comum a interferência de órgãos responsáveis por controlar e fiscalizar mercados específicos, como a Agência Nacional de Telecomunicações (Anatel), a Agência Nacional de Energia Elétrica (Aneel), a Superintendência de Seguros Privados (Susep), a Comissão de Valores Mobiliários (CVM), o Banco Central do Brasil (Bacen), além de outras autarquias federais com poder para disciplinar, normatizar e fiscalizar a atuação de diversos integrantes do mercado.

Na prática, esses órgãos devem descobrir falhas sistêmicas ou ilegalidades, principalmente no caso de corporações complexas, e, em geral, ditam normatizações contendo aspectos específicos para que a instituição realize a necessária avaliação dos riscos, prevendo, por exemplo, se é preciso desenvolver estudos sobre a possibilidade de serem alvo de fraudes, a fim de estabelecer políticas de prevenção, detecção e correção de problemas técnicos, para elaborar diretrizes acerca do adequado oferecimento de produtos e serviços, e, também, acerca da avaliação de riscos na contratação de funcionários e sua relação com o desenvolvimento de produtos e a prestação de serviços, entre outras exigências. Além disso, a normatização pode tornar obrigatória a indicação de um diretor responsável pelo cumprimento dos regulamentos.

Seguindo a sistemática adotada pelos órgãos regulatórios de outros setores da economia, é imprescindível que, na adoção de um programa de *compliance* próprio do setor educacional, todos os riscos inerentes ao setor sejam explicitados, de modo que o planejamento estratégico de cada instituição possa mensurá-los com precisão, a fim de resguardar a instituição e promover seu crescimento seguro e perene. Isso é importante porque a análise e a mensuração dos riscos próprios do setor têm impacto nos objetivos estratégicos da instituição, evidenciando o nível de exposição ao risco que cada uma considera aceitável – ou seja, até onde a instituição é resiliente.

Com base nessa perspectiva, o mantenedor deve lidar com diversas indagações sobre seu planejamento estratégico, indagações que somente podem ser esclarecidas por meio de uma visão sistêmica dos riscos próprios do setor. Por exemplo, o mantenedor pode questionar quais são os riscos dos processos de supervisão em sua estratégia de expansão e, também, quais os riscos das avaliações periódicas pelo Ministério da Educação. Ele pode se perguntar qual o custo de não conformidade das políticas públicas (Fies, Prouni, Proies, entre outras) adotadas pelo MEC, qual o risco de *compliance* tributário das instituições educacionais, qual a origem das demandas judiciais e seu risco de *compliance* para instituições de ensino superior, qual a relação entre o risco de *compliance* trabalhista e a atividade educacional, quais os riscos de *compliance* na gestão financeira das instituições educacionais.

Esses questionamentos evidenciam a existência de vários tipos de risco próprios ao setor educacional e, ao mesmo tempo, a carência de estudos direcionados a tais riscos. Por isso, é importante analisar os riscos de *compliance* do ponto de vista regulatório (avaliação, regulação e supervisão), do ponto de vista de programas e políticas públicas (Fies, Prouni, Pronatec etc.) e, também, o relacionado com as diversas rotinas institucionais, o que faremos nos próximos capítulos.

3.3. Mensurando o custo de não conformidade

A atividade educacional, assim como diversas atividades institucionais ou empresariais, contém o risco natural do empreendimento, como não obter autorização para ministrar um curso, vagas ociosas, alunos inadimplentes, entre outros. Esse fato, no entanto, não impede que as instituições educacionais privadas desenvolvam seu negócio, utilizando para isso a gestão de risco.

De acordo com a doutrina mais respeitada, "a gestão do risco é o processo por meio do qual as diversas exposições ao risco são identificadas, mensuradas e controladas"[49]. E vale lembrar que a gestão é fundamental para que uma instituição educacional compreenda os riscos assumidos, dimensionando-os e adequando-os aos seus objetivos, porque, se não fizer isso, ela acaba pondo em risco sua própria continuidade, além de não prestar adequadamente seus serviços.

O problema na gestão do risco, no entanto, é justamente mensurar o custo de não conformidade, conceito inerente à governança corporativa e, é claro, ao

---

49. BRITO, Osias Santana de, *op. cit.* 2003, p. 15.

compliance. A teoria da conformidade, cuja origem remonta à teoria dos jogos estratégicos, proposta pelos matemáticos John von Neumann e Oskar Morgenstern, aplicada à área corporativa, aponta que a conformidade influencia o comportamento institucional ao levar em conta a reputação e as sanções decorrentes da violação de leis e normas internas da corporação.

EM FOCO

Em 1944, os professores John von Neumann e Oskar Morgenstern, da Universidade de Princeton, escreveram seu artigo *Expected Utility Theory*, um marco na literatura da economia, que se concentrava exclusivamente na aplicação da teoria dos jogos estratégicos a problemas sociais. Desde então, a técnica desses autores foi usada para examinar virtualmente todos os problemas imagináveis da organização social, do ajuste de disputas antitruste à disputa armamentista EUA-URSS durante a Guerra Fria. O artigo está disponível em: <http://cepa.newschool.edu/het/essays/uncert/vnmaxioms.htm>. Acesso em: 17 mar. 2017.

Para Coimbra e Manzi:

> o custo de não conformidade é aquele incorrido pela organização em consequência das não conformidades encontradas em regras externas, regulamentações ou em políticas internas. Esses custos são geralmente reativos por sua natureza e muitas vezes são mais difíceis de serem gerenciados depois da ocorrência da não conformidade. Dependendo da natureza da não conformidade, esses custos podem ser devastadores do ponto de vista financeiro e reputacional.[50]

De acordo com esses autores, nos últimos anos cada vez mais instituições e empresas buscam estar em conformidade, mas o que implica não estar? A não conformidade pode trazer danos à reputação da instituição ou à sua marca, cassação da licença de operação, além de sanções à instituição e seus administradores (processo administrativo, processo criminal, multas e, dependendo do caso, prisão).

O exemplo mais comum citado pelos especialistas está no âmbito da responsabilidade criminal, quando um administrador ou funcionário da alta administração de uma sociedade de capital faz uso de informações privilegiadas (*insider trading*), podendo ser-lhe imputada penalidade de reclusão de um a cinco anos, e multa de até três vezes o montante da vantagem ilícita obtida em decorrência desse crime. Esse pode ser considerado um custo de não conformidade.

---

50. COIMBRA, Marcelo de Aguiar; BINDER, Vanessa Alessi Manzi (Orgs.), *op. cit.*, 2010, p. 105.

Existe também o custo de não conformidade decorrente do dano à imagem ou à reputação institucional, o qual geralmente é ignorado por não ser de fácil mensuração, embora seja imprescindível para a continuidade de instituições financeiras. Imagine um banco com a reputação de que lava dinheiro do narcotráfico, mesmo que essa informação não seja verdade, ou aquele com fama de não honrar compromissos financeiros. Em ambas as hipóteses, a reputação definirá o rumo das instituições, podendo até mesmo impor seu fechamento.

Reconhecer o risco reputacional ou de imagem como uma categoria distinta de risco e atribuir responsabilidades por sua gestão é um grande desafio; todavia, essa iniciativa pode ter um alto custo e demorar anos para ser posta em prática, mas não deixa de ser um gasto modesto se comparado com o valor embutido na perda de reputação.

No contexto geral, o custo de não estar em *compliance* abrange danos à imagem da organização e de seus funcionários, isso sem contar a perda do valor da marca, a má alocação de recursos e redução da eficiência e da inovação, a cassação de licença de operação ou outro ato administrativo pertinente (autorização, permissão ou concessão), e as sanções administrativas, pecuniárias e até mesmo criminais, dependendo do caso e custos secundários não previstos (com advogados, contabilistas, consultores etc.).

No setor educacional privado, o custo de não *compliance* pode ser mensurado de diversas maneiras. No ensino superior, por exemplo, esse risco pode ser aferido pela possível aplicação de várias penalidades, como intervenção na instituição, suspensão das prerrogativas de autonomia universitária, descredenciamento institucional, redução da oferta de vagas, desativação de cursos, exclusão de políticas públicas (Prouni, Fies e Pronatec), entre outras.

Da mesma forma, atualmente vigoram procedimentos de monitoramento, avaliação e supervisão de cursos, de polos de ensino a distância e de instituições, o que enseja a elaboração de uma matriz de risco regulatório própria para as instituições de ensino, pois as atividades de monitoramento e supervisão são desenvolvidas continuamente e as entidades são analisadas constantemente, conforme será explicado adiante.

Capítulo
4

COMPLIANCE NO TERCEIRO SETOR E SUA ADEQUAÇÃO À NATUREZA JURÍDICA DAS INSTITUIÇÕES DE ENSINO NO BRASIL

UMA DAS ESTRATÉGIAS de diversas empresas e instituições para se tornarem cada vez mais competitivas, seja para conquistar uma fatia mais significativa do mercado, seja simplesmente para não serem engolidas pela concorrência, é o planejamento societário e associativo. Há inúmeros motivos que levam uma instituição de ensino superior (IES) a reestruturar seu esqueleto societário ou associativo, entretanto, essas reestruturações visam diretamente promover alguma forma de economia fiscal, melhorar o gerenciamento da entidade e estabelecer parâmetros patrimoniais, entre outros objetivos não menos nobres.

Assim, as reestruturações societárias e associativas passam a ser instrumentos de gestão e planejamento empresarial com um fim utilitário: otimização de resultados e neutralização de riscos. Nesse contexto, a função de *compliance* é imprescindível para que as instituições de ensino superior possam, por meio do planejamento societário e associativo, maximizar resultados operacionais e minimizar os riscos de suas operações.

Neste capítulo, faremos uma análise detalhada dos aspectos societários e associativos das instituições de ensino superior e de sua correlação com a função de *compliance*, abordando as principais características da natureza jurídica normalmente adotada por elas e evidenciando procedimentos societários e associativos muitas vezes desconhecidos. Além disso, também abordaremos a interface entre a função de *compliance* e as várias áreas da instituição mantenedora e da mantida.

É importante esclarecer que a função de *compliance* no setor educacional privado decorre de uma questão estratégica em função das atividades que as instituições de ensino superior desenvolvem e do modelo regulatório que acatam. Ou seja, não é a natureza jurídica da instituição educacional que vai definir se a função de *compliance* pode ser aplicada, mas sim a função de *compliance* que indicará e estabelecerá as melhores estratégias de gestão de acordo com a natureza jurídica adotada pela instituição.

Em outras palavras, sejam quais forem o tamanho e a natureza jurídica da instituição de ensino, a função de *compliance* poderá servir como mecanismo para maximizar resultados operacionais e institucionais, bem como para garantir a integridade corporativa da instituição em face do risco de *compliance*.

Da mesma maneira, a função de *compliance* é uma estratégia que subsidia as instituições de ensino superior privadas nos procedimentos societários e associativos mais comuns, como fusão, incorporação, cisão e transformação, além de outros planejamentos próprios do setor, como a transferência de mantença e a unificação da instituição mantida. E, como estratégia de gestão, este capítulo aborda o acordo de sócios e acionistas e o acordo de família, além de apresentar a estratégia de controle institucional de organizações sem fins lucrativos. Para tanto, partimos da análise das principais naturezas jurídicas adotadas pelas IES e, em seguida, apresentamos alguns procedimentos societários e associativos considerados estratégicos para essas entidades com base na função de *compliance*.

A abordagem do *compliance* e os aspectos societários das instituições privadas de educação visam desenvolver esforços dentro das organizações educacionais para que os departamentos funcionem como um todo, de modo que cada parte dessa estrutura analise os impactos que seu desempenho tem nas demais partes da empresa. Segundo a visão sistêmica de uma instituição privada de ensino, a abordagem do *compliance* faz que o foco de sua gestão esteja voltado não só para o ambiente interno, mas também para o externo, visando à sinergia entre as partes, a fim de que os objetivos societários sejam alcançados.

4.1 Contextualização do terceiro setor no país

Importa esclarecer, inicialmente, que termo terceiro setor não é objeto de uma definição, mas de um conceito. Na busca de um conceito, a doutrina tem se utilizado da classificação que compreende a sociedade civil como uma organização integrada por três setores que se relacionam e se completam na efetivação de ações que lhe dão sentido, existência e funcionalidade. Nesse sentido, podemos compreender a existência de uma sociedade civil de forma completa se ela se constituir, se compuser e se sustentar por três setores da própria sociedade: o Estado, o mercado e as organizações da sociedade civil.

A expressão terceiro setor é utilizada para demarcar as pessoas jurídicas que não integram nem o primeiro setor (Estado) e nem o segundo setor (Mercado), mas que atuam numa seara que nasceu justamente da simbiose desses dois últimos setores, resultando em um setor de natureza privada, mas sem finalidade lucrativa e com ações voltadas para o interesse público, realizando atividades nos âmbitos de assistência social, educação, cultura, saúde, direitos humanos, meio ambiente e vários outros de viés público.[51]

Em verdade, inexiste na legislação brasileira uma definição legal específica para terceiro setor. Objetivamente, pode-se conceituá-lo como "o conjunto de organismos, organizações ou instituições sem fins lucrativos, dotados de autonomia

---

51. Ordem dos Advogados do Brasil, Seccional do Distrito Federal, Cartilha "Programa de Integridade em Organizações do Terceiro Setor: Manual de Compliance". Acesso em 13 de dezembro de 2018.

e administração própria, que apresentam como função e objetivo principal atuar voluntariamente junto à sociedade civil, visando ao seu aperfeiçoamento".[52]

A partir desse conceito, podemos identificar diversas organizações que atuam nesse segmento, sob denominações diversas, exemplificadas por ONG (organização não governamental), fundação, organização, instituto, entidade, instituição, associação etc. Sob o aspecto legal, contudo, todo esse rol de atores nasce sob a forma de fundação ou de associação, as duas únicas formas legais previstas em nosso ordenamento jurídico, que serão conceituadas mais profundamente no tópico a seguir.

Importa salientar que ainda é possível a constituição sob a forma de organização religiosa, para a qual se exige o desenvolvimento de atividade de interesse público e de cunho social, para que se possa diferenciá-la daquela que atua com finalidade exclusivamente religiosa.

As organizações pertencentes ao terceiro setor têm basicamente seis características principais:

1. estrutura formal;
2. são privadas, mas com função social;
3. localizam-se fora do aparato formal do Estado;
4. não possuem finalidade lucrativa, nem de distribuição de lucros ou devolução de investimento aos associados, fundadores ou colaboradores;
5. são autogovernadas;
6. envolvem indivíduos em esforços voluntários para o cumprimento de sua missão.

É correto afirmar, portanto, que são as organizações da sociedade civil que compõem a atuação do denominado terceiro setor. Essas organizações possuem, atualmente, um marco regulatório sólido, representado pela Lei Federal n.º 13.019/2014 (MROSC), que reconhece o protagonismo dos atores do terceiro setor e define especificamente uma organização da sociedade civil como sendo entidade privada sem fins lucrativos, que não distribua resultados entre seus sócios e que os aplique integralmente na consecução de seus objetivos sociais.

EM FOCO

Recente pesquisa divulgada pelo IPEA, denominada Perfil das Organizações da sociedade civil no Brasil, evidencia que o universo das Organizações da Sociedade, ou seja, o terceiro setor, com base no CNPJ ativo no Brasil em 2016, era de 820 mil entidades.

Fonte:http://www.ipea.gov.br/portal/images/stories/PDFs/livros/livros/180607_livro_perfil_das_organizacoes_da_sociedade_civil_no_brasil_cap_01.pdf

---

52. PAES, José Eduardo Sabo. *Fundações, associações e entidades de interesse social: aspectos jurídicos, administrativos, contábeis, trabalhistas e tributários.* 9ª ed. rev. e atual. Rio de Janeiro: Forense, 2018.

O universo que compõe o terceiro setor nos sinaliza, portanto, sua relevância e a importância de discutir a implementação de um programa de integridade que se mostre capaz de levar em consideração as especificidades do setor.

4.2 Natureza jurídica das entidades do terceiro setor

A natureza jurídica de uma entidade (com ou sem fins lucrativos) é uma forma de atribuir a cada objeto social uma classificação simples, que possa ser enquadrada em diferentes programas e afins. Dessa forma, é possível diferenciar cada empreendimento e aplicar diferentes benefícios e exigências, pois entidades de naturezas jurídicas diferentes estão sujeitas a leis de restrição, tabelas de tributos e programas de incentivo distintos. O principal motivo para conhecer a natureza jurídica de uma entidade é saber o que pode ou não ser feito dentro dos limites da lei.

Conforme já conceituado acima, uma entidade do terceiro setor pode ser compreendida como um conjunto de organizações ou instituições sem finalidade lucrativa, com autonomia financeira e administração própria, com finalidades e objetivos de servir voluntariamente à sociedade civil. Conhecer a natureza jurídica de uma organização do terceiro setor, dentro dos limites estabelecidos por lei, faz parte da análise do risco de *compliance* da atuação dessas organizações.

No que tange às especificidades das organizações que compõem o terceiro setor, independentemente de sua denominação (Organização da Sociedade Civil, Organização Não Governamental, Entidade, Instituto, entre outros), telas só podem ser constituídas sob a forma jurídica de associação ou fundação, conforme previsto no artigo 44, incisos I e III, do Código Civil, conforme será explicado adiante.

4.2.1 Fundação

Como pessoa jurídica de direito privado, a fundação é uma entidade constituída pela vontade de um ou mais instituidores por meio de escritura pública ou testamento, cujo patrimônio, parcial ou total, é alocado definitivamente na recém-criada organização. Para o professor José Eduardo Sabo Paes:

> a fundação consiste em um complexo de bens destinados à consecução de fins sociais e determinados, e, como *universitas bonorum*, ostenta papel valoroso e de extrema importância dentro da sociedade em que se insere, pois é instrumento efetivo para que os homens prestem serviços sociais e de utilidade pública diretamente a todos aqueles que necessitam, bem como possam transmitir às sucessivas gerações seus ideais e convicções.[53]

---

53. PAES, José Eduardo Sabo. *Fundações, associações e entidades de interesse social: aspectos jurídicos, administrativos, contábeis, trabalhistas e tributários*. 6. ed. Brasília: Brasília Jurídica, 2006, p. 66.

Assim, de acordo com a vontade do instituidor, as fundações devem buscar fins ideais (recreativos, culturais, educacionais etc.), revertendo o resultado financeiro em prol da própria fundação, sem distribuição de lucros; além disso, os bens que integram o patrimônio não são comercializáveis. Ao assumir uma obrigação pública, as fundações passam a viver sob o poder do Ministério Público, que se torna a autoridade para fiscalizar eventuais alterações na fundação.

O art. 62 do Código Civil estabelece que, para criar uma fundação, o seu instituidor fará, por intermédio de escritura pública ou testamento, uma dotação especial de bens livres, especificando o fim a que se destinam e declarando, se desejar, a maneira de administrá-los. A fundação não se caracteriza pela união de esforços pessoais para a realização de fins comuns, como ocorre na associação e na sociedade, mas pela destinação de um patrimônio a determinadas finalidades, consideradas relevantes pelo instituidor e de acordo com o Código Civil. Também se distingue das demais estruturas societárias e associativas pela vinculação entre os bens destacados do patrimônio do instituidor e a realização das finalidades estabelecidas por ele.

O artigo 62 do Código Civil pode ser acessado em:
< http://www.planalto.gov.br/ccivil_03/leis/2002/l10406.htm >.

As fundações têm uma particularidade marcante: a presença do Ministério Público como órgão que zela por seu patrimônio e suas atividades, que se justifica porque seu patrimônio é destinado a um fim social; portanto, uma vez feita a dotação, o patrimônio não pertence mais ao instituidor nem aos membros da administração, mas à coletividade. A atuação do Ministério Público, não apenas em fundações mas em diversas organizações do terceiro setor, será melhor explicada adiante.

Por outro lado, não é pelo fato de serem supervisionadas pelo Ministério Público que as fundações privadas não são maleáveis sob o ponto de vista de sua gestão; muito pelo contrário: elas são maleáveis dentro do objeto da vontade do instituidor, o qual foi inserido no estatuto da entidade e rege a fundação durante toda a sua existência.

Os estatutos só poderão ser alterados mediante deliberação da maioria absoluta dos órgãos de administração e aprovação pelo Ministério Público, desde que tais modificações não contrariem a finalidade da fundação, o que significa que a criação de uma fundação deve considerar o caráter perene das razões pelas quais foi constituída.

Lembrando o que dissemos anteriormente, a educação foi tratada como direito e dever exclusivo do Estado apenas a partir da Emenda Constitucional n.° 1, de 1969 (art. 176).[54] Nessa ocasião, ao solicitar a participação da socie-

54. Esta emenda constitucional pode ser acessada em: <http://www.planalto.gov.br/ccivil_03/constituicao/Emendas/Emc_anterior1988/emc01-69.htm>.

dade civil na formação das pessoas e reconhecer expressamente sua incapacidade para atender a todas as necessidades educacionais dos cidadãos, o Estado brasileiro convidou as instituições educacionais privadas sem fins lucrativos, inclusive as fundações, as associações e a antiga figura da sociedade civil.

Historicamente, as fundações privadas de educação foram imprescindíveis para o desenvolvimento do ensino (básico e superior), uma vez que essa era a forma societária mais adotada à época em que a Constituição possibilitou a participação da sociedade civil organizada. Mas o que levaria um mantenedor a alocar pesados recursos na criação de uma fundação educacional cujo patrimônio seria invendável? Seria apenas por um interesse altruístico ou moral no progresso da educação brasileira? Claro que não, pois entravam em cena também a entidade mantenedora e a entidade mantida, cuja natureza jurídica permitia ao instituidor receber rendimentos decorrentes das atividades que desenvolvesse na entidade mantida, como ocorre até os dias de hoje.

Existem ainda algumas fundações educacionais concebidas pelos poderes municipal e estadual antes da Constituição de 1988, mas que assumiram caráter privado a partir da vigência dessa Carta Magna, quando passaram a ser regidas pelo Código Civil e supervisionadas pelo Ministério Público. Essas instituições anômalas, porém reconhecidas pela Constituição de 1988, são as fundações públicas de direito privado, que, embora instituídas pelo poder público, são mantidas por meio do pagamento de anuidades ou semestralidades escolares, assim como ocorre com as instituições privadas. Entretanto, com a Constituição de 1988, as fundações públicas educacionais só podem ser mantidas pelo poder público, o que vale dizer que não podem cobrar pelos serviços prestados.

4.2.2 Associações

O Código Civil vigente define "associação" como uma união de pessoas que se organizam para fins não econômicos, e essa definição, aparentemente simples, torna-se fonte de equívocos e gera uma série de discussões e desdobramentos importantes. Entre as questões que abordaremos nesta seção, enfatizaremos a expressão "fins não econômicos" e seu impacto nas atividades de uma associação.

A matéria estava muito confusa no Código Civil de 1916, que incluía na mesma parte associações e sociedades civis, e essa confusão era refletida na doutrina. Alguns diziam que a sociedade era caracterizada pela finalidade de distribuição de lucros e que, na associação, eventuais receitas somente poderiam ser usadas em suas próprias atividades, jamais se convertendo em lucros a serem distribuídos aos associados. Outros, porém, diziam que associações e sociedades civis eram a mesma figura, já que a lei não fazia diferenciação entre elas.

Talvez por isso, na prática, verificava-se todo tipo de situação – ou seja, havia sociedades civis sem fins lucrativos, instituições com finalidades iguais ora identificadas como associações, ora como sociedades civis, e assim por diante. Já a lei tributária, em vez de distinguir o conceito de associação do de sociedade, costumava se esquivar da confusão apontando requisitos como a ausência de finalidade lucrativa, que deveriam ser cumpridos para que determinadas instituições estivessem livres de tributação.

Comparando com a situação anterior, o novo Código Civil representa um grande avanço no esclarecimento da matéria, uma vez que a classificação das pessoas jurídicas de direito privado é bem mais eficiente, identificando-se de forma precisa associações, fundações e sociedades. Na parte que nos interessa, a distinção entre sociedades e associações é muito mais clara, já que as sociedades sempre têm por objetivo o exercício de uma atividade econômica para partilha de resultados entre os sócios, ao passo que as associações são uniões de pessoas para fins não econômicos.

A única dúvida que se coloca, portanto, é quanto ao significado da expressão "fins econômicos" – isto é, se ela de fato se confunde com "fins lucrativos". A resposta é sim, elas se confundem. No entanto, na sistemática do novo Código Civil, as associações são organizadas por pessoas interessadas em metas que não tenham por objetivo a partilha futura de lucros.

A única definição possível para atividades de fins não econômicos é restringir a interpretação à presença de lucro, pois, caso contrário, teríamos uma restrição ao exercício da forma societária de associação civil, a ponto de qualquer instituição que exercesse uma atividade com movimentação econômica, entendida como transferência de riqueza, não poderia assumir a forma de associação; ou seja, seria impossível a uma organização, mesmo sem fins lucrativos, que preste serviços educacionais mediante cobrança de mensalidade, ser enquadrada como associação, pois o pagamento pelo serviço prestado seria atividade econômica.

Portanto, o melhor é afirmar que o termo "não econômico" não foi utilizado de forma técnica e significa ausência de lucros, e nessa hipótese estão incluídas, por exemplo, as entidades de ensino sem fins lucrativos, pios o fato de os resultados da atividade não serem distribuídos não significa que elas não possam cobrar mensalidades dos alunos para custear salários, a manutenção de salas de aula e todas as outras despesas inerentes à atividade.

Sendo assim, entendemos que a distinção entre atividade e finalidade é fundamental, e em nenhum momento o novo Código Civil indica que a associação não pode ter "atividade econômica". Mencionam-se apenas "fins" econômicos, por isso, faz sentido o critério segundo o qual, mesmo havendo atividade econômica, a associação não perderá sua natureza se não tiver por objeto a partilha dos resultados.

É verdade que seria mais fácil se a lei utilizasse diretamente a expressão "sem fins lucrativos"; inclusive, foi apresentado um projeto de lei propondo essa alteração, mas, de toda maneira, não cabe outra interpretação. Caso contrário, chegaríamos à absurda conclusão de que é impossível um grupo de pessoas se reunir para alcançar um fim comum sem o intuito de distribuir resultados quando parte da atividade desenvolvida gerasse renda. Ou seja, não podemos admitir que essas pessoas seriam obrigadas a constituir sociedade e distribuir lucro quando a intenção delas não era essa.

É importante que os registros civis das pessoas jurídicas, responsáveis pelo registro das associações, apliquem de forma coerente os princípios descritos. Houve situações em que um registro foi recusado sob a alegação de que, havendo atividade econômica, a instituição não poderia utilizar o formato de associação, sendo, portanto, obrigada a se constituir como sociedade ou se converter para adotar tal natureza. Assim, o critério não pode ser o tipo de atividade desenvolvida, mas sim a finalidade ou não de distribuir os resultados obtidos com a atividade.

Quanto ao objeto, as associações têm liberdade para defini-lo e podem assumir um objeto puramente educacional, cultural, beneficente, altruísta, religioso, esportivo, moral etc., desde que não sejam ilícitos segundo a teoria geral dos negócios jurídicos. O único requisito para a caracterização da associação é a ausência de finalidade lucrativa, fato que a diferencia das sociedades, sejam empresárias, sejam simples.

Uma importante inovação introduzida pelo Código Civil no conceito de associação sem fins lucrativos é a possibilidade de os associados serem donos de frações do patrimônio da instituição, como se fossem cotistas de uma sociedade limitada. Esse aspecto oferece a possibilidade de se garantir direito patrimonial e sucessório aos mantenedores, conforme explicaremos adiante.

Vale lembrar que o novo Código Civil não altera os critérios que definem as instituições isentas de tributação; então, as associações organizadas na área de educação ou de assistência social serão consideradas imunes quando atenderem aos requisitos previstos na Constituição Federal e na legislação complementar.

Assim como as fundações, as associações privadas de educação foram imprescindíveis para o desenvolvimento do ensino (básico e superior), já que essa forma societária era igualmente comum na época em que a Constituição incentivou a participação da sociedade civil organizada na educação. Porém, as associações educacionais instituídas antes da Constituição de 1988 contaram com um benefício que as fundações não tiveram: elas puderam se transformar em instituições com finalidade lucrativa e, com isso, devolviam o capital originalmente investido pelos mantenedores. A transformação de associações educacionais em instituições com finalidade lucrativa movimentou intensamente o cenário recente da educação privada no país, e, como veremos adiante, essa possibilidade se restringe às instituições entidades privadas de ensino superior.

4.3 *Compliance* em entidades do terceiro setor e o risco de não conformidade

Em relação às entidades que compõem o terceiro setor, o *compliance* é tratado com indiferença, embora seja uma ferramenta extremamente útil para que tais entidades se enquadrem justamente na natureza jurídica que envolve o setor – ou seja, tem o poder de assegurar o cumprimento dos requisitos que atribuam às instituições seu caráter não lucrativo, garantindo-lhes imunidade tributária e diversos outros benefícios que decorrem da lei.

Em outras palavras, o principal efeito de ser uma instituição sem fins lucrativos é, em maior ou menor grau, contar com o benefício da imunidade tributária, constitucionalmente tutelada. O programa de integridade (*compliance*) atua de maneira eficaz e benéfica no cumprimento dos requisitos indispensáveis à manutenção e gozo dessa imunidade, além de garantir o alcance de outros benefícios administrativos igualmente importantes.

Da mesma forma, as organizações do terceiro setor também precisam de programas de integridade (*compliance*) na medida em que estão envoltas em um setor extremamente regulado, seja por força da imunidade tributária que lhes são conferidas pela legislação constitucional, seja pelas exigências administrativas estabelecidas pelo Código Civil e demais legislações esparsas.

A implantação de um efetivo programa de integridade é uma ferramenta que contribui não apenas para o combate de atos de corrupção, mas também para a celebração de acordos e parcerias mais seguras. Essa segurança decorre do conhecimento das fragilidades e riscos que a organização pode apresentar no cumprimento de suas obrigações estatutárias.

Para as organizações da sociedade civil que celebram parcerias com o poder público, por exemplo, é de fundamental importância a implantação de um programa de integridade que defina procedimentos internos de integridade, de auditoria e de incentivo à denúncia de irregularidades, que promova a criação e ampla divulgação de um código de conduta ética e de políticas e diretrizes internas, sempre com o objetivo de prevenir, detectar e tratar qualquer tipo de desvio, fraude, irregularidade ou atos ilícitos que possam ser praticados contra a administração pública e, consequentemente, prejudicar a perenidade ou até a própria existência da entidade.

Assim, embora a implantação de um programa de integridade possa, à primeira vista, parecer algo que venha a criar burocracia para a instituição ou até mesmo representar gastos relevantes, é importante ressaltar que os custos por não conformidade podem ser muito maiores para uma instituição, em especial para aquelas terceiro setor, que, dependendo do alcance do dano provocado pela não conformidade, podem perder recursos estatais, sofrer imposição de multas pesadas, sanções legais e até perda de reputação perante a sociedade.

Conforme já explicado, entende-se por custo de não conformidade aquele que decorre do não atendimento a um requisito legal, regulatório, estatutário ou mesmo operacional. Cada vez que uma organização deixa de atender a uma obrigação a que está sujeita por força de lei ou de regulamentos internos ou externos, há que arcar com o custo da penalidade correspondente.

Muitas são as regras aplicáveis às instituições do terceiro setor, visando garantir o cumprimento dos requisitos de imunidade tributária, a transparência na aplicação de resultados, a não distribuição de parcelas de seu patrimônio e a legalidade da gestão. Essas regras estão previstas tanto na legislação como nos instrumentos normativos próprios das entidades, como Estatutos, Regimentos Internos e outros. Esse regramento específico faz-se presente desde a concepção da instituição, passando por todos os seus atos de gestão, captação de recursos, relacionamento com o poder público, administração e recursos humanos, regulamentação contábil, prestação de contas, extinção e destinação do patrimônio e assim por diante.

Resta evidente que, portanto, quanto maior o número de regulamentos a que se está sujeito, maior a possibilidade de ocorrência de não conformidades. As normativas que pautam o dia-a-dia das associações e fundações exigem acuidade e profissionalismo do setor, devendo-se abandonar a visão arcaica da benemerência e da ideia simplista de filantropia. Hoje, o ordenamento jurídico exige que essas organizações sejam concretizadoras de políticas públicas, que atuem na mudança efetiva da realidade social do Brasil. Em virtude disso, estão subordinadas a várias exigências legais, dentre as quais podemos destacar:

a. as entidades beneficentes de assistências social devem ofertar a gratuidade, nos termos definidos na Lei n.º 12.101, de 27 de novembro de 2009[55], e atuar em conformidade com a política da área correspondente de atuação;
b. as entidades imunes devem, basicamente, aplicar integralmente as receitas em território nacional e na manutenção de suas atividades sociais, bem como não podem distribuir suas receitas;
c. devem praticar com cautela a remuneração dos dirigentes estatutários, pois esses só poderão ser remunerados se atuarem efetivamente na gestão executiva da organização e desde que o salário esteja em consonância com o valor pago no mercado;
d. já aquelas que objetivam realizar parcerias, devem conhecer o território em que irão atuar e demonstrar cumprimento, de modo objetivo, do objeto da parceria, o alcance das metas e dos resultados previstos;
e. o desenvolvimento de atividade meio para obtenção de receita deve, sempre, guardar relação com os objetivos sociais da entidade.

As atividades das organizações do terceiro setor, dentro do aspecto legal e estatutário, exigem uma noção geral de governança, controle e integridade, mesmo

---

55. Dispõe sobre a certificação das entidades beneficentes de assistência social e dá outras providências.

que algumas dessas entidades cumpram tais exigências por meio de procedimentos precários. Nesse caso, as atividades das organizações do terceiro setor, de uma maneira geral, devem render observância a diversos itens de conformidade em relação à sua autonomia e funcionamento.

As organizações do terceiro setor, embora mantendo um estrito relacionamento com o poder público, possuem natureza jurídica de direito privado, o que implica dizer que sua atuação está adstrita aos ditames do seu estatuto e da legislação de regência. Nesse cenário, considerando a sua natureza privada, as funções de representação e gestão dessas entidades podem estar expostas ao chamado risco de *compliance*, o qual está atrelado a diversas atividades corriqueiras da entidade, sobretudo no que tange aos aspectos relacionados à autonomia e ao funcionamento das organizações, tais como:[56]

- **composição dos conselhos:** risco de *compliance* em relação ao perfil dos conselheiros (empregado da instituição ou sócio de empresa contratada) e na independência do conselho. Há a necessidade de uma política institucional clara em relação ao perfil que se pretende em relação aos conselheiros da entidade. Esse mesmo entendimento também é válido para a composição dos quadros de associados em entidade congênere;
- **segregação de funções exercidas por conselheiros/associados e diretores:** trata-se da segregação necessária para evitar a sobreposição de funções e, em virtude disso, não se poder atribuir responsabilidade pela gestão temerária na organização;
- **publicidade e confidencialidade das deliberações dos seus órgãos:** trata-se do liame muito delgado sobre entre quais deliberações dos órgãos da entidade que devem ser objeto de publicidade e quais devem guardar confidencialidade. Nesse caso, as deliberações da entidade devem ser objeto de um política institucional própria, que mitigue os riscos sobre todas as deliberações dos órgãos da entidade;
- **convidados para as reuniões de conselho e diretoria:** trata-se da análise de acuidade e zelo sobre as informações que são discutidas em reuniões do conselho e da diretoria da entidade, guardando similitude às deliberações dos órgãos da entidade que devem ser objeto de sigilo;
- **planejamento de sucessão nos cargos de conselheiros e diretores:** o planejamento da sucessão é possível, se consideramos que se tratam de entidades de direito privado, mas tal sucessão deve levar em consideração a busca e preservação do interesse social para o qual a entidade foi criada;
- remuneração de conselheiros e diretores: trata-se de uma questão carente de regramento normativo exauriente, o que implica dizer que cada caso deve ser analisado sistematicamente. Em relação aos conselheiros, é qua-

---

56. GRAZZIOLI, Airton; PAES, José Eduardo Sabo. Compliance *no terceiro setor. Controle e integridade nas organizações da sociedade civil.* São Paulo: Editora Elevação, 2018.

se unanimidade o entendimento doutrinário que não aconselha a prática de remunerar os conselheiros, justamente em virtude de conflitos legais. O mesmo entendimento é válido para o associado. No que tange aos diretores, é possível a remuneração, desde que sejam seguidas determinadas regras de integridade, as quais visam evitar o questionamento de tal remuneração. Aconselha-se a criação de uma política própria de integridade em relação a remuneração;

- **relacionamento de conselheiros e diretores com representantes de órgãos públicos:** como as entidades do terceiro setor prestam de fato um serviço público, embora sendo do setor privado, há uma ligação natural com órgãos, gestores e funcionários públicos, o que implica dizer que há uma necessidade de que a organização crie mecanismos que mitiguem totalmente a hipótese de corrupção nessa relação, o que é um risco de *compliance* evidente;
- **relação da organização com terceiros:** trata-se da necessidade de haver uma criteriosa seleção e relação com parceiros, os quais incluem distribuidores, fornecedores, consultores ou qualquer outro terceiro que estabeleça com a entidade uma relação de cooperação. Nesse caso, toda parceria deve ser objeto de uma política institucional clara, visando minimizar quaisquer risco em relação àqueles que falam em nome da organização.

Pode-se inferir que as organizações do terceiro setor apresentam risco de *compliance* atrelado ao seu cotidiano institucional, e todo risco, em consequência, está igualmente atrelado a uma margem de prejuízo considerável. Desse modo, é imperativo que em todas as operações realizadas por organizações do terceiro setor haja sempre o questionamento acerca de eventual confronto com as normas que a regulam, pois a não conformidade pode resultar em pesados custos, dentre os quais destacamos: perda de títulos, certificados e declarações; perda de imunidade; desvio de finalidade; caracterização de fins econômicos ou de grupo econômico; impossibilidade de firmar parcerias com o poder público e, consequentemente, o não recebimento de recursos públicos; perda de credibilidade perante a sociedade; e, nomeação de interventor ou até a decretação de extinção a pedido do Ministério Público.

A Lei Anticorrupção, conforme já explicado, estabelece a responsabilidade objetiva das pessoas jurídicas pela prática de atos contra a administração pública. Dessa forma, qualquer empresa ou organização sem fins lucrativos (organizações do terceiro setor), comprovadamente envolvida em atos lesivos a qualquer órgão da administração pública, poderá ser responsabilizada e sofrer as penalidades previstas nessa nova legislação. A existência de programa de integridade, para esses casos, funciona como atenuante na dosimetria de sanções para empresas ou organizações envolvidas em procedimentos administrativos ou civis.

Programa de Integridade no Setor Educacional

Em alguns estados brasileiros, como o Rio de Janeiro e o Distrito Federal, a adoção do programa de integridade já é requisito obrigatório para as entidades que celebram contratos e convênios de qualquer natureza com órgãos da administração pública, por força de legislações criadas especialmente para conceber essa obrigação. Com base nesses normativos, caso não comprove possuir programa de integridade implantado e em efetivo funcionamento, a entidade poderá sofrer multas ou até mesmo ficar impedida de celebrar novas contratações com o poder público por determinado período de tempo.

Portanto, a implantação de um programa de integridade em organizações do terceiro setor irá contribuir de maneira determinante para o fortalecimento de sua credibilidade, otimização de sua eficiência e qualidade dos serviços prestados, melhora nos níveis de governança e atuação focada em práticas de prevenção, reduzindo todo e qualquer tipo de exposição a riscos.

4.4 Intervenção do Ministério Público na implantação dos programas de integridade em organizações do terceiro setor

No que tange à atuação do Ministério Público e sua correlação com o programa de integridade (*compliance*), já é possível verificar no Brasil que várias promotorias estaduais, na qualidade de fiscais da lei, estão se imiscuindo na gestão de várias entidades do terceiro setor por meio de termos de ajustamento de conduta. Nesses termos, o Ministério Público, sob o argumento de garantir a sustentabilidade econômica de instituições que estejam em alguma dificuldade, vem sugerindo que as entidades adotem políticas e programas de integridade (*compliance*), inclusive com a profissionalização da sua gestão. Essa atuação, diga-se de passagem, essa atuação não se restringe às fundações, mas as entidades do terceiro setor de maneira geral.

No que tange especificamente às fundações, a sugestão do Ministério Público para a criação de programas de integridade (*compliance*) ganhou um novo ímpeto não apenas com o surgimento da Lei Anticorrupção (Lei n.° 12.846, de 2013), mas também em virtude das previsões do novo Código de Processo Civil (Lei n.° 13.105, de 16 de março de 2015), que passou a prever os procedimentos específicos de fiscalização das fundações.

Trata-se de uma novidade que permite ao Ministério Público promover em juízo a extinção da fundação quando se tornar ilícito o seu objeto, for impossível sua manutenção ou vencer o prazo de sua existência[57]. São previsões legais que justificam ao Ministério Público a sugestão de que as fundações adotem programas de integridade para sua gestão em razão da dificuldade de sua manutenção.

Em algumas situações, não restritas às fundações, o Ministério Público tem sugerido o firmar de Termo de Ajustamento de Conduta (TAC) com algumas instituições do terceiro setor e exigido que as entidades adotem programas de integridade. O fundamento basilar desse tipo de TAC está na justificativa de manu-

57. Artigos 784 e 785 do novo Código de Processo Civil, Lei n.° 13.105, de 16 de março de 2015.

tenção da entidade, ou seja, o Ministério Público celebra esse TAC com o objetivo de resguardar a manutenção das entidades do terceiro setor, utilizando o art. 765 do Código de Processo Civil como paradigma legal para tal proposição.

Nesse caso, o TAC teria por objetivo a modernização administrativa e gerencial da entidade por força de necessidade de garantia de sustentabilidade econômica diante de compromissos com programas de parcelamento federais, bem como com a adoção de programas de *compliance* e profissionalização da gestão da entidade.

O Ministério Público, nesses casos, tem estabelecido a adoção de uma série de procedimentos para a gestão da entidade, como a adoção de procedimentos de transparência de informações e criação de portais de transparências institucionais, mas sem comprometer as informações tidas como sigilosas.

Da mesma forma, utilizando como referência os relatórios exarados por auditorias independentes, o Ministério Público também determina com que essas entidades do terceiro setor adotem políticas e manuais de *compliance*, com medidas anticorrupção, lavagem de dinheiro e antiterrorismo, sanções comerciais e direitos humanos, com base em padrões internacionais, mas respeitando prioritariamente a legislação nacional. Determina adoção de práticas de integridade nas operações com relação à execução de contratos com fornecedores, sobretudo aqueles que prestam serviços em nome da entidade no momento de prestação de contas, renovação de Certificados de Entidade Beneficente de Assistência Social, entre outros serviços.

A intervenção do Ministério Público na implantação de programas de integridade em organizações do terceiro setor, em que pese ser questionável sob o ponto de vista gerencial, eis que são entidades que têm origem privada, não deixa de ser um procedimento louvável que objetiva resguardar a instituição contra a chamada gestão temerária. Mesmo que o Ministério Público não tenha *expertise* sobre a implementação do programa, resta patente que a sua orientação é no sentido de que as entidades do terceiro setor busquem qualificação e capacitação para que possam implementar o programa dentro das melhores práticas.

4.5 Adequação do *compliance* às demais naturezas jurídicas das instituições de ensino privadas

A edição da Lei de Diretrizes e Bases da Educação Nacional (LDB) promoveu formalmente a diferenciação institucional no segmento privado, e as instituições passaram a ser classificadas em lucrativas e sem fins lucrativos. As instituições lucrativas deixaram de se beneficiar diretamente de recursos públicos, ao passo que as demais permaneceram imunes ou isentas de incidência tributária.

Dadas as possibilidades abertas pela LDB, em especial ao estabelecer a diferenciação no segmento privado, as instituições, em especial as mantenedoras de ensino privado, passaram a ter diversos tipos de natureza jurídica. Com essas novas possibilidades, surgiram procedimentos societários ainda desconhecidos para o setor – por exemplo, a constituição de organizações de ensino com natureza de sociedade anônima que ofertam ações na bolsa de valores.

Vale a pena esclarecer que cada tipo de sociedade tem um propósito específico, seja atingir um objetivo altruísta e filantrópico, seja um objetivo empresarial, ainda que ambas devam oferecer cursos com qualidade para não correrem o risco de ser descredenciadas. Levando em conta o objetivo institucional da organização educacional privada, encontram-se interfaces associativas ou societárias que necessitam da função de *compliance*.

Com relação à natureza jurídica de sua instituição, o mantenedor que pretende se dedicar à atividade educacional privada deve considerar aquela alternativa de formatação legal mais adequada ao seu objetivo de neutralizar riscos e maximizar resultados. Para tanto, a função de *compliance* é decisiva até mesmo para a manutenção da natureza jurídica da instituição.

Assim, a compreensão do funcionamento e os requisitos da natureza jurídica de uma entidade do terceiro setor, em especial das instituições privadas de ensino, são relevantes para avaliar o seu risco de *compliance*. Nesse aspecto, por exemplo, para que uma instituição de ensino superior possa ser considerada beneficente e de assistência social (instituição filantrópica), por exemplo, ela deve obedecer a requisitos próprios do Programa Universidade para Todos (Prouni). Nesse caso, a natureza jurídica de uma instituição filantrópica, é determinada pela regulação da política pública do Prouni.

Sabemos que toda instituição de ensino superior privada, sejam quais forem seu tamanho e sua natureza jurídica (com ou sem fins lucrativos), possui um modelo de governança, mesmo que o mantenedor não saiba disso ou desconheça como exercer o poder na instituição. Aqui, ao prevenir e mitigar riscos institucionais e operacionais, a função de *compliance* se torna uma importante ferramenta de gestão para instituições educacionais privadas, uma vez que é capaz de se adequar a todas as naturezas jurídicas adotadas pelas instituições de educação no país.

Amiúde, para compreender a adequação da função de *compliance* nas demais naturezas jurídicas das entidades mantenedoras de educação no país, é preciso analisar de maneira sistemática suas principais opções de formatação – sobretudo para entidades com finalidade exclusivamente lucrativa, como veremos a seguir.

4.5.1 Sociedade simples

A sociedade simples é exatamente aquilo que se chamava sociedade civil com finalidade lucrativa, porém, no antigo Código Civil, o conceito de sociedade civil era genérico e abrangia toda e qualquer sociedade sem forma comercial, o que ocasionava um transtorno gigantesco no momento de seu registro.

No diploma cível, as antigas sociedades civis de fins lucrativos dão lugar às sociedades simples e às sociedades empresárias (se o seu objetivo for o exercício de atividade econômica organizada para a produção ou a circulação de bens ou serviços).

A sociedade simples pertence à categoria das sociedades personificadas e não empresárias, ou seja, é a sociedade constituída para a exploração de atividade que não seja própria de empresário, não relacionada à produção ou à circulação de bens ou serviços. É a sociedade constituída para o exercício de atividade intelectual, científica, literária ou artística, e a cooperativa.

A sociedade simples se limita à exploração da atividade específica para a qual foi constituída e deve estar diretamente relacionada à prestação de serviços relativos à profissão intelectual dos sócios. Assim, se os sócios de determinada empresa são professores e a atividade desenvolvida pela sociedade é de caráter intelectual, científica e literária, essa instituição de ensino está dentro do escopo das atividades da sociedade simples. Nesse caso, por opção do mantenedor, a instituição poderia ser instituída por meio de uma sociedade simples.

As sociedades simples, como meio-termo entre associação e sociedade empresária, são registradas em cartórios de registro de pessoas jurídicas, sendo um tipo societário bastante adotado por instituições privadas de educação, uma vez que podem ser constituídas para o desenvolvimento de uma profissão intelectual de natureza científica, literária e acadêmica. Esse tipo societário é comum entre organizações educacionais privadas de ensino básico.

4.5.2 Sociedade empresária

Quando as pessoas formam uma sociedade, adotando uma das formas estabelecidas pelo Código Civil para a produção e/ou a circulação de bens ou serviços, com finalidade de lucro, essa sociedade é classificada como sociedade empresária. De maneira geral, as sociedades empresárias devem assumir um dos seguintes tipos: sociedade em nome coletivo, sociedade em comandita simples e sociedade limitada, sendo a sociedade anônima considerada uma sociedade diferenciada, conforme veremos adiante.

A Lei n.º 6.404, de 15 de dezembro de 1976, prevê também a chamada sociedade em comandita por ações, que, assim como a sociedade anônima, é classificada como uma sociedade de capital. Praticamente todas as disposições referentes à sociedade anônima se aplicam a esse tipo de sociedade, exceto quanto às disposições relativas às responsabilidades de alguns acionistas. Esse não é um tipo societário normalmente utilizado por instituições de ensino.

A característica essencial da sociedade em nome coletivo é a responsabilidade ilimitada e subsidiária dos sócios. Embora a responsabilidade dos sócios seja ilimitada e solidária, ela é subsidiária, ou seja, os bens dos sócios só podem ser executados por dívidas da sociedade depois de executados todos os bens sociais.

A sociedade em comandita tem como característica a existência de sócios que respondem ilimitadamente pelas dívidas da sociedade (sócios comanditados) e sócios cuja responsabilidade é limitada ao capital investido na sociedade (sócios comanditários), os chamados prestadores de capital, e que o fazem com a condição de não serem obrigados além dos fundos declarados em contrato. A administração só pode ser exercida pelo sócio comanditado, e é seu nome que comporá o da sociedade, seguido do termo "companhia".

EM FOCO

A sociedade empresária limitada (Ltda.) é o, tipo societário mais comum em nosso país, incluindo pequenas, médias e grandes empresas, chegando a aproximadamente 95% das pequenas e médias, segundo a Associação Comercial de São Paulo[1] e do Departamento Nacional de Registro do Comércio (DNRC).[2]

Fonte: Departamento Nacional de Registro do Comércio. Disponível em www.dnrc.gov.br. Acesso em 9 de jan. 2013. A última estatística realizada pelo DNRC ocorreu entre 2000 e 2005.
(1) *Fonte*: FABRETTI, Láudio Camargo, *op.cit.*, p. 55.
(2) *Fonte*: www.dnrc.gov.br. A última estatística realizada pelo DNRC foi realizada entre 2000 e 2005. Acesso em: 9 jan. 2013.

Fábio Ulhoa Coelho caracteriza esse tipo societário da seguinte forma:

> A responsabilidade dos sócios pelas obrigações da sociedade limitada, como diz o nome do tipo societário, está sujeita a limites. Se o patrimônio social é insuficiente para responder pelo valor total das dívidas que a sociedade contraiu na exploração da empresa, os credores só poderão responsabilizar os sócios executando bens de seus patrimônios individuais até certo montante. Alcançado esse montante, a perda é do credor. O limite da responsabilidade dos sócios, na sociedade limitada, é o total do capital social subscrito e não integralizado.[58]

Apesar das possibilidades oferecidas às sociedades empresárias, fica claro que o setor educacional se vale das sociedades limitadas como a natureza jurídica mais usual, pois esse tipo societário abre várias opções para a instituição manter controles decorrentes do acordo societário, além de poder ser objeto de *holdings* familiares, como veremos adiante. Os motivos dessa preferência também se devem a dois fatos:

---

58. COELHO, Fábio Ulhoa, *op.cit.*, p. 156-157.

1. ser um tipo de sociedade relativamente simples, que permite limitar a responsabilidade de cada sócio ao total do capital social;
2. ser uma sociedade meramente contratual, com amplas possibilidades institucionais.

Além das especificações societárias mencionadas, fica claro que sociedades empresárias são aquelas cujo objeto é o exercício de atividade própria de empresário, sujeito a registro (Junta Comercial), e nas quais o empresário desenvolve profissionalmente uma atividade organizada de produção ou circulação de bens e serviços.

A distinção entre sociedades simples e empresárias é feita pela forma como é exercida a atividade econômica, o que certamente traz algumas dificuldades, pois o novo Código Civil não traçou perfeitamente todos os parâmetros para essa diferenciação. Conforme esclarecemos no tópico anterior, a sociedade simples fica limitada à exploração da atividade específica para a qual foi constituída e que deve estar relacionada à prestação de serviços relativos à profissão intelectual dos sócios.

Por outro lado, a sociedade empresária exerce atividade própria do empresário, ou seja, atividades organizadas para a produção ou a circulação de bens ou serviços. Nas sociedades simples, os sócios não se caracterizam como empresários; são as sociedades de profissionais liberais, artistas, cientistas ou quaisquer pessoas que exerçam atividades essencialmente intelectuais, mesmo que para isso contem com o auxílio de terceiros (secretária, assessoria contábil etc.).

4.5.3 Sociedade anônima

Na sociedade anônima ou companhia, o capital é divido em ações, espécie de valor mobiliário, e a responsabilidade dos sócios ou acionistas é limitada ao preço de emissão das ações subscritas ou adquiridas, conforme o que determina a lei das sociedades anônimas (S.A.). Esse tipo societário é apropriado para empreendimentos de grande porte, adequados à crescente complexidade de uma economia capitalista em expansão. Uma sociedade anônima é capaz de aglutinar milhares de sócios acionistas mediante a captação de recursos do público em geral, no chamado *mercado de capitais*.

A sociedade anônima tem as seguintes características:[59]

- o capital social é dividido em ações;
- é uma sociedade de capital, e não de pessoas;
- a responsabilidade dos sócios é limitada ao preço de emissão das ações subscritas ou adquiridas;
- é sempre empresarial, seja qual for seu objeto social;
- há possibilidade de subscrição de capital social mediante apelo ao público.

---

59. BERTOLDI, Marcelo M.; RIBEIRO, Márcia Carla Pereira. *Curso avançado de Direito Comercial*. 6. ed., rev. e atual. São Paulo: Revista dos Tribunais, 2011, p. 215.

A limitação da responsabilidade ao preço de emissão das ações e a possibilidade de serem negociadas antecipadamente permitem a mobilização imediata de dinheiro e concedem aos fundadores garantias e seguranças desejáveis para a implementação de seus objetivos e projetos de produção e circulação de bens e serviços.

No setor educacional, a sociedade anônima é um novo paradigma em franca expansão, que leva em conta principalmente a regulação setorial ditada pelo Ministério da Educação e pelos benefícios fiscais concedidos em permuta por bolsas de estudo e gratuidades em geral, conforme explicaremos adiante.

A constituição de uma sociedade anônima, seja de capital aberto ou fechado, implica o cumprimento de um extenso sistema normativo, sobretudo a Lei n.º 6.404, de 15 de dezembro de 1976, que dispõe sobre as sociedades por ações, com alterações previstas na Lei n.º 10.303, de 31 de outubro de 2001, e no Código Civil vigente. Esse extenso leque normativo, que rege a constituição da instituição, o capital social, as ações, os acionistas, as partes beneficiárias, as subscrições e os livros sociais, é supervisionado por órgãos de controle obrigatórios, inclusive de controle externo, como a Comissão de Valores Mobiliários (CVM).

EM FOCO

"Companhia de capital aberto é aquela em que os valores mobiliários de sua emissão (ações, debêntures, partes beneficiárias etc.), depois de registrados na Comissão de Valores Mobiliários (CVM), podem ser negociados na Bolsa de Valores ou no mercado de balcão."
(...)
"Companhia de capital fechado é aquela em que seu estatuto pode estabelecer limites à livre circulação das ações representativas do seu capital social, desde que não impeçam a sua negociação nem sujeitem o acionista ao arbítrio dos órgãos de administração ou da maioria dos acionistas. Seus valores não são negociáveis na Bolsa de Valores ou no mercado de balcão."

Fonte: FABRETTI, Láudio Camargo, *op. cit.*, p. 66.

Diante da amplitude e do alcance das sociedades anônimas, as regras de controle são muito mais rígidas do que em uma sociedade empresária limitada. Por isso, algumas instituições educacionais privadas, constituídas como sociedade anônima, já adotaram boas práticas de governança corporativa, inclusive com programa de *compliance*.

As regras impostas às sociedades anônimas assemelham-se a bons conselhos, que, se não forem acatados, acarretam pesadas sanções administrativas. Além da responsabilidade civil que cabe ao acionista controlador da companhia de capital aberto, ele também tem responsabilidade administrativa perante a Comissão de Valores Mobiliários (CVM).

Por meio de inquérito administrativo, o acionista controlador pode responder por atos praticados em desacordo com a lei ou pelas chamadas práticas não equitativas. Com isso, podemos deduzir que basicamente a sociedade anônima já contém exigências que tornam o *compliance* imprescindível para o desenvolvimento das atividades da companhia, principalmente se seu objeto for do âmbito do setor educacional privado.

4.6 *Compliance* educacional e seu relacionamento com as demais áreas das instituições mantenedora e mantida

Após 1996, com a LDB, as instituições privadas de educação, tanto básica como superior, passaram a ser organizadas por meio de uma entidade mantenedora que pode ser constituída sob qualquer forma prevista no Código Civil brasileiro, pública ou privada, com ou sem fins lucrativos.

Cabe à instituição mantenedora a manutenção econômico-financeira das unidades de ensino (escola, faculdade etc.) a ela vinculadas, e sua personalidade jurídica é estabelecida por atos constitutivos devidamente registrados na Junta Comercial ou no Cartório de Registro de Pessoas Jurídicas, de acordo com a natureza jurídica adotada pela instituição. A partir desse momento, todas as relações tributárias, trabalhistas, comerciais, consumeristas, as relações com alunos e fornecedores, entre outros atos, são de responsabilidade da instituição mantenedora, e não da mantida.

Nesse sistema, os contratos de prestação de serviços pedagógico-educacionais são firmados entre os alunos, ou seus responsáveis, e a mantenedora, tendo em vista que a unidade de ensino não é uma personalidade jurídica. A instituição mantida torna-se uma figura jurídica com competências e responsabilidades institucionais estabelecidas por um regimento interno.

No caso do ensino superior, os pedidos de credenciamento para abertura e funcionamento de instituições são feitos pela mantenedora, assim como os de recredenciamento e os de autorização de cursos, reconhecimentos, renovações de reconhecimentos e similares. Nesse caso, as faculdades, os centros universitários e as universidades não têm personalidade jurídica – esta é atribuída apenas à organização mantenedora.

As instituições de educação superior do sistema federal de ensino normalmente são organizações mantidas por uma pessoa jurídica, mas isso também recai em uma pessoa física.[60] Assim, as instituições de ensino superior públicas são as mantidas e administradas pelo poder público, enquanto as particulares são mantidas por pessoas físicas ou jurídicas de direito privado. O mantenedor

---

60. Art. 19, II, da Lei de Diretrizes e Bases da Educação Nacional (LDB), 1996.

(pessoa física e jurídica) pode desenvolver a atividade de manutenção de uma instituição de educação superior, mas pode também desenvolver outras atividades, com ou sem fins lucrativos. Em outras palavras, uma instituição pode, por exemplo, manter uma faculdade e uma escola ao mesmo tempo sem que isso prejudique o conceito original que a instituiu.

No que diz respeito ao ensino básico, para uma entidade mantenedora fundar uma escola de ensino fundamental, por exemplo, ela deverá observar as regras das Secretarias Municipais de Educação, as quais estão ligadas à Coordenação Regional de Educação de cada Estado.

Apesar das diversas regras municipais e estaduais para a abertura de uma escola, como a exigência de laudos para utilização de prédios e a expedição de alvarás de funcionamento, é patente o interesse público na criação desse tipo de empreendimento, visto que a educação é considerada um investimento, e não um custo ou uma despesa. Portanto, é imprescindível que haja uma mantenedora para que exista uma instituição educacional.

No ensino superior, os atos de credenciamento de uma instituição privada são analisados por diversos órgãos do Ministério da Educação, e são decisivos o parecer do Conselho Nacional de Educação e a portaria do Ministério. Juntamente com o credenciamento inicial, há a autorização de pelo menos um curso de graduação ou pós-graduação; os demais cursos e programas são definidos conforme a autonomia das IES, sendo livre sua criação por universidades e centros universitários.

Para a implantação da função de *compliance* nas instituições de educação, é preciso compreender seu funcionamento segundo uma visão sistêmica e integrada, lembrando que uma entidade educacional não é constituída apenas por um contrato ou estatuto social, mas por várias exigências organizativas, o que exige obediência a políticas e diretrizes institucionais, além de detectar, evitar e tratar eventuais desvios ou inconformidades dentro da entidade, justamente o objeto do *compliance*.

No ensino superior, por exemplo, a figura do procurador educacional institucional, ou simplesmente procurador institucional (PI), é imprescindível para o desenvolvimento integrado de uma instituição privada de educação, uma vez que ele deve ter conhecimento do fluxo do processo avaliativo (interno e externo) da IES e de seus cursos. O PI é responsável pelas informações gerais da IES nos processos regulatórios e por todos os elementos ligados à avaliação institucional e de cursos. Isso quer dizer que todo projeto de expansão da instituição está intimamente ligado às responsabilidades institucionais do PI, ou seja, não há expansão da organização educacional sem a participação ativa desse profissional. Geralmente, o PI está ligado à reitoria, à direção-geral, à pró-reitoria de graduação ou similar, de acordo com a disposição no regimento interno.

EM FOCO

O procurador educacional institucional (PI) é previsto como um substituto formal do representante legal da instituição, para realizar ações necessárias relacionadas às respectivas mantenedoras nos processos regulatórios perante o MEC. [61]

Outro exemplo, oriundo de ato normativo do Ministério da Educação, é a exigência do Núcleo Docente Estruturante (NDE)[62]. Esse órgão administrativo interno, existente em cada curso de graduação, tem função consultiva, propositiva e de assessoramento em assuntos de natureza acadêmica, integrando a estrutura de gestão acadêmica. Na prática, o NDE tem o objetivo de implantar, atualizar e consolidar o projeto pedagógico de curso de forma individualizada e pode ser considerado, de fato, uma poderosa ferramenta de gestão acadêmica, mesmo sendo decorrente de exigência legal.

Enfim, os exemplos citados demonstram que as estruturas administrativo-acadêmicas em uma instituição privada de educação estão absolutamente interconectadas, e, por esse motivo, as decisões estratégicas da instituição devem ser tomadas com base em uma visão sistêmica do seu funcionamento. Essa abordagem, baseada na Teoria Geral dos Sistemas, permite romper barreiras funcionais e administrar as interconexões da instituição, visualizando os impactos de cada decisão na organização como um todo. A Teoria Geral dos Sistemas (TGS) busca produzir teorias e formulações para aplicação nas organizações por meio de conceitos de várias disciplinas (interdisciplinar).

Por isso, na estrutura administrativa de uma instituição educacional, o *compliance* é uma poderosa ferramenta de gestão por sua capacidade de ajudar o mantenedor a compreender o funcionamento da organização em todas as suas interfaces externas e internas, identificando e apresentando soluções corretivas para os problemas encontrados, além de reduzir o custo e o tempo na solução de tais problemas.

---

61. A figura do procurador educacional institucional (PI), antes prevista na Portaria n.º 40, de 12 de dezembro de 2007, novamente publicada em 29 de dezembro de 2010 (revogada), tem previsão atual na Portaria MEC n.º 21, de 21 de dezembro de 2017.

62. O Núcleo Docente Estruturante (NDE) foi criado originalmente pela Portaria MEC n.º 147, de 2 de fevereiro de 2007, com o objetivo de qualificar o envolvimento docente no processo de concepção e consolidação de um curso de graduação, tendo previsão atual também na Portaria MEC n.º 21, de 2017.

Capítulo
5

COMPLIANCE E O AMBIENTE REGULATÓRIO NO ENSINO SUPERIOR BRASILEIRO

EM PRIMEIRO LUGAR, precisamos compreender que a regulação, como ato administrativo do Estado, consiste na "atividade estatal de intervenção indireta sobre a conduta dos sujeitos públicos e privados, de modo permanente e sistemático, para implementar as políticas de governo e a realização de direitos fundamentais".[63] O processo de regulação típico tem as seguintes fases:[64] formulação de orientações; definição e operacionalização de regras; implementação e aplicação de regras; punições dos transgressores; e decisão dos recursos.

No âmbito do ensino superior, a regulação tem-se baseado prioritariamente na descentralização das ações, acompanhada da avaliação dos resultados, e na centralização de decisões relativas ao processo pedagógico, como currículo e formas de certificação. Dessas duas bases centrais – descentralização/gestão e avaliação da educação – derivam outras formas intermediárias de regulação, e as diferentes políticas procuram lidar com esse novo formato, resultante da adaptação do sistema ao mercado globalizado. De maneira geral, pode-se afirmar que os atos de regulação educacional decorrem dos próprios procedimentos de avaliação do ensino.

A avaliação de resultados, ao final de uma etapa, é um dos mecanismos atuais que o Estado tem para exercer seu papel de controle ao exigir que os sistemas educacionais comprovem *accountability*. Para isso, as instituições usam parâmetros indicadores definidos com base em níveis de desempenho considerados aceitáveis. A avaliação da educação é o pilar da regulação do setor.

EM FOCO

Em âmbito gerencial, *accountability* remete à obrigação de membros de um órgão administrativo ou representativo prestarem contas a instâncias controladoras.

---

63. JUSTEN FILHO, Marçal. *Curso de Direito Administrativo*. São Paulo: Saraiva, 2005, p. 447.
64. MOREIRA, Vital. *Autorregulação profissional e administração pública*. Coimbra: Coimbra Editora, 1997, p. 36-37.

Estritamente falando, o "risco regulatório" pode ser objeto de diversas discussões nos campos da teoria econômica, do Direito Administrativo e do Direito Societário. Do ponto de vista da teoria econômica, uma abordagem costumeira do risco regulatório gira em torno da avaliação do efeito de uma inconsistência regulatória sobre o custo de capital de uma empresa; além disso, há outra abordagem que enfoca a maneira pela qual as diferentes formas de regulação afetam o custo do capital da empresa.

Em outras palavras, sob o ponto de vista da teoria econômica, os diversos desenhos regulatórios não podem ser apreciados apenas pelo poder de geração de incentivos e de extração de informações, mas levam em conta também o impacto da ação reguladora no risco assumido pelo agente regulado.

No caso de uma análise macroeconômica, uma possível causa do risco regulatório são normas e regulamentos futuros que adicionem um risco sistemático às operações da empresa – ou seja, a atividade regulatória futura e incerta para a instituição, baseada em novas normas e regulamentos não antecipados. A definição de atos normativos pode servir de resposta aos choques externos da economia, às ações da própria instituição regulada, ou resultar de novos princípios ou crenças do regulador.

Do ponto de vista estrito do direito, os administrativistas Juan Carlos Cassagne e Gaspar Ariño Ortiz afirmam que o risco regulatório diz respeito ao "risco da discricionariedade [isto é, apresentar o poder que é conferido à administração pública para agir livremente sem estar vinculada a determinada conduta, desde que aja dentro dos limites legais e em defesa da ordem pública], da arbitrariedade, da parcialidade ou da falta de credibilidade do regulador".[65] Trata-se do risco que resulta de medidas ou alterações legais impostas por um órgão regulador ou um agente do governo, as quais geram impacto negativo sobre a atividade ou a rentabilidade de uma empresa.

Porém, mesmo considerando válidos esses conceitos no âmbito do setor educacional privado, principalmente quando as instituições ficam à mercê de atos regulatórios muitas vezes inesperados, esta análise tem como pressuposto o risco de não conformidade com os atos regulatórios já emitidos pelos órgãos incumbidos da educação (básica e superior) no país.

Nossa intenção, aqui, é analisar os riscos do não cumprimento dos critérios e demais exigências nos atos regulatórios do Ministério da Educação, das Secretarias Estaduais de Educação e de outros órgãos específicos, ao passo que o risco regulatório, nesse contexto, visa identificar os riscos que envolvem a regulação no setor educacional, com o objetivo de resguardar a instituição e promover o seu crescimento de maneira segura.

---

65. ARIÑO Ortiz, Gaspar. *"La Liberalización de los Servicios Públicos en Europa. Hacia un nuevo modelo de regulación para la competência"*. In: CASSAGNE, Juan Carlos & ARIÑO Ortiz, Gaspar (Eds.). *Servicios Públicos, Regulación y Renegociación*. Buenos Aires: Abeledo Perrot, 2005.

5.1. Compreendendo o sistema de avaliação, regulação e supervisão da educação superior no Brasil: análise de risco

A origem do sistema de avaliação praticado no Brasil remonta ao século XVI, com a formatação da atividade pedagógica empreendida pelos jesuítas, e ao século XVII, com o trabalho educacional do bispo protestante John Amos Comenio. A pedagogia nascida dessas duas teorias (na qual eram utilizados apenas exames · classificatórios) foi chamada por Luckesi de "pedagogia tradicional".[66]

Em 1938, com a criação do Instituto Nacional de Estudos Pedagógicos (Inep), o Brasil sistematizou pela primeira vez os procedimentos de avaliação do sistema de ensino nos seguintes termos: "São desenvolvidas produções relativas à avaliação da aprendizagem, cuja ênfase recai nos testes e nas medidas educacionais, com vistas à mensuração de capacidades e características do aluno".[67]

De maneira geral, a trajetória histórica referente à avaliação da aprendizagem entre as décadas de 1930 e 1970 foi marcada pela tendência tecnicista de pensar a educação, cuja base são os conceitos do comportamentalismo estadunidense, que subordina a avaliação a uma série de itens, entre os quais a "instrução programada" e a "prova objetiva". Embora criticadas pelos estudiosos da época, essas noções eram uma tentativa de chegar a uma avaliação eficiente.

Quanto às instituições de ensino superior (IES), até o início dos anos 1970, as avaliações se limitavam aos aspectos organizacionais e de administração geral; foi somente a partir dos anos 1980 que surgiu no cenário educacional brasileiro o movimento de valorização do saber no sentido de avaliar, diagnosticar e estimular o conhecimento. Na década de 1980, Paulo Freire – que, por meio de sua Pedagogia da Liberdade, contribuiu para a dialética da educação e tanto influenciou os modelos de avaliação nas IES – foi um marco decisivo no pensamento pedagógico brasileiro.

Em 1985, por decisão do presidente da República, foi instituído um Grupo de Estudos da Reforma da Educação Superior (Geres) encarregado de apresentar uma proposta de avaliação para o terceiro grau. Essa foi a primeira tentativa de elaborar uma política voltada para a avaliação e, a partir dela, algumas IES propuseram instrumentos e metodologias de avaliação institucional.Nessa fase surge a diferenciação entre as abordagens quantitativas, que mensuram desempenhos e resultados, e as qualitativas, que atribuem significado aos processos, identificando formas de superar fragilidades. Para Perrenoud, "trata-se das duas lógicas que permeiam a realidade atual, isto é, uma classificatória ou regulatória e outra, formativa ou emancipatória".[68]

---

66. SILVA, Janssen Felipe. *Avaliação na perspectiva formativa-reguladora: pressupostos teóricos e práticos*. Porto Alegre: Mediação, 2006.
67. SOUSA, Sandra M. Lian. "Avaliação do rendimento escolar como instrumento de gestão educacional: . In: OLIVEIRA, Dalila (Org.) *Gestão democrática da educação: desafios contemporâneos*. Petrópolis: Vozes, 1997, p. 271.
68. PERRENOUD, P. *Avaliação: da excelência à regulação das aprendizagens*. Porto Alegre: Artmed, 1999.

A Constituição de 1988 introduz o tema da avaliação de forma definitiva no cenário da educação ao definir na seção I – Da Educação, do capítulo III – Da Educação, da Cultura e do Desporto, art. 209, que "o ensino é livre à iniciativa privada, atendidas, entre outras, as seguintes condições":

I. cumprimento das normas gerais da educação nacional;
II. autorização e avaliação de qualidade pelo poder público.

Nesse contexto, surge, em 1993, o Programa de Avaliação Institucional (Paiub), elaborado com o desafio de implantar um sistema de avaliação institucional, na concepção formativa. Sua proposta abrangia as atividades de ensino, pesquisa, extensão e gestão em todos os seus aspectos, para assegurar uma visão de conjunto da qualidade da instituição e respeitar sua identidade: perfil, missão, condições, necessidades e aspirações.

A proposta do Paiub entende a avaliação como um processo contínuo de aperfeiçoamento do desempenho acadêmico, necessário para o planejamento e a gestão universitária e, enquanto foi divulgado e adotado pelas IES, ressaltou que a descrição e a percepção da realidade requerem mais do que um mero inventário de fatos e dados. Estes devem ser contextualizados e trazer informações capazes de explicar a dinâmica das instituições de ensino.

Entre 1995 e 1996, imbuídas pela influência do Plano Diretor da Reforma do Aparelho do Estado,[69] documento que assentava os fundamentos teóricos das reformulações pretendidas e se baseava no modelo regulatório norte-americano, foi criada a Lei de Diretrizes e Bases da Educação Nacional (LDB).

Essa e outra lei anterior implantaram progressivamente novos mecanismos de avaliação, como:

- o Exame Nacional de Cursos (ENC), conhecido como "Provão do MEC";
- o questionário sobre condições socioeconômicas do aluno e suas opiniões sobre as condições de ensino do curso frequentado;
- a Análise das Condições de Ensino de Oferta (ACO);
- a Avaliação Institucional dos Centros Universitários.

No mesmo sentido, a LDB estabeleceu as atribuições do Conselho Nacional de Educação (CNE) e implantou oficialmente as avaliações periódicas de instituições e de cursos de nível superior. Surgiu então o Exame Nacional de Cursos (ENC, "Provão"), aplicado entre 1996 e 2003.

Também em outubro de 1996, o governo editou o Decreto n.º 2.026, dispondo sobre um sistema nacional de avaliação da educação superior e definindo os indicadores mínimos de desempenho global do sistema, os procedimentos e os

_____
69. BRASIL.. *Plano Diretor da Reforma do Aparelho do Estado*. Presidência da República, Câmara da Reforma do Estado, Ministério da Administração Federal e Reforma do Estado, 1995, p. 51.

Programa de Integridade no Setor Educacional **93**

critérios mínimos para a avaliação individual das instituições e para a avaliação das condições de oferta dos cursos de graduação.

Em abril de 2004, foi instituído o Sistema Nacional de Avaliação da Educação Superior (Sinaes), o qual inclui a avaliação das instituições e dos cursos de graduação e a do desempenho dos estudantes. Além de articular regulação e avaliação educativa, essa lei contém princípios indispensáveis para a construção de um grande sistema de avaliação da educação superior em âmbito nacional – por exemplo, o respeito à diversidade e às características das diferentes IES.

A construção do Sinaes se baseou em um conjunto de princípios e critérios, entre os quais o de regulação e controle. Aqui, julgamos importante citar dois parágrafos do texto descritivo da proposta para uma política de avaliação superior:[70]

> [...] Seu papel não se limita à regulação no sentido de controle burocrático e ordenamento; compete-lhe também avaliar a educação superior de modo a fornecer elementos para a reflexão e propiciar melhores condições de desenvolvimento.
> [...] Para superar a concepção e a prática da regulação como mera função burocrática e legalista, é necessário construir outra lógica, com um outro sentido filosófico, ético e político: que a regulação não se esgota em si mesma, e, principalmente, articulada à avaliação educativa propriamente dita, seja também uma prática formativa e construtiva.

Por meio da Lei do Sinaes, foram estabelecidas as diretrizes para a implantação de uma avaliação voltada à construção de um sistema de qualidade para a educação superior do país. Dois aspectos relevantes dessa lei foram a criação das Comissões Próprias de Avaliação (CPA) e a obrigatoriedade da autoavaliação nas IES com o objetivo de levá-las a examinar sua realidade e, assim, promover melhorias contínuas em seus processos e resultados. Com isso, o cerne do sistema passava a ser a autoavaliação, e esta, a principal referência para as avaliações externas.

Em 9 de maio de 2006, foi publicado o Decreto n.º 5.773, que dispôs sobre as funções de regulação, supervisão e avaliação da Educação Superior, estabelecendo a regulação setorial ao tratar das diferentes competências e funções dos órgãos governamentais envolvidos com "atos administrativos autorizativos do funcionamento de instituições de educação superior e de cursos de graduação e sequenciais". Quanto à avaliação, esse decreto define que aquela realizada pelo Sinaes constituirá referencial básico para os processos de regulação e supervisão da Educação Superior, a fim de promover a melhoria de sua qualidade.

---

70. BRASIL, MEC, Inep. Comissão Nacional de Avaliação da Educação Superior. *Sistema Nacional de Avaliação da Educação Superior. Bases para uma proposta de Avaliação da Educação Superior*. Brasília: Conaes, 2003.

Em maio de 2017, foi editado o Decreto n.º 9.057, de 25 de maio de 2017, que regulamentou o art. 80 da Lei n.º 9.394, de 1996, a LDB, ou seja, regulamentou o chamado ensino a distância, conforme será explicitado adiante. O Decreto n.º 9.057, de 2017, estabeleceu um regramento mais amplo e seguro para as instituições, sobretudo porque trata o ensino a distância da mesma forma como o ensino presencial, inclusive no que tange ao aspecto avaliativo.

Imbuído do mesmo espírito, em 18 de dezembro de 2017, o executivo federal também editou o Decreto n.º 9.235, o qual também dispôs sobre o exercício das funções de regulação, supervisão e avaliação das instituições de educação superior e dos cursos superiores de graduação e de pós-graduação no sistema federal de ensino. O novo decreto trouxe várias inovações no sistema regulatório educacional brasileiro, sobretudo no que tange às novas previsões relacionadas às organizações acadêmicas, credenciamento e recredenciamento institucional, oferta de pós-graduação e, principalmente, a nova sistemática dos processos administrativos de supervisão.

Os processos de avaliação, regulação e supervisão ocorrem nos termos da portaria normativa que instituiu o e-MEC, sistema eletrônico de fluxo de trabalho e gerenciamento de informações relativas aos processos de regulação da Educação Superior no sistema federal de ensino.

Com base nesse contexto histórico legal, podemos concluir que os mecanismos de regulamentação setorial das IES no Brasil se confundem com os mecanismos de avaliação dessas instituições feitas pelo MEC, pois o modelo de regulação adotado para as IES foge do modelo idealizado inicialmente para a ação estratégica de regulação.

Diferentemente das ações adotadas pelas agências reguladoras já conhecidas no país, cujas funções públicas passaram a ser exercidas com eficiência e inteligibilidade, a regulação adotada pelo MEC para as IES inclui mecanismos que sempre existiram, como a avaliação e a supervisão de instituições e cursos superiores. Nessa sistemática, o MEC estruturou três funções para suas ações educacionais: avaliação, regulação e supervisão, todas interconectadas e baseadas no pressuposto de que cada avaliação passa a ser referencial básico para regulação.[71]

Em outras palavras, o resultado das avaliações de instituições e cursos superiores é um pressuposto para que o MEC possa emitir atos regulatórios (por exemplo, autorização de um novo curso) ou penalizar por meio de atos de supervisão (por exemplo, suspensão de novos ingressantes em determinado curso).

Apesar da importante mudança introduzida pelo Sinaes, foi grande a dificuldade de sua implantação, lembrando os repetidos obstáculos à avaliação de instituições e cursos. Por outro lado, para cumprir seu dever de regulamentar, avaliar e autorizar instituições e cursos superiores, o Estado estabeleceu uma sistemática

Manual de Compliance

71. Art. 2º, parágrafo único, da Lei n.º 10.861, 14 de abril de 2004, que institui o Sistema Nacional de Avaliação da Educação Superior (Sinaes).

Programa de Integridade no Setor Educacional **95**

que encareceu a avaliação e evidenciou sua própria dificuldade para criar mecanismos ágeis para avaliar e promover uma supervisão igualmente rápida.

Diante das várias dificuldades de implantar efetivamente avaliações externas *in loco* e analisar os relatório das comissões internas de avaliação, o MEC instituiu os indicadores de qualidade de instituições e cursos superiores. Esses indicadores foram criados inicialmente com base no Exame Nacional de Desempenho dos Estudantes (Enade) e subsidiaram o MEC em suas atividades de regulação, ou seja, as atividades por meio dos quais o Ministério credencia e recredencia instituições, além de autorizar, reconhecer e renovar o reconhecimento de cursos superiores.

Da mesma forma, os indicadores de avaliação também ditam ações de supervisão do Ministério da Educação. Quando o MEC confirma o desempenho insatisfatório de uma instituição ou curso, pode impor medidas cautelares ou instaurar processo administrativo e aplicar penalidades, entre outros atos.

Podemos constatar, então, que a sistemática adotada pelo MEC não consiste apenas em manter um controle prévio quando credencia uma instituição ou autoriza um curso, mas também prevê controle e fiscalização constantes por meio de avaliações periódicas de instituições e cursos. Assim, a busca por qualidade almejada pelo MEC, dentro de uma acepção ampla, pode justificar a criação de indicadores de avaliação e estes servirem de parâmetro para a regulação e a supervisão de instituições e cursos.

A estrutura a ação do poder público em torno de referido tripé (regulação, avaliação e supervisão) estabelece mecanismos processuais de conexão para que os indicadores de qualidade insuficiente dos processos de avaliação gerem consequências diretas em termos de regulação, impedindo a abertura de novas unidades ou cursos, e de supervisão, dando origem à aplicação de penalidades e, no limite, ao fechamento de instituições e cursos. Define ainda, com clareza, as funções de regulação, avaliação e supervisão, fazendo da segunda o referencial de atuação do poder público, como prescreve a Constituição.

Dessa forma, embora sem estabelecer nomenclatura própria, o MEC criou seu próprio programa de *compliance* baseado nas três funções que definem suas ações educacionais e regulatórias. Assim, se uma instituição tiver indicadores de qualidade satisfatórios, ou seja, se apresentar avaliação positiva, estará apta a participar de programas oriundos de políticas públicas federais, como o Prouni e o Fies. Se a avaliação for insatisfatória, a participação da instituição nesses programas pode ser seriamente comprometida.

É importante notar que a avaliação de uma IES está vinculada à de outros setores da instituição. Essa interface muitas vezes não tem uma justificativa coerente. É o que se pode deduzir de questionamentos como: (1) Por que uma instituição que não obtém indicador satisfatório terá o seu programa de financiamento aos estudantes (Fies) suspenso? (2) Qual o fundamento acadêmico ou econômico que justifica a suspensão da oferta de bolsas do Prouni em virtude de uma avaliação insatisfatória? Ambas questões recebem respostas bastante discutíveis e igualmente válidas, mas que não são objeto da nossa análise aqui.

O que importa, no entanto, é notar que áreas aparentemente estanques dentro de uma IES estão interconectadas por meio do sistema avaliativo do MEC, o que evidencia risco de não conformidade com os indicadores buscados pelo Ministério da Educação. Nessa perspectiva, está claro que o Sinaes representou um avanço significativo no modelo de avaliação na educação superior, uma vez que a própria avaliação passou a ser um referencial para o Ministério da Educação emitir atos regulatórios e de supervisão.

Como a regulação educacional está baseada em um tripé funcional (avaliação, regulação e supervisão) para fundamentar ações educacionais adotadas pelo MEC, é necessário que todos os procedimentos específicos de avaliação, regulação e supervisão sejam identificados e, com base nisso, também seja identificado o risco de *compliance* regulatório próprio do setor, como veremos adiante.

5.2. Procedimentos específicos de avaliação

A importância da avaliação do ensino superior decorre do próprio ato educativo e de seus vários procedimentos sistemáticos. Mas vale lembrar que a avaliação sempre foi uma das principais estratégias de dinamização do processo de aprendizagem organizacional, sobretudo do que se convencionou chamar de autoavaliação. Segundo Ferreira:[72]

> Avaliar é um processo que se aplica a qualquer prática da vida, de maneira consciente ou inconsciente. No âmbito educativo, o ato de avaliar como procedimento sistemático, consciente, reveste-se de muito significado e importância, pois é o meio pelo qual se evidenciam os avanços e as limitações no processo ensino-aprendizagem para o devido encaminhamento, seja relativo a pessoas, programas ou instituições.

Aqui, pode-se inferir que a avaliação sempre foi objeto do ensino, porém, sempre voltada para os discentes. Nesse sentido, diversos autores de tópicos educativos têm defendido a inclusão de professores e instituições no processo avaliativo, mediante diretrizes específicas criadas para isso. Surgem, então, os processos avaliativos que, além de significarem uma confrontação teórica e técnica, fazem parte de uma questão política entre as instituições de ensino superior (IES) e o Estado, cuja relação se volta para a atuação regulatória estatal.

Nesse contexto, a lei que criou o Sinaes instituiu a avaliação sistemática das instituições e cursos de nível superior e do desempenho dos estudantes. Com o

---

72. FERREIRA, Lucinete. *Retratos da avaliação: conflitos, desvirtuamentos e caminhos para a superação*. Porto Alegre: Mediação. 2002, p. 9.

Sinaes, foram estabelecidos indicadores de qualidade, complementares entre si, em que são considerados os aspectos de ensino, pesquisa, extensão, desempenho dos alunos, gestão da instituição, corpo docente e infraestrutura, entre outros.

O primeiro ciclo avaliativo do Sinaes teve início em 2007, e, desde então, a renovação de todo ato autorizativo, seja de recredenciamento de instituição, seja de renovação de reconhecimento de curso, passou a ser obrigatoriamente condicionado a avaliação positiva. Em outras palavras, a avaliação da qualidade das instituições de educação superior é o referencial básico para os processos de regulação e supervisão.

Os processos avaliativos são coordenados e supervisionados pela Comissão Nacional de Avaliação da Educação Superior (Conaes). A operacionalização é de responsabilidade do Inep, cabendo a este Instituto decidir sobre agendamento de avaliações de cursos, levando-se em conta as necessidades e a conveniência de tal avaliação. É esse contexto avaliativo que precisa ser compreendido, bem como o seu respectivo impacto, para que se possa mensurar o risco de *compliance* próprio do setor educacional privado.

5.2.1 Avaliação institucional

A avaliação institucional é um dos componentes do Sinaes e "contempla a análise global e integrada das dimensões, estruturas, relações, compromisso social, atividades, finalidades e responsabilidades sociais das instituições de educação superior e de seus cursos".[73] O objetivo da avaliação institucional é identificar o perfil da instituição e o significado de sua atuação por meio de atividades, cursos, programas, projetos e setores.

O propósito de toda avaliação institucional é assegurar que a instituição continue em atividade, verificando o que não está correto, os acertos e os resultados positivos, e, com base nessas informações, tomar posições que favoreçam mudanças, estabeleçam alternativas e elaborem melhorias e ampliações. A avaliação institucional é considerada um processo sistemático, tanto na promoção do autoconhecimento como na busca de subsídios para a melhoria e o aperfeiçoamento da qualidade das ações institucionais.

A avaliação institucional, realizada para fins de credenciamento da instituição como faculdade, centro universitário ou universidade, ou para fins de recredenciamento institucional, é realizada de duas maneiras específicas:

- **Autoavaliação:** é coordenada pela Comissão Própria de Avaliação (CPA) de cada instituição e orientada pelas diretrizes e pelo roteiro da autoavaliação institucional emitido pela Conaes. A avaliação interna, ou autoavaliação, segundo o professor José Dias Sobrinho, "deve procurar envolver toda a comunidade, de uma forma organizada. A própria comunidade

---

73. Art. 2º, I, da Lei n.º 10.861, de 14 de abril de 2004, que institui o Sistema Nacional de Avaliação da Educação Superior (Sinaes).

estabelece suas normas, seus roteiros, suas formas de trabalhar, obedeci-das as diretrizes nacionais".[74]

- **Avaliação externa (*in loco*):** realizada por comissões designadas pelo Inep, a avaliação externa parte dos padrões de qualidade para a Educação Superior expressos em instrumentos de avaliação e nos relatórios de autoavaliação. O processo de avaliação externa segue esses instrumentos e as instituições são obrigadas a satisfazer todas as exigências nas dimensões avaliadas

O risco de *compliance* nos procedimentos de avaliação institucional reside no fato de que, se não alcançar um conceito satisfatório, ela necessariamente será alvo de medidas de supervisão ou medidas cautelares administrativas mais drásticas. *A priori*, todos os processos em andamento de uma instituição que obtiver conceito insatisfatório em sua avaliação institucional serão interrompidos; ou seja, todos os pedidos de autorização de cursos ou até mesmo o recredenciamento da instituição aguardarão o resultado final da supervisão.

Em outras palavras, a não conformidade em um processo de avaliação institucional implica igualmente a interrupção total dos projetos de expansão da instituição, seja para lançar novos cursos, seja em sua prerrogativa acadêmica (por exemplo, um pedido de transformar a faculdade em centro universitário ou o centro universitário em universidade).

Dependendo do grau da não conformidade declarado no processo de avaliação institucional, o MEC poderá determinar, por meio de medida cautelar administrativa, inclusive a suspensão do ingresso de novos alunos, causando um prejuízo que afeta a capacidade de autofinanciamento da instituição.

5.2.2 Avaliação de cursos

Tal como na avaliação institucional, a avaliação de cursos também faz parte do Sinaes. Os cursos superiores têm como referência padrões de qualidade exigidos pelo MEC por meio dos seguintes tipos de avaliação:

- **Avaliação de curso para fins de autorização:** essa avaliação ocorre quando uma instituição pede autorização ao MEC para abrir um curso e é realizada por avaliadores sorteados entre os cadastrados no Banco Nacional de Avaliadores (BASis), os quais seguem parâmetros estabelecidos pelos instrumentos para avaliação *in loco*.
- **Avaliação de curso para fins de reconhecimento:** quando a primeira turma do curso novo entra na segunda metade do curso, a instituição deve solicitar seu reconhecimento. É feita então uma segunda avaliação

---

74. SOBRINHO, José Dias. "O Sistema Nacional de Avaliação da Educação Superior, Sinaes". In PEREIRA, Antônio Jorge da Silva; SILVA, Cinthya Nunes Vieira; MACHADO, Décio Lencioni; COVAC, José Roberto; FELCA, Marcelo Adelqui (Coords.). *Direito Educacional: Aspectos práticos e jurídicos*. São Paulo: Quartier Latin, 2008, p. 276.

Programa de Integridade no Setor Educacional **99**

para verificar se foi cumprido o projeto apresentado para autorização, a qual também é feita por meio de instrumento próprio, por comissão de avaliadores do BASis.

- **Avaliação de curso para fins de renovação de reconhecimento:** essa avaliação é feita de acordo com o ciclo do Sinaes, ou seja, a cada três anos, e nela é calculado o Conceito Preliminar do Curso (CPC). Os cursos que tiverem conceito preliminar insatisfatório (1 ou 2) serão avaliados *in loco* por avaliadores, ao passo que os cursos com conceito 3 e 4 receberão visitas apenas se solicitarem.

É necessário esclarecer que cada curso de ensino superior (graduação e licenciatura) possui a sua respectiva diretriz curricular, a qual se torna obrigatória no momento da elaboração e desenvolvimento do curso, além de ser objeto de análise de cumprimento (*compliance*) no momento da avaliação dos cursos As Diretrizes Curriculares Nacionais dos Cursos de Graduação são documentos de referência para que instituições de ensino superior possam elaborar os seus programas de graduação, servindo de referência para a elaboração do chamado Projeto Pedagógico de Curso (PPC), o qual baliza toda formatação do curso e as habilidades a serem desenvolvidas pelo graduando.

O risco de *compliance* no processo de avaliação de um curso com conceito insatisfatório acarreta a imposição de procedimentos de supervisão, com a possibilidade imediata de suspensão de novos alunos no respectivo curso e/ou a diminuição cautelar de novos ingressos, além desativação do curso, respeitado o devido processo legal.

5.2.3 Exame Nacional de Desempenho dos Estudantes (Enade)

No que toca à avaliação do desempenho dos estudantes dos cursos de graduação, cumpre observar que, nos termos dos artigos 5º, 6º e 8º da Lei n.º 10.861/2004 (Lei do Sinaes), esta é realizada pelo Inep, sob a orientação da Conaes, mediante a aplicação do Exame Nacional de Desempenho dos Estudantes (Enade), que se destina a aferir o desempenho dos discentes em relação aos conteúdos programáticos previstos nas diretrizes curriculares do respectivo curso de graduação, suas habilidades para ajustamento às exigências decorrentes da evolução do conhecimento e suas competências para compreender temas exteriores ao âmbito específico de sua profissão, ligados à realidade brasileira e mundial e a outras áreas do conhecimento.

O Enade possibilita calcular a diferença entre a nota obtida pelo concluinte e a nota que seria esperada, baseada na nota de ingresso, cuja medida é dada pelo Indicador de Diferença entre os Desempenhos Observado e Esperado (IDD). Dessa forma, o IDD acrescenta mais algumas informações ao resultado do Enade e permite realizar a comparação do desempenho do estudante quando do ingresso e da conclusão do curso.

Participam desse exame os alunos ingressantes e concluintes dos cursos avaliados, e os resultados são considerados na composição dos índices de qualidade relativos aos cursos e às instituições (como o CPC e o IGC). O desempenho insatisfatório dos alunos no Enade, como objeto do risco de *compliance*, pode desencadear processo de supervisão do MEC, em que as instituições precisam adotar medidas para sanear as deficiências apontadas nos cursos.

5.2.4 Conceito Preliminar de Curso (CPC)

Com a publicação anual do Enade, o Inep também passou a divulgar o Conceito Preliminar de Curso (CPC), consolidado pela então Portaria Normativa n.º 40, de 12 de dezembro de 2007, revogada em 2017 e dividida em quatro outras portarias ministeriais. O Conceito Preliminar de Curso (CPC), que segue uma escala de 1 a 5, é um indicador prévio da situação dos cursos de graduação no país e é composto da nota do Enade, do Indicador de Diferença entre os Desempenhos Observado e Esperado (IDD) e de fatores como a titulação dos professores, o percentual de docentes que cumprem regime parcial ou integral (não horistas), recursos didático-pedagógicos, infraestrutura e instalações físicas.

Os processos de renovação de reconhecimento de cursos com conceito preliminar 5 serão encaminhados à Secretaria competente para posterior expedição de Portaria. Instituições cujos cursos obtiverem conceito 3 ou 4 poderão solicitar nova avaliação *in loco* no transcorrer dos processos de renovação de reconhecimento.

Já os cursos com conceito preliminar 1 ou 2 serão automaticamente submetidos a supervisão, com a assinatura de um Protocolo de Compromisso firmado entre a instituição e o Ministério da Educação. Esse Protocolo de Compromisso suspende o andamento do processo de reconhecimento ou renovação de reconhecimento do respectivo curso, com possibilidade de impor redução de vagas ou suspensão de novos ingressos, dependendo da reincidência da avaliação.

O risco de *compliance* em um resultado insatisfatório no Conceito Preliminar de Curso pode significar a imposição de supervisão do respectivo curso, além de interferência direta na composição do Índice Geral de Cursos (IGC), conforme veremos a seguir.

5.2.5 Índice Geral de Cursos (IGC)

Além das avaliações já citadas, o MEC também instituiu o Índice Geral de Cursos (IGC), critério utilizado nos processos de credenciamento e recredenciamento de instituições e também para a autorização de novos cursos, é uma média ponderada dos conceitos dos cursos de graduação e pós-graduação da instituição de ensino superior (IES); e, para a ponderação, utiliza-se a distribuição dos alunos da IES entre os diferentes níveis de ensino (graduação, mestrado e doutorado). Entre outros elementos e instrumentos, o IGC é utilizado como referencial orientador das comissões de avaliação institucional.

Para o cálculo do IGC de cursos de graduação é utilizado o Conceito Preliminar do curso avaliado e, no que se refere à pós-graduação, é utilizada a Nota Capes; o resultado final está em valores contínuos (de 0 a 500) e em faixas (de 1 a 5). Vale dizer que nas instituições sem cursos ou programas de pós-graduação avaliados pela Capes, o IGC é simplesmente a média ponderada dos cursos de graduação, apurada por meio do Conceito Preliminar de Curso.

Revelando uma lógica perversa que em nada demonstra a realidade e a qualidade geral da instituição, em várias delas o IGC é aferido por meio do resultado obtido do CPC de apenas um ou dois cursos. Contudo, vale lembrar que esse índice é utilizado para orientar a expansão do ensino de qualidade, tal como preconiza o Ministério da Educação, não sendo, portanto, o ideal fazer essa medição apenas utilizando alguns dos cursos da instituição. Mas vale lembrar que as instituições com bom desempenho ficam dispensadas da avaliação *in loco* do MEC para abertura de cursos.

Por outro lado, com o risco de *compliance*, as instituições com IGC insatisfatório podem ter seus pedidos de abertura de novos cursos sobrestados pelo MEC. Isso significa que a não conformidade do IGC é um obstáculo à expansão da instituição, além de acarretar penalidades decorrentes do processo de supervisão instaurado.

5.2.6 Indicador de Diferença entre o Desempenho Observado e o Esperado (IDD)

É a diferença entre o desempenho médio do concluinte de um curso e o desempenho médio estimado para os concluintes desse mesmo curso. Representa, portanto, quanto cada curso se afasta da média, podendo ficar acima ou abaixo do esperado, baseando-se no perfil de seus estudantes. O indicador varia de 1 a 5, sendo 5 o melhor resultado.

O risco de *compliance* no IDD está relacionado ao fato de que sua composição negativa poderá alterar a composição do Conceito Preliminar de Curso, podendo ser determinante para transformar esse conceito em insatisfatório e, com isso, colocar o curso sob supervisão do Ministério da Educação.

5.2.7 Censo da Educação Superior

O Censo da Educação Superior reúne informações sobre as instituições de ensino superior de diferentes formas de organização acadêmica e administrativa, seus cursos de graduação presencial ou a distância, cursos sequenciais, vagas oferecidas, inscrições, matrículas, ingressantes e concluintes, além de informações sobre docentes.

O Censo da Educação Superior foi instituído em 2001, compondo o Sistema Integrado de Informações da Educação Superior (Sied-Sup). Posteriormente, foram editadas Portarias que regulamentaram o Censo nos anos seguintes e, em 2005, uma Portaria do MEC disciplinou a coleta de dados e a divulgação anual do Censo da Educação Superior, sob a responsabilidade do Inep, cujas informações subsidiam a composição dos indicadores citados anteriormente (CPC e IGC) e também passam a compor a Sinopse Estatística do Inep.

O risco de *compliance* oriundo do Censo da Educação Superior é ignorado ou até mesmo desprezado pelos mantenedores, por falta de conhecimento de sua extensão. No entanto, é importante ressaltar que ele se transformou em importante instrumento de fiscalização do Inep/MEC para aferir todos os dados da instituição e seus cursos, o que implica dizer que toda e qualquer modificação nos procedimentos internos da instituição, como alterações em processos seletivos, segunda chamada, transferência de alunos, entre outras, poderá afetar diretamente as informações prestadas no Censo.

Entre outras conformidades, o Censo também evidencia a quantidade de alunos bolsistas e a proporcionalidade exigida pelo Prouni, o que impõe uma postura proativa às IES, que devem realizar uma análise permanente dessa proporcionalidade. Aqui, a eventual não conformidade pode provocar um procedimento de supervisão e, com isso, a eventual exclusão do Prouni, trazendo obstáculos econômico-financeiros para a instituição excluída do programa, como veremos adiante.

Portanto, podemos concluir que as informações prestadas no Censo da Educação Superior podem iniciar um procedimento de supervisão se houver um descompasso entre essas informações e as que podem ser realmente medidas. Em outras palavras, o risco de *compliance* decorre de informações equivocadas, contraditórias ou não verídicas constantes no Censo da Educação Superior.

5.3 Procedimentos específicos de regulação

A lei que institui o Sinaes estabelece que toda avaliação passa a servir de referencial básico para a regulação e a supervisão. Com isso, o resultado das avaliações de instituições e cursos torna-se o referencial para o padrão decisório do Ministério da Educação nos atos regulatórios (por exemplo, autorização de um novo curso) ou nos procedimentos de supervisão (suspensão de novos ingressantes em determinado curso).

O MEC, por intermédio de secretarias competentes, é responsável pela regulação, dividindo os atos destinados exclusivamente a instituições (credenciamento e recredenciamento) dos destinados exclusivamente a cursos (autorização, reconhecimento e renovação de reconhecimento), como veremos a seguir.

Programa de Integridade no Setor Educacional **103**

5.3.1 Credenciamento

Para iniciar suas atividades, as IES devem solicitar credenciamento ao Ministério da Educação, o qual é realizado com base na análise documental e na avaliação *in loco* feita pelo Inep. Sob pena de indeferimento do pedido de credenciamento, tanto a entidade mantenedora como a mantida devem apresentar ao MEC os documentos exigidos, conforme o Decreto n.° 9.235, de 2017.

5.3.2 Recredenciamento

Ao final de cada ciclo avaliativo previsto pela lei do Sinaes, as instituições privadas e federais de ensino superior devem solicitar a renovação de seu credenciamento ao MEC, processo que, além de avaliação documental, inclui os indicadores de qualidade resultantes do processo de avaliação do Sinaes. Neste momento, vale lembrar que os resultados insatisfatórios podem motivar supervisão do MEC e, nesse caso, o pedido de recredenciamento fica suspenso até o encerramento do processo.

5.3.3 Autorização

Quando uma faculdade deseja abrir um novo curso, deve pedir autorização ao MEC. Em sua análise, o Ministério julga segundo os recursos de avaliações disponíveis, com base em padrões decisórios que levem em consideração a organização didático-pedagógica, o corpo docente e técnico-administrativo, as instalações físicas, os critérios legais e outras exigências decorrentes do instrumento. Universidades e centros universitários, que são instituições com autonomia, não precisam requerer autorização (exceto para os cursos de Direito, Medicina, Odontologia, Psicologia e Enfermagem), e cursos que funcionarão em *campi* situados fora do município-sede da instituição.

5.3.4 Reconhecimento

Quando a primeira turma do novo curso completa entre 50% e 75% do previsto para a integralização de sua carga horária, a instituição deve solicitar seu reconhecimento no Ministério da Educação. Então, é feita uma segunda avaliação para verificar se o projeto apresentado para autorização foi cumprido. Essa avaliação apresenta nuances diferentes das exigidas para fins de autorização, e o reconhecimento de um curso é condição necessária para a validade nacional dos diplomas oferecidos.

5.3.5 Renovação de reconhecimento

Essa avaliação é feita de acordo com o ciclo do Sinaes, ou seja, a cada três anos, e, em sua análise, o Ministério da Educação considera os resultados obtidos pelo curso nas avaliações. Cursos que obtiverem Conceito Preliminar de Curso 1 ou 2 serão avaliados *in loco* e encaminhados para supervisão, e se o conceito insuficiente for confirmado pela avaliação *in loco*, o MEC poderá dar início a processo administrativo para encerramento do curso.

5.3.6 Pedido de aditamento de ato regulatório

Os pedidos de aumento de vagas de cursos superiores de graduação tramitam no Ministério da Educação como aditamento do ato de reconhecimento ou de renovação de reconhecimento. A análise desse tipo de aditamento é mais ágil, uma vez que é possível dispensar a avaliação *in loco* e segue um calendário próprio. Os demais aditamentos serão realizados em atos próprios das IES e serão informados ao Ministério da Educação para fins de atualização cadastral, observada a legislação específica.

5.3.7 Procedimentos de regulação de ensino a distância (EAD)

Trata-se de uma modalidade de ensino não presencial com características próprias, prevista no art. 80 da Lei n.º 9.394, de 1996, a LDB, e regulamentada pelo Decreto n.º 9.057, de 25 de maio de 2017. Conforme já esclarecido, o Decreto n.º 9.057, de 2017, criou um regramento mais amplo e seguro para as instituições, pois trata o ensino a distância da mesma forma como o ensino presencial, inclusive no que tange ao aspecto avaliativo.

O referido decreto considera o ensino a distância a modalidade educacional na qual a mediação didáticopedagógica nos processos de ensino e aprendizagem ocorra com a utilização de meios e tecnologias de informação e comunicação, com pessoal qualificado, com políticas de acesso, com acompanhamento e avaliação compatíveis, entre outros, e desenvolva atividades educacionais por estudantes e profissionais da educação que estejam em lugares e tempos diversos.

As atividades presenciais, como tutorias, avaliações, estágios, práticas profissionais e de laboratório e defesa de trabalhos, previstas nos projetos pedagógicos ou de desenvolvimento da instituição de ensino e do curso, serão realizadas na sede da instituição de ensino, nos polos de educação a distância ou em ambiente profissional, conforme as Diretrizes Curriculares Nacionais.

Considera-se polo de educação a distância a unidade acadêmica e operacional descentralizada, no país ou no exterior, para o desenvolvimento de atividades presenciais relativas aos cursos ofertados na modalidade a distância. Os polos de educação a distância deverão manter infraestrutura física, tecnológica e de pessoal adequada aos projetos pedagógicos ou de desenvolvimento da instituição de ensino e do curso.

A novidade trazida pela nova legislação aponta a possibilidade de que o EAD também seja ofertado pela educação básica. Nesse caso, compete às autoridades dos sistemas de ensino estaduais, municipais e distrital, no âmbito da unidade federativa, autorizar os cursos e o funcionamento de instituições de educação na modalidade a distância. Já no ensino superior, as instituições de ensino privadas deverão solicitar credenciamento para a oferta de cursos superiores na modalidade a distância ao MEC.

As instituições de ensino superior públicas dos sistemas federal, estaduais e distrital ainda não credenciadas para a oferta de cursos superiores na modalidade a distância ficam automaticamente credenciadas, pelo prazo de cinco anos, contado do início da oferta do primeiro curso de graduação nesta modalidade, condicionado à previsão no Plano de Desenvolvimento Institucional.

A oferta de cursos superiores na modalidade a distância admite regime de parceria entre a instituição de ensino credenciada para educação a distância e outras pessoas jurídicas, exclusivamente para fins de funcionamento de polo de educação a distância, na forma a ser estabelecida em regulamento e respeitado o limite da capacidade de atendimento de estudantes. Essa parceria deve ser formalizada em documento próprio, o qual conterá as obrigações das entidades parceiras e estabelecerá a responsabilidade exclusiva da instituição de ensino credenciada para educação a distância ofertante do curso quanto a: prática de atos acadêmicos referentes ao objeto da parceria, corpo docente, tutores, material didático e expedição das titulações conferidas.

Todos os aspectos acima mencionados devem ser considerados no momento de desenvolvimento e elaboração da matriz de risco regulatório no âmbito do ensino a distância, que deverá prever os riscos inerentes à oferta em parceria com outras pessoas jurídicas. A mesma matriz de risco também deverá levar em consideração a avaliação dos cursos, pois o resultado desta avaliação terá reflexo na expansão de novos polos, haja vista que o bônus regulatório do EAD está ligado com a qualidade dos cursos ofertados.

5.3.8 Transferência de mantença

Conforme já dissemos, as instituições mantenedoras de ensino são sempre responsáveis pelo suporte econômico e legal das instituições mantidas, sejam elas universidades, faculdades, escolas ou outros tipos de estabelecimentos de ensino. Todas as relações tributárias, trabalhistas, societárias, associativas etc. são responsabilidade da mantenedora; então, os pedidos de credenciamento para funcionamento de instituições são feitos por esta última, bem como os de recredenciamento e os de autorização de cursos, reconhecimento, renovação de reconhecimento e similares. Por esse motivo, para que haja uma instituição educacional (organização mantida), é imprescindível a existência de uma mantenedora.

Os documentos de credenciamento de uma instituição privada são analisados por diversos órgãos do MEC. O Parecer do Conselho Nacional de Educação e a consequente Portaria do MEC são decisivos. Como é evidente que há um processo administrativo no MEC que permite a autorização e o credenciamento de uma instituição de ensino, é possível que o planejamento societário da mantenedora de uma IES passe unicamente pelo Ministério da Educação.

Dentre essas possibilidades, a chamada "transferência de mantença" emerge como um procedimento societário autônomo, sem substrato no Código Civil ou na Lei das Sociedades Anônimas. Trata-se de fato de um aditamento ao ato original de credenciamento da instituição mantenedora, ou seja, aquela que tem a incumbência de fomentar uma faculdade, por exemplo. Essa incumbência é repassada a outra mantenedora, ou seja, a responsabilidade da mantença de uma faculdade é transmitida a outra mantenedora.

A IES credenciada, objeto da transferência de mantença, será integralmente assumida pela nova mantenedora, com todas as obrigações e direitos inerentes à sua natureza de instituição de ensino. Não haverá alteração em suas prerrogativas legais (vigência do credenciamento ou recredenciamento, localização, entre outros), tampouco nos atos de autorização, reconhecimento e renovação de reconhecimento dos cursos. Também não haverá nenhuma alteração quanto ao efeito das avaliações (institucional, de cursos, Enade) desenvolvidas no contexto do Sinaes ou de atos de supervisão (Termo de Compromisso, entre outros).

Da mesma forma, a transferência de mantença não afeta o funcionamento da unidade operacional – os direitos e as obrigações são respeitados e os vínculos contratuais com alunos, professores, fornecedores e governos permanecem intactos. Na transferência de mantença, o que ocorre é apenas a transferência da responsabilidade pela manutenção da instituição mantida, seja uma universidade, seja um centro universitário ou uma faculdade. Essa transferência implica um acordo de vontade entre as mantenedoras envolvidas, sendo seu objeto a instituição mantida como um todo, uma vez que, entre as mantenedoras, não há transferência de mantença parcial de cursos ou programas.

A alteração de mantença de entidades mantenedoras de ensino superior é disciplinada pelo Decreto n.º 9.235, de 15 de dezembro de 2017, que dispõe sobre o exercício das funções de regulação, supervisão e avaliação das instituições de educação superior e dos cursos superiores de graduação e de pós-graduação no sistema federal de ensino. A alteração da mantença de qualquer IES deve ser submetida por via eletrônica ao MEC, por meio de sistema eletrônico próprio (Sistema e-MEC).

Programa de Integridade no Setor Educacional **107**

O pedido tramitará na forma de aditamento ao ato de credenciamento ou recredenciamento da instituição, sujeitando-se a deliberação específica pelas autoridades competentes. A alteração de mantença preservará os interesses dos estudantes e da comunidade acadêmica e será informada imediatamente ao público, em local de fácil acesso e no sítio eletrônico oficial da IES.

É bastante comum haver equívocos no conceito de transferência de mantença, que não se confunde com: transferência de cursos entre IES; divisão de mantidas; unificação de mantidas de mantenedoras distintas; divisão de cursos de uma mesma mantida; e, transferência de mantença de IES que esteja em processo de descredenciamento voluntário ou decorrente de procedimento sancionador, ou em relação a qual seja constatada a ausência de oferta efetiva de aulas por período superior a vinte e quatro meses. As hipóteses acima são terminantemente vedadas pela legislação, o que merece atenção no programa de integridade das instituições educacionais.

5.3.9 Unificação de mantidas

A legislação educacional regulatória prevê a hipótese de um procedimento administrativo de "unificação de mantidas", que nada mais é do que um aditamento do ato de credenciamento ou recredenciamento de uma instituição, objetivando unificar as instituições mantidas por uma mantenedora. Assim, por exemplo, é possível uma mantenedora unificar três faculdades isoladas, transformando-as em apenas uma instituição mantida.

O objetivo da unificação de instituições mantidas é racionalizar e economizar procedimentos, com a instituição de um regimento único e apenas uma estrutura organizacional. A unificação consolida a definição da missão, das diretrizes e das proposições políticas e do plano de gestão em uma única instituição mantida, evidenciando as metas globais, as ações e os objetivos a serem alcançados.

Esses procedimentos, instituídos como procedimentos societários específicos, evidenciam a importância da função de *compliance* em sua implantação, pois só serão efetivos se cumprirem as normas educacionais, como as que utilizam exigências tributárias e civis. Uma instituição que tenha aderido ao Programa de Estímulo à Reestruturação e ao Fortalecimento das Instituições de Ensino Superior (Proies), por exemplo, terá de submeter previamente à aprovação do MEC qualquer transferência de mantença ou unificação de mantidas. Essa submissão, ao contrário dos procedimentos normais, depende de uma análise prévia do MEC e sua decisão, no sentido de esclarecer a possibilidade ou não da transferência ou da unificação.

O curioso, nesses procedimentos, é que, ao avaliar todos os requisitos para a transferência de mantença ou a unificação de mantidas, o MEC assume a condição de *compliance officer* da mantenedora, uma vez que avalia o risco de sanções regulatórias e de perda financeira. No entanto, da mesma forma que assume essa curiosa condição de *compliance officer*, o MEC também é o órgão que decidirá sobre o deferimento ou não da transferência de mantença ou de unificação de instituições mantidas. Com isso, concluímos que o *compliance* se torna um mecanismo preventivo para a mantenedora ter êxito em procedimentos de transferência de mantença e unificação de mantidas.

5.4. Procedimentos específicos de supervisão

A atividade de supervisão de IES e de cursos superiores de graduação tem como principal objetivo zelar pela conformidade entre a oferta dos cursos e a legislação vigente. Seria uma espécie de *compliance* ao inverso, ou seja, a supervisão da Educação Superior se apresenta para o MEC como um poderoso mecanismo de *compliance*.

O MEC, por intermédio de suas secretarias, estabelece dois tipos de supervisão: ordinária e especial. A primeira tem origem em denúncias e outras representações que envolvem casos isolados de instituições e cursos com indícios de irregularidades ou deficiências, ao passo que a segunda decorre dos indicadores de regularidade e qualidade de cursos e instituições. Na prática, a supervisão ordinária é exceção, e a supervisão especial é a mais comum.

A instauração do procedimento de supervisão deve assegurar a ampla defesa, o contraditório, o devido processo legal e o duplo grau de jurisdição, sendo este de competência exclusiva do Conselho Nacional de Educação, mesmo que a legislação não seja clara.

O Decreto n.º 9.235, de 2017, trouxe uma série de inovações referentes ao processo de supervisão de instituições e de cursos, evidenciando a diferenciação da supervisão ordinária e especial. De acordo com as novas regras, o processo administrativo de supervisão é instaurado para apuração de deficiências ou irregularidades, podendo ser constituído das seguintes fases: procedimento preparatório, procedimento saneador e procedimento sancionador.

5.4.1 Procedimento preparatório

O Ministério da Educação, cientificado de eventual deficiência ou irregularidade na oferta de educação superior, instaurará, de ofício ou mediante representação, procedimento preparatório de supervisão. Nesse sentido, com vistas ao esclarecimento dos indícios de irregularidades e deficiências, o MEC poderá requisitar documentos, realizar verificações ou auditorias, inclusive in loco, e demais medidas necessárias à instrução do caso.

O procedimento de supervisão pode ter início a partir das representações protocoladas por órgãos representativos de estudantes, professores e pessoal técnico-administrativo, entidades educacionais, organizações da sociedade civil ou por órgãos de defesa dos direitos do cidadão, desde que reúnam os elementos suficientes mínimos para a atuação do MEC, tais como a identificação clara de objeto de competência do órgão e a documentação probatória pertinente.

O MEC abre um prazo para que a instituição se manifeste sobre o procedimento instaurado. Após recebida a manifestação da instituição, o MEC pode instaurar procedimento saneador, instaurar procedimento sancionador ou arquivar o procedimento preparatório de supervisão, na hipótese de não serem confirmadas as deficiências ou irregularidades.

5.4.2 Procedimento saneador

Nas hipóteses em que o MEC identifique irregularidades ou deficiências passíveis de saneamento, determinará medidas corretivas para instituições e seus cursos mediante Despacho ou Termo Saneador. No caso, o MEC poderá, de ofício ou mediante representação, determinar providências saneadoras durante um prazo estipulado.

A instituição poderá impugnar a proposta apresentada pelo MEC, oportunidade a partir da qual o próprio MEC poderá decidir pela manutenção ou adaptação das providências e seu prazo, não cabendo novo recurso dessa decisão. A partir dessa decisão, a instituição deverá comprovar o efetivo cumprimento das providências determinadas e MEC poderá, se necessário, solicitar diligências e realizar verificação *in loco*. Caso não seja comprovado o saneamento, o processo será encaminhado para a instauração de procedimento sancionador.

5.4.3 Procedimento sancionador

Nos casos de identificação de irregularidades, o Ministério da Educação dá início ao rito para aplicação de sanções administrativas à IES e a suas mantenedoras. Essa é a fase de instauração do chamado "procedimento sancionador", o que é feito por ato do MEC a partir do procedimento preparatório ou na hipótese de não cumprimento das providências determinadas para o saneamento das deficiências pela instituição e das demais situações previstas na legislação educacional. A instituição será notificada da instauração do procedimento administrativo sancionador e da possibilidade de apresentação de defesa.

Importa esclarecer que as irregularidades administrativas sugeridas pela legislação como passíveis de severas punições estão adstritas a condutas geralmente normais dentro da instituição, o que implica dizer que o risco de *compliance* regulatório é previsto claramente pela legislação educacional. Dentro desse contexto, podemos citar as seguintes condutas, que são definidas como irregularidades administrativas:

110 Programa de Integridade no Setor Educacional

I - oferta de educação superior sem o devido ato autorizativo;

II- oferta de educação superior em desconformidade com os atos autorizativos da IES;

III- a ausência ou a interrupção da oferta efetiva de aulas por período superior a vinte e quatro meses;

IV- terceirização de atividade finalística educacional, sob quaisquer designações, na oferta de educação superior;

V- convalidação ou aproveitamento irregular de estudos ofertados por instituições credenciadas ou não para a oferta de educação superior, sob quaisquer denominações, para acesso à educação superior;

VI- diplomação de estudantes cuja formação tenha ocorrido em desconformidade com a legislação educacional;

VII- registro de diplomas, próprios ou expedidos por outras IES, sem observância às exigências legais que conferem regularidade aos cursos;

VIII- prestação de informações falsas ao Ministério da Educação e omissão ou distorção de dados fornecidos aos cadastros e sistemas oficiais da educação superior, especialmente o Cadastro Nacional de Cursos e Instituições de Educação Superior - Cadastro e-MEC;

IX- ausência de protocolo de pedido de recredenciamento e de protocolo de reconhecimento ou renovação de reconhecimento de curso no prazo e na forma do Decreto n.º 9235, de 15 de dezembro de 2017.;

X- oferta de educação superior em desconformidade com a legislação educacional.

Nesse sentido, uma instituição de ensino superior pode estar em desconformidade com a legislação na hipótese de elaborar um convênio equivocado para a oferta de pós-graduação que se caracterize como terceirização da atividade fim, ou seja, outra entidade não credenciada é quem ficaria responsável pela a oferta do curso, o que se constituiria como uma irregularidade clara.

Outro exemplo claro é a aceitação, por meio de transferência, de discente que venha de instituição irregular ou mesmo a convalidação de estudos em instituições irregulares. Da mesma forma, se constitui como irregularidade administrativa a prestação de informações falsas ao Ministério da Educação, procedimento este que deve ser objeto de monitoramento constante das instituições em razão das informações prestadas pelos seus próprios alunos.

A constatação das irregularidades administrativas importa na aplicação de severas penalidades, tais como: desativação de cursos e habilitações; intervenção; suspensão temporária de atribuições da autonomia; descredenciamento; redução de vagas autorizadas; suspensão temporária de ingresso de novos estudantes; ou, suspensão temporária de oferta de cursos. As decisões de desativação de cursos e de descredenciamento da instituição implicarão, além da cessação imediata da admissão de novos estudantes, a adoção de providências com vistas à interrupção do funcionamento do curso ou da instituição. Portanto, as penalidades podem ser capitais.

A legislação não exaure as hipóteses de riscos, apontando como irregularidade toda e qualquer oferta de educação superior em desconformidade com a legislação educacional, o que realmente demanda a necessidade de monitoramento contínuo para mitigar riscos que envolvem o aspecto regulatório.

5.4.4 Medida cautelar administrativa

Concomitantemente aos procedimentos acima, a autoridade administrativa ainda pode se valer do procedimento chamado "medida cautelar administrativa", também previsto no referido decreto. A medida cautelar poderá ser determinada em qualquer fase do processo administrativo de supervisão com o objetivo de preservar a qualidade do ensino no sistema federal e de cessar ou coibir irregularidades, visando salvaguardar o interesse público. O MEC poderá determinar, além das medidas cautelares, quaisquer outras que se justifiquem nos casos de risco iminente ou ameaça ao interesse público, cabendo recurso administrativo em face de tais determinações.

Quanto aos limites para adoção de medidas de natureza cautelar, em especial aquelas com eminente restrição de direitos, vale a pena citar a substanciosa lição dos professores Sérgio Ferraz e Adilson Abreu Dallari, na obra *Processo Administrativo*:

> Na ausência de um perigo imediato, real, concreto, demonstrável e demonstrado, a adoção imediata de medidas restritivas de direito obviamente não poderá ser havida como tendo caráter cautelar; e, diante disso, se reveste de inegável ilicitude.[75]

Demonstrados os requisitos para que uma medida cautelar seja legalmente respaldada pelo MEC, bem como diante de alternativas menos penosas e de reconhecida eficácia para obter melhorias na qualidade do ensino, fica claro que o uso recorrente de Medida Cautelar Administrativa pode beirar a ilegalidade, fato ao qual a instituição mantenedora deve estar atenta.

5.4.5 Monitoramento

Por fim, tal como na criação de um programa de *compliance* próprio, a legislação educacional também passou a prever as chamadas "ações de monitoramento" em cursos e polos de educação a distância. As ações de monitoramento das instituições e dos cursos superiores têm caráter permanente e pretendem contribuir para subsidiar ações e políticas do MEC, assim como seu aperfeiçoamento. O

---

75. FERRAZ, Sérgio e DALLARI, Adilson Abreu. *Processo Administrativo*. São Paulo: Malheiros Editores, 2001, p. 116.

objetivo é a verificação das condições de funcionamento, independentemente de denúncia ou representação, visando à qualidade na oferta de educação superior, à prevenção de deficiências ou irregularidades, e o apoio aos estudos sobre metodologias.

No âmbito do monitoramento, a legislação do ensino a distância, por exemplo, prevê a hipótese de visitas de surpresa nos polos de apoio presenciais, requisição de documentos diretamente nos polos, a possibilidade de convênio com órgãos de defesa do consumidor para fiscalização, entre outros procedimentos.

As ações de monitoramento, instituídas em políticas de regulação e supervisão da educação superior, poderão ser desenvolvidas com a assistência dos órgãos e das entidades da administração pública, bem como em articulação com os conselhos profissionais.

5.4.6 Procedimento de supervisão e o risco de *compliance*

Nos termos da análise de um risco de *compliance*, o procedimento de supervisão funciona como um contexto bastante curioso, pois representa para a instituição a probabilidade de inserção em três cenários críticos: ameaça, vulnerabilidade e risco. Ameaça é aquele tipo de perigo (representado por uma pessoa, um evento ou uma ideia) que explora uma possível vulnerabilidade, ou seja, um "prenúncio ou indício de acontecimento perigoso"[76]. Já a vulnerabilidade é uma fragilidade que permite que a ameaça se concretize e risco, a "probabilidade de insucesso, de malogro de determinada coisa, em função de acontecimento eventual, incerto, cuja ocorrência não depende exclusivamente da vontade dos interessados."[77]

A diferença entre esses três cenários críticos pode ser demonstrada por meio de uma analogia simples.[78] Suponhamos que uma pessoa esteja no meio de um temporal, sem guarda-chuva; nesse caso, a ameaça é a chuva, a vulnerabilidade é a falta do guarda-chuva e o risco é o fato de a pessoa efetivamente se molhar. Sendo assim, o procedimento de supervisão, no contexto do risco de *compliance*, molda-se a esses cenários, pois pode se tornar uma ameaça, uma vulnerabilidade e um risco de fato.

A supervisão é uma ameaça se seu alcance causar reação institucional perigosa ou adversa, a exemplo do risco de imagem e da perda de reputação. Da mesma forma, o processo de supervisão pode assumir a condição de vulnerabilidade, pois a assinatura de um Protocolo de Compromisso pode evidenciar outros problemas internos da instituição, como a comprovação de que todo problema corporativo ali decorre de conflito de interesses entre os sócios ou associados.

---

76. HOUAISS, A. *Grande Dicionário Houaiss da Língua Portuguesa*. Disponível em: http://houaiss.uol.com.br . Acesso em: 23 mar. 2013.

77. Idem.

78. MANZANO, Edison Antônio; Ernest & Young (coautoria). Compliance *e auditoria de sistemas nas transações de e-commerce*. São Paulo: IBCG, 2003, p. 32.

Por fim, o procedimento de supervisão também pode se tornar um risco de fato, com a clara probabilidade de interrupção dos projetos de expansão da instituição enquanto durar a supervisão. Nesse caso, não se trata mais do risco de acontecimento eventual, mas de risco de fato, uma vez que o processo de supervisão iniciou e seu fim pode ocasionar até mesmo o descredenciamento da instituição ou o fechamento de cursos, além de outros problemas como diminuição de vagas, suspensão de prerrogativa de autonomia etc.

5.5. *Compliance* na educação básica

Quando se fala em setor educacional, evidentemente, a análise não se restringe ao ensino superior, mas diz respeito também à educação básica. Esta é o primeiro nível do ensino escolar no país e compreende três etapas: Educação Infantil (para crianças de 0 a 5 anos), Ensino Fundamental (para alunos de 6 a 14 anos) e Ensino Médio (para alunos de 15 a 17 anos).

A Lei de Diretrizes e Bases da Educação Nacional (LDB) estabelece que a educação básica deve estar ligada ao sistema estadual de ensino, em colaboração com os municípios. Aos estados compete elaborar e executar políticas e planos educacionais em consonância com as diretrizes e os planos nacionais de educação, integrando e coordenando suas ações com seus respectivos municípios.

Disso se deduz que as regras para a educação básica são, necessariamente, ditadas pelos estados em parceria com os municípios, obedecendo às diretrizes nacionais. Por esse motivo, a função de *compliance* deve favorecer o cumprimento dessas normas – por exemplo, é possível que os estados, em parceria com os respectivos municípios, ditem normas próprias para orientar a elaboração do calendário escolar anual, as quais devem ser cumpridas pelas instituições.

A educação infantil, também conhecida como pré-escola, primeira etapa da educação básica, é voltada ao desenvolvimento físico, psicológico, intelectual e social da criança, complementando a ação da família e da comunidade. A educação infantil não é compulsória, ou seja, os pais não são obrigados a matricular os filhos, mas os estados devem garantir condições para que as crianças frequentem uma instituição educacional pública.

Além das regras de cada estado, as instituições de educação infantil também devem se pautar pelo Referencial Curricular Nacional para a Educação Infantil, o guia criado pelo Ministério da Educação, que serve como orientação das discussões entre profissionais de um mesmo sistema de ensino ou instituição para elaborar projetos educativos singulares e diversos.

Já a educação fundamental, considerada a segunda etapa da educação básica, é obrigatória para crianças e jovens de 6 a 14 anos. Essa etapa deve desenvolver a capacidade de aprendizado do aluno por meio do domínio da leitura, da escrita e do cálculo. Após a conclusão desse ciclo, o aluno também deve ser capaz de compreender o ambiente natural e social, o sistema político, a tecnologia, as artes e os valores básicos da sociedade e da família.

A lei que alterou as regras da LDB estipulou a duração de nove anos para o ensino fundamental, ou seja, agora, a criança entra na escola aos 6 anos de idade e conclui aos 14, já no 9º ano do ensino fundamental.

Para garantir a alfabetização de todas as crianças até os 8 anos - idade em que elas devem estar no segundo ano do ensino fundamental –, o MEC criou a "Provinha Brasil", uma avaliação diagnóstica aplicada aos alunos nessa série, com a intenção de oferecer a professores e gestores escolares um instrumento que permita acompanhar, avaliar e melhorar a qualidade da alfabetização e do letramento inicial das crianças.

O ensino médio é a etapa final da educação básica e deve preparar os jovens para entrar na faculdade. Com duração mínima de três anos, esse estágio consolida e aprofunda o aprendizado do ensino fundamental, além de preparar o estudante para trabalhar e exercer a cidadania. Ensina teoria e prática em cada disciplina, facilitando a compreensão das profissões, e desenvolve o pensamento crítico e a autonomia intelectual do aluno. Vale lembrar que as escolas de educação profissional, científica e tecnológica também fazem parte do ensino médio.

Como vimos, embora a regulação do ensino médio seja oriunda dos estados em consonância com os municípios, o Ministério da Educação promove diversas iniciativas e diretrizes voltadas a esse ciclo, como o Programa Nacional do Livro Didático para o Ensino Médio (PNLEM), o Prêmio Ciências no Ensino Médio, as Olimpíadas de Matemática, as Olimpíadas da Língua Portuguesa, entre outros.

O MEC também promove diversas avaliações periódicas de alunos e instituições do ensino básico por meio do Sistema Nacional de Avaliação da Educação Básica (Saeb). Esse sistema foi implantado em 1990 e é coordenado pelo Inep, que conta com a participação e o apoio das Secretarias Estaduais e Municipais de Educação. Os levantamentos de dados do Saeb são realizados a cada dois anos, em uma amostra representativa dos 26 estados brasileiros e do Distrito Federal.

O Saeb é composto de duas avaliações complementares:[79]

> 1. **Avaliação Nacional da Educação Básica (Aneb)**, que abrange de maneira amostral os estudantes das redes públicas e privadas do país, localizados nas áreas rural e urbana, matriculados no quinto e no nono anos do ensino fundamental, e também no terceiro ano do ensino médio. Nesses estratos, os resultados são apresentados para cada unidade e região da federação, e também para o Brasil como um todo;

---

79. Portal do Ministério da Educação. www.portal.mec.gov.br. Acessado em: 27 mai. 2013.

2. **Avaliação Nacional do Rendimento Escolar (Anresc)**, aplicada a alunos do quinto e do nono anos do ensino fundamental público, nas redes estaduais, municipais e federais, de área rural e urbana, em escolas que tenham no mínimo vinte alunos matriculados na série avaliada. A avaliação é realizada por meio da chamada "Prova Brasil" e oferece resultados por escola, município e unidade da federação. As médias de desempenho nessas avaliações subsidiam o cálculo do Índice de Desenvolvimento da Educação Básica (Ideb).

Ainda com relação ao ensino médio, que é considerado a porta de entrada para a educação superior, o Ministério da Educação criou, em 1998, o chamado Exame Nacional do Ensino Médio (Enem), com o objetivo de avaliar o desempenho do estudante ao fim da educação básica, buscando contribuir para a melhoria da qualidade desse nível de escolaridade.

A partir de 2009, porém, o Enem passou a ser utilizado como mecanismo de seleção para o ingresso no ensino superior. Foram introduzidas nesse exame algumas mudanças, que contribuíram para a democratização das oportunidades de acesso às vagas oferecidas por instituições federais de ensino superior (Ifes), para a mobilidade acadêmica e para induzir a reestruturação dos currículos do ensino médio. Respeitando a autonomia das universidades, a utilização dos resultados do Enem para acesso ao ensino superior pode ocorrer como fase única de seleção ou combinada com processos seletivos próprios – por exemplo, o Enem passou a ser utilizado como mecanismo de acesso a programas oferecidos pelo governo federal, como o Prouni.

Outro parâmetro prático que regulamenta o Ensino Básico é o Censo Escolar, um levantamento de dados estatístico-educacionais de âmbito nacional realizado todos os anos e coordenado pelo Inep. Ele é feito com a colaboração das Secretarias estaduais e municipais de Educação, e tem a participação de todas as escolas públicas e privadas do país, e é considerado o principal instrumento de coleta de informações da Educação Básica, em suas diferentes etapas e modalidades.

Essas informações são utilizadas para traçar um panorama nacional da Educação Básica e servem de referência para a formulação de políticas públicas e para a execução de programas na área da educação, incluindo os de transferência de recursos públicos. Além disso, os resultados obtidos no Censo Escolar sobre o rendimento (aprovação e reprovação) e o movimento (abandono) escolar dos alunos do ensino fundamental e do ensino médio, juntamente com outras avaliações do Inep (Saeb e Prova Brasil), são utilizados para o cálculo do Índice de Desenvolvimento da Educação Básica (Ideb), que serve de referência para as metas do Plano de Desenvolvimento da Educação (PDE), do MEC.

A educação básica, embora regulada majoritariamente por estados e municípios, tem um volume considerável de avaliações cobradas pelo Ministério da Educação, com reflexos inclusive no ensino superior. Essa sistemática federal, somada às iniciativas de estados e municípios, evidenciam que a educação básica lida com uma gama intrincada de normas, salientando a necessidade de criar mecanismos para estar em conformidade com as diversas regulamentações de âmbito federal, estadual e municipal.

Capítulo
6

COMPLIANCE EM FACE DE PROGRAMAS E POLÍTICAS PÚBLICAS EDUCACIONAIS

A ADOÇÃO de políticas públicas é um modo de intervenção estatal nas funções de coordenação e fiscalização de agentes públicos e privados para a realização de certos fins ligados a direitos sociais, sem excluir os direitos econômicos. A política pública nada mais é do que uma prática moderna de atuação intervencionista do Estado, mesmo que a intervenção não feita pelo Estado, mas, sim, por membros da sociedade civil.

A política pública envolve mais do que decisões: requer diversas ações estrategicamente selecionadas para implantar as decisões tomadas. As políticas públicas representam instrumentos de ação do Estado em clara substituição dos "governos por leis" por "governos por políticas". O fundamento indireto e a origem da justificação das políticas públicas é o Estado social marcado pela obrigação de adotar direitos fundamentais, que exigem prestação positiva do poder público.[80]

Para Fábio Konder Comparato, "as políticas públicas são programas de ação governamental"[81], e disso deduzimos que as políticas públicas visam coordenar tanto os meios à disposição do Estado quanto a iniciativa privada para realizar objetivos socialmente relevantes e politicamente determinados. As políticas públicas são o conjunto de planos e programas governamentais voltados à intervenção no domínio social, por meio dos quais são traçadas diretrizes e metas a serem fomentadas pelo Estado, principalmente na implementação dos objetivos e direitos fundamentais dispostos na Constituição.

A instituição de políticas públicas educacionais é fruto dessa nova perspectiva da política pública no Brasil; ou seja, surge de uma demanda social evidente que atribui ao Estado contemporâneo funções legítimas em um novo modelo de intervenção, o qual visa satisfazer interesses públicos mais prementes.

Assim como em todo tipo de política pública, a implantação daquelas que apresentam teor educacional inclui necessariamente uma série de arranjos ou mecanismos institucionais que viabilizem essa implementação. Entre esses arranjos estão, por exemplo, as novas perspectivas introduzidas pelo princípio da

---

80. BUCCI, Maria Paula Dallari. "As políticas públicas e o direito administrativo". *Revista Trimestral de Direito Público*, São Paulo, n.º 13, 1996, p. 135.
81. COMPARATO, Fábio Konder. "Ensaio sobre o juízo de constitucionalidade de políticas públicas". *Revista dos Tribunais*, São Paulo, ano 86, n.º 737, p. 18.

subsidiariedade, ou seja, devolver à sociedade organizada todas as atividades que não necessitem de tratamento político-burocrático e nem exijam, *a priori*, a ação do aparelho coercitivo estatal[82], embora sem dúvida sejam de interesse público. Os arranjos institucionais para políticas públicas contam com a gestão privada, como acontece no Prouni e no Fies, duas políticas públicas voltadas ao acesso ao ensino superior.

Sensíveis às e dependentes das transformações sociais e reestruturações da economia nacional, em seu processo de evolução, as políticas públicas educacionais ditadas pelo MEC visam atender a demandas prioritárias, como:

- acesso de pessoas carentes a vagas;
- qualificação da mão de obra;
- inserção no mercado de trabalho;
- busca de educação de qualidade;
- produção do conhecimento e desenvolvimento de competências;
- desenvolvimento de *expertises* para inovações contínuas.

As políticas públicas educacionais, em particular as do Executivo federal, envolvem uma contrapartida no atendimento às demandas. Por exemplo, quando o governo federal instituiu o Prouni, criou um processo de reciprocidade entre a oferta de bolsas de estudos e a isenção de tributos federais com o objetivo de aumentar o acesso ao ensino superior de pessoas carentes ou que se enquadrem na política adotada. Sendo assim, podemos dizer que o poder público atinge metas sociais com as políticas públicas executadas pela iniciativa privada, e cabe ao Estado fiscalizar e regular essa implantação.

Por outro lado, as instituições privadas de educação, ao aderirem a determinada política pública federal, estadual ou municipal, submetem-se às regras do órgão regulador, que impõe vários requisitos para que o benefício seja concedido e mantido, e é justamente nesse âmbito que surge o risco de *compliance*.

Ao aderir a uma política pública (federal, estadual ou municipal), a instituição educacional privada passa a receber verbas decorrentes dos compromissos legais que assume – em geral, essa verba é incorporada ao fluxo financeiro da organização, com forte impacto no balanço da instituição. Em outras palavras, no momento em que a instituição educacional privada adota uma política pública, esta se torna preponderante em sua capacidade de autofinanciamento e em sua sustentabilidade financeira, conforme requisito previsto em lei.

Com isso, a função de *compliance* é imprescindível para a instituição privada de educação manter uma política pública, porque uma eventual exclusão desse programa pode implicar severos prejuízos econômico-financeiros e sociais. Além disso, a não conformidade às regras de uma política pública pode gerar inclusive

---

82. MOREIRA NETO, Diogo Figueiredo. *Mutações do Direito Administrativo*. Rio de Janeiro: Renovar, 2000, p. 153.

prejuízos decorrentes de danos a alunos e professores, que eventualmente podem mover ação contra a instituição.

Passemos agora à análise de quatro políticas públicas federais de interesse das instituições privadas de educação:

1. o Fundo de Financiamento do Estudante do Ensino Superior (Fies);
2. o Programa Universidade para Todos (Prouni);
3. o Programa de Estímulo à Reestruturação e ao Fortalecimento das Instituições de Ensino Superior (Proies);
4. o Programa Nacional de Acesso ao Ensino Técnico e Emprego (Pronatec).

Aqui, também cabe analisar quatro políticas públicas municipais:

1. Programa de Inclusão Social pelo Ensino Superior (Procampis, em Campinas, SP);
2. o Programa Bolsa Universidade (PBU, em Manaus, AM);
3. o Programa de Formação Profissional de Belém (Proformar, no Pará);
4. o Programa Faculdade da Prefeitura (Porto Velho, RO).

A análise dessas políticas públicas evidencia a importância de cada uma e o risco que envolve a não conformidade em relação a elas.

6.1. Fundo de Financiamento do Estudante do Ensino Superior (Fies)

O Fies, regulamentado em 2001, é destinado a financiar a graduação no ensino superior de estudantes escolhidos com base em critérios socioeconômicos, desde que regularmente matriculados em instituições não gratuitas cadastradas no programa e com avaliação positiva nos processos conduzidos pelo MEC. O Financiamento Estudantil (Fies) é regulado pela Lei n.º 10.260, de 12 de julho de 2001, que sofreu profundas alterações introduzidas pela Lei n.º 13.530, de 7 de dezembro de 2017, a qual foi objeto da conversão da Medida Provisória n.º 785, de 6 de julho de 2017.

O Fies poderá ser oferecido a alunos da educação profissional técnica de nível médio, bem como a estudantes matriculados em programas de mestrado e doutorado com avaliação positiva, desde que haja disponibilidade de recursos, observada a prioridade no atendimento a alunos dos cursos de graduação, e pode cobrir até 100% dos encargos educacionais cobrados dos estudantes pelas instituições de ensino. O objetivo do contrato de Fies é oferecer financiamento do curso ao estudante de baixa renda, sendo fixado um limite de crédito global para o curso pretendido, durante seu prazo regular.

Esse é um programa de natureza contábil, já que significa conceder financiamento estudantil para custear o estudo em instituição privada por meio de recursos garantidos por receitas públicas previamente especificadas na legislação. A União Federal, por meio de certificados do Tesouro Nacional, efetua pagamento às instituições de ensino ou utiliza esses certificados para compensar contribuições sociais e outros impostos federais.

O pagamento às instituições de ensino superior é feito por meio de um processo de "recompra" ou "compensação" do Certificado Financeiro do Tesouro – Série E (CFT-E) pelo agente operador do Fundo Nacional de Desenvolvimento da Educação (FNDE), um procedimento que ocorre mensalmente nos termos do cronograma divulgado pelo mesmo fundo. As recompras e as compensações feitas pelo FNDE exigem que as instituições mantenham rígido controle contábil e gerencial, pois os créditos oriundos do Fies são recursos para que a instituição possa manter sua capacidade de autofinanciamento e sustentabilidade financeira.

Importa esclarecer que a nova legislação do Fies estabelece as novas competências dos órgãos públicos que atuam diretamente como Financiamento Estudantil: o MEC tem a atribuição de ser o agente formulador da política de oferta de vagas e de seleção de estudantes e supervisor do programa; a Caixa Econômica Federal (CEF) na qualidade de agente operador do financiamento; e, o chamado Comitê Gestor do Fundo de Financiamento Estudantil (CG-Fies) na qualidade de formulador da política de oferta de financiamento e supervisor da execução das operações do Fies sob coordenação do MEC.

Com essa sistemática, o Fies se tornou um importante instrumento de gestão das mantenedoras de Ensino Superior, por sua capacidade de diminuir a inadimplência das instituições educacionais, gerando fluxo de caixa e servindo de mecanismo imediato para reduzir também a inadimplência tributária.

Dadas as excelentes perspectivas financeiras do Fies, as mantenedoras de Ensino Superior, com ou sem fins lucrativos, optaram pela adesão ao programa, uma vez que o Estado e as instituições passam a ser parceiros no risco financeiro que poderia ser gerado no financiamento do ensino superior. Sendo assim, os benefícios do Fies para as instituições são significativos: ao diminuir a inadimplência e o risco financeiro, o programa se torna imprescindível ao fluxo financeiro da instituição.

Porém, é igualmente imprescindível que a instituição esteja permanentemente em conformidade com a legislação do Fies, sob pena de sofrer interrupção em seu fluxo financeiro. É importante observar que o Fies somente pode ser destinado à concessão de financiamento de cursos com avaliação positiva, ou seja, cursos que obtiverem conceito maior ou igual a 3 no Sinaes; os cursos que não atingirem essa média serão automaticamente desvinculados do Fies, sem prejuízo para o estudante financiado.

Convém recordar que as avaliações periódicas em processos de regulação de cursos têm impacto no fluxo financeiro que vem do Fies, porquanto um curso mal avaliado é desvinculado do programa. Assim, a função de *compliance* é essencial para uma vigilância constante dos processos de avaliação e sua correlação com o Fies.

Além disso, se as instituições de ensino não cumprirem as obrigações assumidas no Termo de Adesão ao Fies ficam sujeitas às seguintes penalidades: impossibilidade de aderir ao Fies por até três processos seletivos consecutivos, sem prejuízo aos estudantes já financiados; ressarcimento ao Fies dos encargos educacionais indevidamente cobrados, e dos custos efetivamente incorridos pelo agente operador e pelos agentes financeiros na correção dos saldos e fluxos financeiros, retroativos à data da infração.

Com isso, não restam dúvidas quanto à importância do Fies para as instituições privadas de ensino superior que aderem ao programa, motivo pelo qual é imprescindível que atendam com proatividade e zelo aos requisitos de manutenção dele, visto que uma eventual exclusão ou não conformidade pode implicar severos prejuízos financeiros para as instituições.

6.2. Programa Universidade para Todos (Prouni)

O Programa Universidade para Todos (Prouni), gerido pelo MEC, é considerado um dos maiores programas de bolsas de estudo da história da educação brasileira. Criado pelo governo federal em 2004 e institucionalizado em 2005, o Prouni possibilita o acesso de milhares de pessoas de baixa renda à educação superior e tem como finalidade a concessão de bolsas de estudos integrais e parciais a estudantes de cursos de graduação e sequenciais de formação específica em instituições privadas de educação superior, oferecendo, em contrapartida, isenção de alguns tributos às instituições que aderirem ao programa.

O Prouni tem como beneficiários das bolsas de estudo integrais os brasileiros não portadores de diploma de curso superior com renda familiar *per capita* não superior a um salário mínimo e meio. Além disso, também beneficia com bolsas de 50% os brasileiros sem diploma de ensino superior com renda familiar *per capita* de três salários mínimos e que comprovem terem estudado em escola pública ou particular, desde que tenham sido bolsistas integrais nesse caso, ou ainda se forem portadores de deficiência física.

Os professores da rede pública de ensino, independentemente da renda *per capita,* também poderão ser beneficiários da bolsa do Prouni para cursos de Licenciatura e Pedagogia, destinados à formação do magistério da educação básica, desde que não tenham diploma de curso superior.

As instituições com e sem fins lucrativos não filantrópicas que aderirem ao programa terão de oferecer uma bolsa integral para cada nove estudantes regularmente pagantes e devidamente matriculados ao final do período letivo anterior, excluído o número correspondente a bolsas integrais concedidas pelo Prouni ou pela própria instituição. Ou, então, as instituições poderão oferecer uma bolsa in-

tegral para cada 19 estudantes regularmente pagantes e devidamente matriculados, desde que ofereçam bolsas parciais de 50% e de 25% na proporção necessária
para que a soma dos benefícios concedidos atinja o equivalente a 10% da receita
anual efetivamente recebida dos períodos letivos que já têm bolsistas do Prouni
em cursos de graduação ou sequencial de formação específica.

Por meio da adesão e da consequente concessão de bolsas de estudo, além
de outros requisitos, as instituições privadas de Ensino Superior, com ou sem fins
lucrativos e não beneficentes, ficarão isentas, no período em que vigorar o termo
de adesão ao programa, das seguintes contribuições e impostos:

* Contribuição para o Financiamento da Seguridade Social (Cofins);
* Contribuição para o PIS/Pasep;
* Contribuição Social sobre o Lucro Líquido (CSLL);
* Imposto de Renda da Pessoa Jurídica (IRPJ).

A adesão ao Prouni, em que bolsas de estudos são trocadas por benefícios
fiscais, proporciona à instituição que a ele aderir o direito à isenção de tributos
administrados pela Receita Federal, os quais incidem sobre a receita decorrente
da realização de atividades de ensino superior provenientes de cursos de graduação ou cursos sequenciais de formação específica.

Assim, do ponto de vista do governo, a isenção concedida em função da
adesão ao programa só se caracteriza como benefício se o valor das bolsas concedidas for inferior aos tributos não arrecadados. Ao conceder isenções, o governo
renuncia à captação de novos recursos para os cofres públicos, esperando em troca que as instituições beneficiadas prestem serviços gratuitos à população carente. Por outro lado, do ponto de vista das instituições, as isenções são benefícios,
ao passo que a prestação de serviços gratuitos representa um ônus. Desse modo,
fica claro que, se a conta for positiva para um lado, ela será negativa para o outro.

O mecanismo de incentivo do Prouni é a isenção fiscal, que exclui a obrigação tributária. Nesse caso, podemos registrar a incongruência em se garantir
para as instituições sem fins lucrativos a isenção do IRPJ, já que, de acordo com
a Constituição, essas instituições são imunes a esse imposto. Em outras palavras,
as instituições de educação sem fins lucrativos (não filantrópicas) não precisam
aderir ao Prouni para não ter de pagar o IRPJ, já que tal direito lhe é assegurado
pela imunidade tributária – no texto constitucional, nesses casos, nem se fala em
obrigação tributária. Deve-se lembrar que essas instituições gozariam da isenção
referente apenas à CSLL, ao Cofins e ao PIS, portanto, têm um aproveitamento
fiscal relativo.

Esse mesmo raciocínio vale para as instituições de ensino superior beneficentes de assistência social (ou entidades educacionais filantrópicas), que, embora haja uma previsão para sua adesão, já gozam de imunidade de todos os tributos

Manual de Compliance

relativos ao Prouni. Nesse caso, não há nenhum benefício fiscal para que esse tipo de instituição se interesse em aderir ao Prouni.

Lembremos que o mecanismo de isenção criado pelo Prouni é condicionado, ou seja, substitui a obrigação de pagar tributos pela obrigação de fazer, ou seja, conceder bolsas de estudo. Além disso, a lei que criou o Prouni também estabelece penalidades pelo não cumprimento das novas obrigações que a instituição assume, e é justamente nesse cenário que o *compliance* é necessário para a manutenção do programa.

Tal como o Fies, o Prouni é outra política pública que influencia o resultado financeiro da instituição, pois a oferta de bolsas do programa reduz significativamente o impacto do custo de quatro tributos federais e, com isso, tem um efeito positivo no fluxo financeiro da instituição educacional privada, tornando-se um elemento preponderante em sua capacidade de autofinanciamento e sustentabilidade financeira, requisitos previstos na lei que instituiu o Sinaes.

O *compliance* do Prouni é fundamental para manter as instituições educacionais em conformidade com a legislação em vigor, pois a isenção fiscal é calculada na proporção da ocupação efetiva das bolsas devidas, razão pela qual a gestão do programa deve levar em consideração as vagas ocupadas e, por isso, o processo seletivo passa também a ser primordial na contabilização dos benefícios do Prouni. O não cumprimento dessa regra pode obrigar a instituição a restabelecer o número de bolsas a serem oferecidas gratuitamente, o qual será determinado a cada processo seletivo e deverá ser suficiente para manter o percentual estabelecido, com acréscimo de um quinto de novas bolsas.

O MEC também tem a faculdade de desvincular do Prouni o curso considerado insuficiente, sem afetar os estudantes já matriculados, segundo critérios de desempenho do Sinaes, por duas avaliações consecutivas (Conceito de Curso ou Conceito Preliminar de Curso). Nesse caso, nos processos seletivos seguintes, as bolsas de estudo do curso desvinculado deverão ser redistribuídas proporcionalmente entre os demais cursos da instituição.

Ainda como critério de conformidade imprescindível, para adesão ou renovação do Prouni é necessário que a mantenedora comprove a quitação de tributos e contribuições federais por meio de certidões de regularidade fiscal (Certidões Negativas de Débito), um requisito que evidencia a importância do *compliance*. A não conformidade às regras do Prouni pode levar a instituição educacional a ser desligada do programa, sem prejuízo para os estudantes beneficiados e sem ônus para o poder público, e as penalidades serão impostas pelo MEC, mediante instauração de processo administrativo, assegurado o contraditório e o direito de defesa.

Para zelar pelo fiel cumprimento da norma em vigor, o MEC realiza supervisões, compreendidas como um procedimento permanente e orientado por dois focos principais: instituições e bolsistas. No caso das instituições, a supervisão consiste na verificação do cumprimento das obrigações assumidas no Termo de

Adesão ao Prouni, tanto com relação à regularidade na oferta das bolsas como em relação à realização dos procedimentos obrigatórios estabelecidos pelos dispositivos legais do programa.

Sobre os bolsistas, com base no cruzamento de dados com outros cadastros oficiais, é feita a verificação do atendimento aos critérios exigidos pelas normas do Prouni. Seguindo essa sistemática, em 2009, o Ministério da Educação e o então Ministério da Fazenda firmaram um acordo de cooperação técnica com o objetivo de aperfeiçoar os mecanismos de supervisão do Prouni. Realizada periodicamente, a supervisão da regularidade da situação de bolsistas e instituições é feita com base no cruzamento de informações do cadastro dos estudantes com outros bancos de dados, como a Relação Anual de Informações Sociais (Rais), o Registro Nacional de Veículos Automotores (Renavam), a Plataforma Integrada para Gestão das Universidades Federais (PingIfes) e bases de dados de universidades estaduais. O cruzamento de dados objetiva verificar se o aluno atende aos critérios de participação no programa, como renda familiar *per capita* de até três salários mínimos e não ter curso superior já concluído. Em relação às instituições, a supervisão monitora a regularidade da oferta e da ocupação das bolsas.

No fim de 2009, o MEC determinou o encerramento de mais de 1,7 mil bolsas,[83] em sua maioria concedidas a alunos com rendimento incompatível com o perfil socioeconômico definido pelo programa, e quinze instituições foram desligadas do programa por apresentarem irregularidades na oferta de bolsas.

A sistemática do Prouni evidencia a necessidade de controle eficiente nas regras de conformidade ao programa, uma vez que todas as informações dessa política pública estão interconectadas com outras, relacionadas q avaliação, regulação e supervisão da educação superior, informações que muitas vezes passam despercebidas no gerenciamento do Prouni e na mensuração de suas consequências.

6.3 Programa Nacional de Acesso ao Ensino Técnico e Emprego (Pronatec)

O Programa Nacional de Acesso ao Ensino Técnico e Emprego (Pronatec) foi criado pelo governo federal em 2011, com o objetivo de ampliar a oferta de cursos de educação profissional e tecnológica por meio de programas, projetos e ações de assistência técnica e financeira. Em 2013, o governo federal ampliou o rol de beneficiários e ofertantes do Pronatec, incluindo instituições privadas de ensino superior e de educação técnica de nível médio.

Os objetivos do Pronatec são:

- expandir, interiorizar e democratizar a oferta de cursos de educação profissional técnica de nível médio e de cursos de formação inicial e continuada ou qualificação profissional presencial e a distância;

---

83. Disponível em www.prouniportal.mec.gov.br. Acessado em: 12 abr. 2013.

Programa de Integridade no Setor Educacional **125**

- ampliar as escolas que ofertam educação profissional e tecnológica nas redes estaduais;
- aumentar as oportunidades educacionais aos trabalhadores por meio de cursos de formação inicial e continuada ou qualificação profissional;
- aumentar a quantidade de recursos pedagógicos para apoiar a oferta de educação profissional e tecnológica; e melhorar a qualidade do ensino médio.

O Pronatec envolve um conjunto de iniciativas, a maioria das quais é executada pelo próprio governo federal por meio da Rede Federal de Educação Profissional, Científica e Tecnológica, das unidades de ensino dos serviços nacionais de aprendizagem (Senai, Senac, Senar e Senat) e das instituições de educação profissional vinculadas aos sistemas estaduais de ensino.

Priorizando focos de interesse das instituições privadas de educação, o Pronatec prevê a criação dos chamados Fies Técnico e Fies Empresa. O objetivo do Fies Técnico é financiar cursos técnicos e de formação inicial e continuada ou de qualificação profissional para estudantes e trabalhadores em escolas técnicas privadas e nos serviços nacionais de aprendizagem. Já no Fies Empresa serão financiados cursos de formação inicial e continuada para trabalhadores no local de trabalho.

Além das iniciativas voltadas ao fortalecimento do trabalho das redes de educação profissional e tecnológica existentes no país, o Pronatec também criou a chamada Bolsa-Formação, por meio da qual serão oferecidos gratuitamente cursos técnicos para estudantes matriculados no ensino médio, e cursos de formação inicial e continuada ou qualificação profissional para grupos sociais de diferentes perfis. Para as instituições privadas, a Bolsa-Formação inclui o custo total do curso por estudante, incluindo as mensalidades e demais encargos educacionais, bem como o custeio de transporte e alimentação ao beneficiário, e é proibida cobrar dos estudantes taxas de matrícula, de material didático ou qualquer outro valor pela prestação desse serviço.

O pagamento dos valores da Bolsa-Formação é realizado em parcelas pelo FNDE, a partir de solicitação do MEC, diretamente à mantenedora da instituição privada, mediante matrícula e registro mensal de frequência do beneficiário no Sistec (Sistema Nacional de Informações da Educação Profissional e Tecnológica).

As instituições privadas de ensino superior e de educação profissional técnica de nível médio poderão aderir ao Pronatec por meio de assinatura de termo de adesão, seguida de habilitação perante o MEC e do atendimento dos índices de qualidade acadêmica juntamente com os outros requisitos firmados pelo ministro da Educação. No entanto, é importante ressaltar que a habilitação da instituição está condicionada ao seguintes requisitos:

- atuação em curso de graduação em áreas de conhecimento correlatas à do curso técnico a ser ofertado ou aos eixos tecnológicos previstos em catálogo divulgado pelo MEC;

- excelência na oferta educativa comprovada por meio de índices satisfatórios de qualidade, nos termos estabelecidos pelo ministro da Educação. Nesse caso, a avaliação do curso (Conceito de Curso e Conceito Preliminar de Curso) será preponderante na manutenção do Pronatec.

O não cumprimento das obrigações assumidas no termo de adesão ao Pronatec sujeita as instituições privadas de ensino superior e de educação profissional técnica de nível médio às seguintes penalidades:

- impossibilidade de nova adesão por até três anos, sem prejuízo para os estudantes já beneficiados;
- ressarcimento à União do valor corrigido das Bolsas-Formação Estudante concedidas indevidamente, retroativo à data da infração.

Como o Fies e o Prouni, o Pronatec também é uma excelente política pública, calcada na reciprocidade entre bolsas de estudo e pagamentos realizados diretamente pela União. Porém, para manter a conformidade ao programa, é imprescindível que a instituição cumpra regras de outros nichos, por exemplo, critérios de avaliação de cursos, os quais poderão ser desvinculados em hipótese de avaliação insatisfatória. Nesse sentido, o *compliance* é essencial para evitar a não conformidade e, consequentemente, a manutenção do programa e seus benefícios para a instituição.

Importa esclarecer que o Pronatec teve a sua oferta bastante reduzida nos últimos anos, sobretudo diante da falta de recursos que afetou o setor, mas a sua sistemática ainda persiste e é possível que tenha outra amplitude a partir da nova legislatura, razão pela qual é imprescindível conhecer as suas nuances para que se possa estabelecer matrizes de riscos próprias do setor.

6.4. Programa de Estímulo à Reestruturação e ao Fortalecimento das Instituições de Ensino Superior (Proies)

O Programa de Estímulo à Reestruturação e ao Fortalecimento das Instituições de Ensino Superior (Proies), instituído em 2012, visa assegurar condições para que as mantenedoras de IES possam continuar atuando em fases de dificuldades financeiras.

O Proies, uma importante política pública estatal, é implementado por regras de Direito Tributário, como a moratória e o parcelamento tributário, baseadas nas premissas do "plano de recuperação tributária", cujo conteúdo representa a vanguarda da legislação tributária. Esse programa baseia-se na conjugação dos três parâmetros tributários: (1) aprovação de um plano de recuperação, (2) concessão de moratória de débitos federais e (3) parcelamento do débito em até

180 meses, com possibilidade de quitação de até 90% dessas parcelas mediante concessão de bolsas de estudo. Nesse contexto, o programa apresenta objetivos claros, mantidos ao longo de todo o texto legal:

- viabilizar a manutenção dos níveis de matrículas ativas de alunos;
- exigir das instituições um ensino de qualidade, de acordo com resultados positivos das avaliações do MEC; possibilitar a recuperação do crédito tributário da União;
- ampliar a oferta de bolsas de estudo integrais para estudantes de cursos de graduação.

O Proies é um programa atrativo para instituições em dificuldades financeiras, mas, ao mesmo tempo, é bastante restrito e tem sérias implicações para a instituição que aderir ao parcelamento, uma vez que as consequências de sua saída, após a adesão voluntária ou involuntária, são problemáticas.

A implantação do Proies começa com o plano de recuperação tributária, um elemento objetivo e essencial para a adesão e a manutenção da instituição no programa. Embora essa legislação seja basicamente tributária, com alguns elementos educacionais, o legislador usa conceitos do Direito Empresarial a todo momento.

Ao propor o plano de recuperação tributária, o Proies propõe igualmente um projeto de recuperação extrajudicial, fiscalizado diretamente pelo poder público – ou seja, esse é um plano inovador também do ponto de vista do Direito Empresarial. Nesse cenário, diante da preocupação com o crescente passivo tributário das IES, considerando a natureza jurídica dessas instituições (muitas são associação ou fundação) e consciente da intensa regulação a que estão sujeitas, o governo federal teve o mérito de encontrar um modo para elas terem meios legais de alcançar sua recuperação administrativa em consonância com o MEC.

O plano de recuperação tributária implica necessariamente uma análise minuciosa de cada curso, das vagas a serem oferecidas, a análise de custos, cortes e investimentos necessários para o reconhecimento ou a renovação de reconhecimento de curso, ou mesmo de recredenciamento da instituição, conforme estabelece a lei do Sinaes. Devemos salientar que esse plano terá como base a situação econômico-financeira e regulatória, e que apenas os cursos com conceito positivo serão objeto de oferta de vagas.

A proposta de quitação de débitos tributários contém tanto a possibilidade de benefícios significativos como de restrições, mas as vantagens só poderão ser usufruídas pelas instituições que cumprirem as rígidas exigências impostas pelo acordo – entre elas, o cumprimento do plano de recuperação tributária.

A IES que aderir ao Proies terá direito à moratória das dívidas tributárias federais vencidas até 31 de maio de 2012 e, como sabemos, o Código Tributário Nacional (CTN) estabelece que a moratória é uma das modalidade de suspensão do crédito tributário,[84] sendo compreendida como um benefício que o credor concede ao devedor e consiste na prorrogação do prazo de vencimento da dívida.

Vale lembrar que a legislação permite a inclusão no Proies de todas as dívidas tributárias federais da mantenedora da IES, na condição de contribuinte ou responsável, no âmbito da Procuradoria Geral da Fazenda, vencidas até 31 de maio de 2012. Dessa forma, todo tipo de tributo federal, incluindo impostos e contribuições, poderá ser objeto de novos acordos. Porém, no âmbito da PGFN, não será possível incluir débitos oriundos do Tribunal de Contas da União (TCU).

O Proies é um programa inovador do ponto de vista legal, porque restringe sua adesão somente às IES em grave situação econômico-financeira. Mas, dada a amplitude do que poderia se entender como "grave situação econômico-financeira", ao contrário da sistemática adotada pela Lei de Recuperação Judicial, o Proies cria um mecanismo para definir esse quadro. A fórmula encontrada para a definição da situação consiste em dividir o montante integral das dívidas tributárias federais vencidas pelo número de alunos matriculados nas IES vinculadas à mantenedora, de acordo com os dados disponíveis do Censo da Educação Superior. Caso essa operação resulte em valor igual ou superior a R$ 1.500,00, a instituição está em grave situação econômico-financeira e apta a aderir ao Proies.[85] Assim, a legislação prevê que o cálculo levará em conta o montante de dívidas tributárias vencidas, inscritas ou não em dívida ativa, ajuizadas ou não e com exigibilidade suspensa ou não. É importante consignar que o Proies é um programa cuja adesão é temporária, mas que pode ser renovado pelo governo federal, assim como já ocorreu.

Quanto à adesão ao programa, além dos documentos de praxe e do plano de recuperação tributária, é importante ressaltar que o pedido exige a apresentação de vasta documentação financeira não só relativa à entidade, como também a documentação de seus representantes, exigência esta que, em caso de exclusão do parcelamento, aponta para o interesse em possíveis redirecionamentos futuros da cobrança aos gestores da instituição.

Não restam dúvidas de que, dependendo da gravidade da situação econômico-financeira da IES, esta pode ser uma excelente oportunidade para a repactuação dos débitos tributários federais vencidos, já que, além da moratória de doze meses, será possível quitar os tributos mediante o oferecimento de bolsas de estudo previstas no programa, de modo que apenas 10% das parcelas mensais precisariam ser quitadas em moeda corrente.

Por outro lado, o Proies não deve ser visto como um novo parcelamento extraordinário, como o Refis (Programa de Recuperação Fiscal) ou o Paes (Parcelamento Especial), já que as condições de adesão e manutenção no programa são muito restritas e a exclusão da mantenedora desse parcelamento praticamente resultará na inviabilidade de sua operação já que a penalidade prevista para o não cumprimento do programa é o descredenciamento da IES.

---

84. Art. 151, inciso II, do CTN.
85. Lei n.º 12.688, de 18 de julho de 2012.

Por essa razão, o programa deve ser analisado com extrema cautela antes de ser decidida a adesão a ele, pois é uma opção que pode mudar o destino da IES. Assim, recomendamos a contratação de profissionais e auditorias capacitadas, sendo essencial a elaboração de um plano de recuperação tributária fidedigno e apto a ser cumprido.

Aqui, cabe um estudo profundo da situação financeira da instituição, conferindo o atendimento a todos os pré-requisitos de adesão e viabilidade de autofinanciamento e manutenção dos índices educacionais ao longo de toda a repactuação. Além disso, é preciso analisar a situação regulatória da instituição e considerar que, caso não sejam preenchidas as vagas de bolsas do Proies, o pagamento do percentual não preenchido deverá ser feito em moeda corrente.

Para as instituições que aderiram ao Proies, é evidente que o *compliance* se torna praticamente obrigatório, pois as regras de conformidade do programa assumem feições idênticas à função de *compliance* exigida na legislação do Proies, embora com nuances diferentes. Além disso, a não conformidade ao Proies pode implicar até mesmo o encerramento de todas as atividades da instituição.

O Proies, tal como o Pronatec, é uma política educacional estabelecida para suprir uma demanda temporária, assim como ocorre com os parcelamentos federais. O Proies, no entanto, se constitui como uma inovação, porque foi criado para ajudar entidades com problemas financeiros e regulatórios, muito similar ao processo de recuperação judicial, motivo pelo qual deve ser analisado em perspectiva dentro de um programa de integridade, mesmo que essa política educacional não esteja em vigor.

6.5. Políticas públicas municipais

A política pública não é um tema naturalmente jurídico; além disso, a natureza dinâmica e funcional dessa concepção, nascida da ciência política e, principalmente, da sociologia, contrasta com a estabilidade e a generalidade jurídicas. O interesse sociojurídico pelas políticas públicas vem crescendo junto com o agigantamento do Poder Executivo, fenômeno próprio do Estado interventor atual, e, nesse cenário, é visível que as políticas públicas educacionais vêm ganhando novos contornos, pois o crescente interesse que despertam fez com que saíssem do âmbito federal e fossem diretamente adotadas por alguns municípios.

Considerando que as políticas públicas são idealizadas como a ligação entre o pensamento e a ação (teoria e prática), vamos conhecer algumas delas que integram valores sociais e institucionais. Alguns municípios brasileiros adotaram políticas públicas baseadas no Prouni e no Fies, programas de mérito reconhecido, e as propostas municipais foram concebidas como parcerias público-privadas, trazendo benefícios recíprocos e, principalmente, benefícios para a comunidade local.

A análise dessas políticas públicas municipais não é importante somente para as IES sob o ponto de vista de sua aplicabilidade, mas também para que outros municípios possam ter conhecimento da possibilidade de adotar projetos análogos. Nesse sentido vamos descrever programas municipais, relativos ao ensino superior privado: os quatro mencionados anteriormente, executados em Campinas (SP), em Manaus (AM), em Porto Velho (RO) e em Belém, (PA).

O município de Campinas, localizado no interior paulista, instituiu, em 2008, o Programa de Inclusão Social pelo Ensino Superior (Procampis), o qual prevê a redução da alíquota do Imposto Sobre Serviços de Qualquer Natureza (ISSQN) de 5% para 2% para as IES que ofereçam bolsas de estudo a estudantes de baixa renda no município. As bolsas, integrais e parciais, variam de acordo com a renda familiar mensal e são concedidas a estudantes brasileiros residentes no município há pelo menos três anos, sem diploma de curso superior, que tenham cursado o ensino médio completo em escola da rede pública ou em instituições privadas, nesse caso como bolsistas em regime integral ou parcial.

Além dos estudantes especificados, também podem pleitear bolsas de estudo os servidores da administração pública municipal direta ou indireta, preferencialmente os professores da rede pública de ensino da Prefeitura Municipal de Campinas, com ou sem curso superior e renda familiar mensal *per capita* de até 6,5 salários mínimos.

Já o Programa Bolsa Universidade da Prefeitura Municipal de Manaus, instituído em 2009, é considerado um programa socioeducacional, com a finalidade de conceder bolsas de estudo integrais e parciais (75% e 50%) para cobrir o valor das mensalidades de cursos de graduação e sequenciais de formação específica, a estudantes de baixa renda, comprovadamente sem condições de custear os estudos em instituições particulares de ensino superior estabelecidas na capital amazonense.

O programa manauara apresenta uma peculiaridade: o estudante beneficiado se compromete a participar de projetos educacionais, sociais, culturais, socioambientais etc., adotados pela Prefeitura e seus parceiros, aliando dessa forma o aprendizado teórico adquirido em sala de aula à prática, complementando o processo ensino-aprendizagem.

Em Porto Velho, capital de Rondônia, há o Programa Faculdade da Prefeitura, instituído em 2010, o qual prevê a redução da alíquota do Imposto Sobre Serviços de Qualquer Natureza (ISSQN) em 5% sobre o montante da receita bruta aferida pela IES. O Programa prevê a concessão de bolsas de estudos integrais para estudantes de graduação de nível superior em cursos autorizados ou reconhecidos pelo MEC, oferecidos por instituições privadas de ensino superior estabelecidas em Porto Velho, com ou sem fins lucrativos.

De acordo com o Programa Faculdade da Prefeitura, serão concedidas apenas bolsas de estudo integrais a brasileiros residentes em Porto Velho, não portadores de diploma de curso superior e selecionados pelo resultado do

Enem, que comprovem ter cursado o ensino médio completo em escola de rede pública, ser domiciliados no município pelo período mínimo de três anos antes do início da bolsa e ter renda familiar mensal *per capita* não maior do que dois salários mínimos.

Em Belém, no Pará, foi criado o Programa de Formação Profissional (Proformar), com o objetivo de promover a formação de profissionais para atender às necessidades socioeconômicas locais, oferecendo bolsas de estudo integrais e parciais para estudantes de cursos profissionalizantes de ensino médio e de graduação superior ou sequenciais de formação específica, em instituições privadas de ensino.

A entidade particular de ensino que aderir ao Proformar assina um Termo de Adesão, por meio do qual dá bolsas de estudo na proporção de, no mínimo, 2,5% do número total de pagantes nos cursos que oferecer, anualmente declarados de interesse municipal. A compensação pelas bolsas oferecidas é a quitação de débitos tributários municipais vencidos e a vencer dentro da vigência do Termo de Adesão (seis anos).

Esses exemplos de políticas públicas municipais demonstram a existência de iniciativas de fomento regionais, que podem beneficiar o setor educacional privado mediante incentivos envolvendo tributos municipais. Porém, para obter e manter esses benefícios, é imprescindível estar em conformidade com alguns critérios, como não ter débitos correntes de tributos municipais, manter dados cadastrais atualizados e cumprir integralmente os regulamentos próprios de cada programa.

A importância das políticas públicas municipais para as instituições educacionais privadas evidencia a importância da função de *compliance* para as que aderem a tais programas, pois os benefícios concedidos são determinantes em seu resultado econômico-financeiro mensal.

Capítulo

7

COMPLIANCE RELACIONADO COM ROTINAS INSTITUCIONAIS

A ESTRUTURAÇÃO de um programa de *compliance* deve incluir a criação de procedimentos, controles e mecanismos de gestão com o objetivo de resguardar ou minimizar perdas decorrentes da atuação da instituição. Portanto, é imprescindível que uma entidade privada de educação adote a função de *compliance* em todas as suas rotinas institucionais, principalmente porque suas diversas áreas de atuação não funcionam de maneira isolada, estando todas interligadas em um sistema.

É possível, por exemplo, constatar que o setor regulatório de uma instituição de ensino superior tem alguma ligação com a área contábil-tributária, embora sejam aparentemente estanques. Da mesma forma, as políticas públicas de concessão de bolsas também possuem esse estreito vínculo com a área contábil-tributária das instituições particulares privadas de ensino, uma vez que geralmente são programas postos em prática por meio de incentivos fiscais.

O setor acadêmico tem estreita relação com o direito do consumidor, assim como o setor de recursos humanos e o setor regulatório da instituição. O grande problema, no entanto, é mensurar exatamente como um setor de uma instituição educacional pode influenciar outro. Isso evidencia a necessidade de aplicar o *compliance* nas diversas rotinas das instituições particulares de ensino.

As atribuições da função de *compliance* específica para o setor educacional privado devem incluir tarefas de verificação e controle das rotinas institucionais, visando assegurar que todos os cenários passíveis de risco possam ser atenuados ou eliminados, protegendo, assim, a integridade corporativa da instituição.

Nesse sentido, há uma clara necessidade de identificar, nas principais rotinas de uma instituição educacional particular, os riscos de *compliance* e suas possíveis formas de mitigação, pois todos eles representam um risco sistêmico que pode levar inclusive ao encerramento das atividades da instituição.

Assim, o objetivo deste capítulo é justamente apresentar as principais rotinas das instituições educacionais particulares e salientar como devem ser objeto de uma gestão integrada e de auditoria permanente por meio do cumprimento de normas, políticas e procedimentos internos pré-estabelecidos, objetivando minimizar o risco de *compliance*.

Programa de Integridade no Setor Educacional **133**

7.1. Rotinas fiscais

As rotinas de apuração fiscal e tributária aparentemente pertencem apenas ao setor contábil da instituição, com a apuração de todos os tributos, a entrega de obrigações acessórias, o registro de livros fiscais, o levantamento de balancetes, entre várias outras atribuições. Porém, todos esses procedimentos em uma instituição educacional particular vão além da mera contabilidade mensal, na medida em que correm alguns riscos tributários próprios do setor.

Como se sabe, o risco tributário é inerente ao risco de toda e qualquer atividade empresarial, comercial, associativa, fundacional etc. – ou seja, constituir uma pessoa jurídica implica inclui correr riscos porque o sistema tributário brasileiro contém dispositivos que afetam o desenvolvimento e a expansão de certas atividades produtivas no país. A criação de novos tributos e/ou o aumento de alíquotas vigentes podem prejudicar as decisões de investimentos, que se refletem diretamente no crescimento da produção, na expansão da prestação de serviços, na oferta de empregos e no próprio desenvolvimento econômico e social do país.

Outros aspectos, como as constantes alterações da legislação tributária e os custos de conformidade – ou seja, os gastos necessários dos contribuintes para que possam cumprir as determinações tributárias – também devem ser examinados no risco tributário. Por exemplo, alguns tributos são cumulativos e incidem em cascata nas diversas fases do processo produtivo e na prestação de serviços, como as atualmente vigentes contribuições para o Financiamento da Seguridade Social (Cofins) e a contribuição ao Programa de Integração Social (PIS), que, em conjunto, representam uma expressiva parcela da carga tributária total.

No Brasil, ainda existe uma dificuldade adicional de interpretação e aplicação das normas fiscais porque o sistema federal contém diversas contradições e um volume excessivo de normas. Além disso, o risco fiscal também pode resultar de falhas oriundas no cumprimento da forte regulação econômica e social dentro de um mesmo mercado.

Concluímos, então, que o risco fiscal faz parte de qualquer atividade profissional, econômica ou produtiva no país, principalmente diante de seu custo de cumprimento (*compliance cost*) e das diversas instabilidades que caracterizam nossa legislação tributária. Como o risco fiscal significa um custo natural, empresas e instituições são forçadas a adotar mecanismos de gestão estratégica para lidar com o risco fiscal.

No setor educacional privado, além de todo o risco sistêmico natural aos atos regulatórios e às políticas públicas que o envolvem, o risco fiscal também é um fator determinante nos resultados institucionais e econômicos das entidades que o constituem. Por esse motivo, a função de *compliance* se torna um mecanismo imprescindível para proteger a integridade dessas organizações, reduzindo riscos e aprimorando controles essenciais para a tomada de decisões.

Assim, é preciso conhecer as principais rotinas tributárias das instituições de ensino privado, cuja execução exige acuidade e zelo para minimizar o risco de *compliance*. Entre as principais, podemos destacar as exigências de certidões de regularidade fiscal, a manutenção dos requisitos da imunidade tributária, a manutenção de isenções fiscais e compensação tributária. E, voltando a enfatizar, essas não são as únicas peculiaridades fiscais do setor.

7.1.1 Exigências de certidões de regularidade fiscal

A exigência de certidão negativa de débito tributário (CND) representa hoje um dos maiores obstáculos ao desempenho de certas atividades, especialmente as que envolvem contratações com o poder público, como ocorre no setor educacional privado, como no credenciamento, recredenciamento, autorização e reconhecimento de cursos, adesão e renovação do Programa Universidade para Todos, como recompra do Fies.

Em muitos casos, o contribuinte se vê obrigado a pagar tributos, ainda que os considere indevidos, apenas porque sem tal pagamento simplesmente não poderá continuar exercendo sua atividade. Também não são raros os casos em que o contribuinte é prejudicado em sua atividade por simples questões burocráticas, quando, na verdade, não é devedor de nenhum tributo, mas não consegue obter a certidão em tempo hábil. Ou é devedor de quantias insignificantes e, ao ser advertido do fato, já não há tempo para o pagamento, ou, ainda, é devedor apenas pelo fato de não ter condições financeiras para saldar o débito com o Tesouro, e poderia fazê-lo se lhe fosse autorizada a contratação da obra ou do serviço com o Estado.

Efetivamente, em muitos casos a exigência de certidão negativa de débito tributário pode representar cerceamento ao direito de exercer trabalho, ofício ou profissão, ou ao direito de exercer atividade econômica, o que entra em conflito com normas da Constituição segundo as quais esses direitos estão garantidos. Diante desses obstáculos, muitas vezes o contribuinte termina pagando quantias indevidas porque é o caminho mais prático para alcançar o resultado pretendido. Tem sido frequente o deferimento de mandados de segurança para garantir a prática da atividade sem a questionada certidão de quitação.

Não se pode ignorar a necessidade das certidões de regularidade fiscal para a vida útil das instituições particulares, bem como para manter o quadro de funcionários, uma vez que o fato de não obter as referidas certidões é pretexto para a cobrança coercitiva de tributos, gerando prejuízos aos projetos e às atividades de vários negócios em um procedimento que o STF já considerou inadmissível em sua Súmula 70: "É inadmissível a interdição de estabelecimento como meio coercitivo para cobrança de tributos". Entretanto, no caos da necessidade para adesão ou manutenção do Prouni e recompra de certificados do FIES, entidades têm tido dificuldades, inclusive no âmbito judicial, na obtenção de êxito da utilização sem apresentação da CND.

Para Ferreira Jardim,

> a exigibilidade de certidões negativas, a exemplo do quanto consta em diplomas de índole tributária e administrativa, exprime absurdez vitanda absolutamente incompaginável com uma série de princípios constitucionais, dentre eles, o postulado assegurador ao livre exercício de qualquer trabalho, ofício ou profissão, gravado no art. 5º, XIII, bem como no primado proclamador da livre atividade econômica, insculpido no art. 170, parágrafo único, bem como o vector que prestigia o direito de propriedade e o direito concernente à igualdade.[86]

No que tange às instituições privadas de educação, principalmente as de ensino superior, existem situações bastante peculiares sobre a exigência de certidões de regularidade fiscal, conforme veremos adiante.

O Decreto n.º 9.235, de 15 dezembro de 2017, que, em seu art. 20, dispõe sobre o exercício das funções de regulação, supervisão e avaliação de IES e cursos superiores de graduação e sequenciais no sistema federal de ensino, estabelece que o pedido de credenciamento de uma instituição de ensino superior deve conter as certidões de regularidade fiscal perante a Fazenda Federal, a Estadual e a Municipal. Nesse caso, tanto o Semesp e outras entidades representativas, como entidades mantenedoras individualmente obtiveram decisões judiciais contra apresentação da CND. A Lei n.º 9.294 de 20 de dezembro de 1996, no art. 7º estabelece a necessidade da comprovação da capacidade de autofinanciamento e a Lei n.º 10.861, de 14 de abril de 2004, estabelece a necessidade da comprovação da sustentabilidade financeira, que não se confundem com apresentação da CND, razão pela qual os tribunais têm rejeitado tal obrigação. Entretanto o Decreto n.º 9.235, de 2017, exige a apresentação demonstração de patrimônio e demonstrativo financeira atestada por profissionais competentes (art. 20, letra f).

Da mesma forma, por ocasião do processo, o poder público também exige a apresentação das certidões de regularidade fiscal. No entanto, ao contrário da lógica que orienta o processo de credenciamento institucional, no de recredenciamento a exigência de certidões de regularidade fiscal se torna um óbice indevido, uma vez que a instituição já está funcionando e a exigência tributária é decisiva no processo regulatório da instituição. Nesse caso, a exigência de regularidade fiscal não se justifica ainda mais porque há diversos fatores que podem influir na obtenção das certidões e talvez não tenham nenhuma correlação com o aspecto regulatório da instituição e nem na mensuração de sua capacidade de autofinan-

---

86. FERREIRA JARDIM, Eduardo Marcial, *Comentários ao Código Tributário Nacional*. Coord. Ives Gandra da Silva Martins. Saraiva: São Paulo, 1998, vol. 2, p.516.

ciamento. Se essa exigência fosse mantida, o Ministério da Educação estaria assumindo ilegalmente a competência fiscalizatória da Fazenda Pública.

Com base nesse fundamento, o Sindicato das Entidades Mantenedoras de Estabelecimentos de Ensino Superior no Estado de São Paulo (Semesp) ajuizou uma ação ordinária e conseguiu afastar a exigência das certidões de regularidade fiscal nos processos de recredenciamento de todas as instituições de ensino superior no estado de São Paulo, tanto sob a égide do Decreto n.º 5.773, de 2006, como do Decreto n.º 9.235, de 2018, decisão esta que ainda está em vigor.

Nos processos de transferência de mantença, a certidão de regularidade fiscal é condição indispensável do MEC para deferir o pedido por parte da entidade postulante – ou seja, a exigência de regularidade fiscal é pressuposto para que uma mantenedora conquiste a mantença de uma instituição de ensino.

EM FOCO

Art. 35. A alteração da mantença de IES será comunicada ao Ministério da Educação, no prazo de sessenta dias, contados da data de assinatura do instrumento jurídico que formaliza a transferência.

Parágrafo único. A comunicação ao Ministério da Educação conterá os instrumentos jurídicos que formalizam a transferência de mantença, devidamente averbados pelos órgãos competentes, e o termo de responsabilidade assinado pelos representantes legais das mantenedoras adquirente e cedente.

Art. 36. Após a efetivação da alteração de mantença, as novas condições de oferta da instituição serão analisadas no processo de recredenciamento institucional.

§ 1º Caso a mantenedora adquirente já possua IES mantida e regularmente credenciada pelo Ministério da Educação, o recredenciamento ocorrerá no período previsto no ato autorizativo da instituição transferida vigente na data de transferência de mantença.

§ 2º Caso a mantenedora adquirente não possua IES mantida e regularmente credenciada pelo Ministério da Educação, a instituição protocolará pedido de recredenciamento, no prazo de um ano, contado da data de efetivação da transferência de mantença.

Entre outras peculiaridades, agora as certidões de regularidade fiscal também são exigidas na adesão e na renovação do Programa Universidade para Todos (Prouni). À primeira vista, essa exigência poderia ser considerada lógica, no entanto, o histórico do programa indica uma situação diversa. Na realidade, quando o Prouni foi lançado, em 2004, e mesmo após a sua conversão na Lei n.º 11.096, de 2005, não era prevista a exigência da certidão de regularidade fiscal. Entretanto, a partir da Lei n.º 11.128, de 28 de junho de 2005, aproximadamente seis meses após a ratificação do primeiro termo de adesão ao Prouni pela maioria das instituições, a exigência de certidões de regularidade fiscal passou a ser prevista.

A certidão de regularidade fiscal das IES vinculadas ao Prouni passou a ser exigida somente a partir de janeiro de 2013 e, nessa ocasião, as instituições que desejavam renovar o Prouni, mesmo tendo aderido desde 2004, passaram a ser obrigadas a apresentar as certidões de regularidade fiscal, exigência que ocasionou a exclusão de diversas instituições do programa.

Refletindo sobre essas questões, vemos que em várias ocasiões o MEC faz exigências regulatórias e intervém em uma esfera sabidamente além de sua competência, o que é legalmente reprovável e moralmente inaceitável.

A exigência de regularidade fiscal deve ser vista como parte de uma rotina fiscal que entrelaça elementos regulatórios educacionais e exigências tributárias diversas. Por esse motivo, o *compliance* se torna uma importante ferramenta para evitar que o custo de cumprimento dessa rotina afete as estratégias regulatórias e de expansão, as políticas públicas e outros aspectos financeiros da instituição.

7.1.2 *Compliance* na manutenção dos requisitos da imunidade tributária

Como já apontamos, o *compliance* pode ser aplicado a instituições particulares de educação com ou sem fins lucrativos. Para as instituições com fins lucrativos, o *compliance* é facilmente perceptível, principalmente porque esse programa nasceu em ambiente corporativo voltado à eficiência econômico-financeira e visando evitar o risco de não conformidade.

Já com relação às entidades sem fins lucrativos, o *compliance* é tratado com indiferença, embora seja uma ferramenta extremamente útil para que a instituição se enquadre justamente nessa natureza jurídica – ou seja, tem o poder de assegurar o cumprimento dos requisitos que atribuem às instituições seu caráter não lucrativo, garantindo-lhes imunidade tributária. O principal efeito de ser uma instituição sem fins lucrativos é, então, contar com o benefício da imunidade tributária, em maior ou menor grau, respeitados critérios diferenciados, conforme veremos mais adiante.

Em linhas gerais, a partir da promulgação da Constituição Federal de 1988, para gozar de imunidade tributária a instituição particular de ensino pode, em princípio, ser constituída sem fins lucrativos ou como instituição beneficente de assistência social (filantrópica), ambas funcionando como associação ou fundação.

Convém esclarecer a diferença básica entre uma instituição sem fins lucrativos e uma instituição filantrópica. A primeira, conforme explica Hugo de Brito Machado,[87] é aquela que não se presta como instrumento de lucro para seus instituidores ou dirigentes, tendo de investir todo o "lucro" que obtiver na execução

---

87. MACHADO, Hugo de Brito. "Imunidade tributária". In: MARTINS, Ives Gandra da Silva (Coord.). *Imunidades Tributárias, Pesquisas Tributárias n. 4*. São Paulo: Resenha Tributária e Centro de Extensão Universitária, 1998, p. 80-95.

dos seus objetivos institucionais. Já a instituição beneficente de assistência social, segundo Edmar Marques Daudt,[88] é aquela que, organizada sob as mais diversas formas, presta vários tipos de serviço ao cidadão, buscando satisfazer suas necessidades básicas relacionadas em alguma medida com o disposto no art. 203 da Constituição: promoção de assistência social, como proteção da família, da infância e da adolescência, integração ao mercado de trabalho, entre outras iniciativas.

Uma instituição educacional sem fins lucrativos, do ponto de vista legal e constitucional, é aquela que goza da imunidade prevista no artigo 150, VI, "c", da Constituição. Para que uma instituição privada de educação sem finalidade lucrativa possa gozar do benefício da imunidade tributária referente aos impostos, é preciso que cumpra os requisitos do art. 14 do Código Tributário Nacional.

EM FOCO

Art. 150. Sem prejuízo de outras garantias asseguradas ao contribuinte, é vedado à União, aos Estados, ao Distrito Federal e aos Municípios:
(...)
VI – instituir impostos sobre:
(...)
c) patrimônio, renda ou serviços dos partidos políticos, inclusive suas fundações, das entidades sindicais dos trabalhadores, das instituições de educação e de assistência social, sem fins lucrativos, atendidos os requisitos da lei;

Art. 14 - O disposto na alínea c do inciso IV do art. 9º (trata da imunidade das instituições de educação sem fins lucrativos) é subordinado à observância dos seguintes requisitos pelas entidades nele referidas:
I - não distribuírem qualquer parcela de seu patrimônio ou de suas rendas, a título de lucro ou participação no seu resultado;
II - aplicarem integralmente no país os seus recursos na manutenção dos seus objetivos institucionais;
III - manter escrituração de suas receitas e despesas em livros revestidos de formalidades capazes de assegurar sua exatidão;
§ 1º Na falta de cumprimento do disposto neste artigo, ou no § 1º do art. 9º, a autoridade competente pode suspender a aplicação do benefício;
§ 2º Os serviços a que se refere a alínea c do inciso IV do art. 9º são exclusivamente os relacionados com os objetivos institucionais das entidades de que trata este artigo, previsto nos respectivos estatutos ou atos constitutivos.

---

88. DAUDT, Edmar Vianei Marques.: Imunidade das entidades assistenciais". Curitiba, 2003, p. 80. Dissertação (Mestrado em Direito) – Curso de Pós-Graduação em Direito, Universidade Federal do Paraná.

A não distribuição de parcela do patrimônio é entendida pela doutrina e a jurisprudência como a não distribuição de lucros (dividendos ou resultados), o que torna a entidade sem fins lucrativos. Os tributos abrangidos por essa imunidade são os impostos sobre o patrimônio, a renda e os serviços vinculados às finalidades essenciais das instituições mencionadas no dispositivo constitucional.

Nesse sentido, conforme explicita Ives Gandra da Silva Martins, enfatizamos que a "imunidade a que se refere o art. 150, inciso IV, alínea 'c' da Constituição Federal abrange apenas os impostos, e não as demais espécies (taxas, contribuições especiais, empréstimos compulsórios e contribuições de melhoria)".[89]

Para a instituição de educação beneficente de assistência social, também chamada filantrópica, a imunidade tributária concedida abrange tanto o disposto no art. 150, VI, "c", como o art. 195, § 7º da Constituição. Uma pequena parte da doutrina entende que as instituições beneficentes de assistência social gozariam do benefício da isenção em razão da descrição literal do art. 195, § 7º, da Constituição. No entanto, o termo "isenção" utilizado no referido dispositivo foi erroneamente aplicado, pois se trata de uma imunidade tributária, conforme entendimento do Supremo Tribunal Federal. De acordo com o STF, toda forma de limitação constitucional ao poder de tributar que se afigure como norma que impeça o surgimento da obrigação tributária constitui imunidade tributária e não isenção.

EM FOCO

Art. 195. A seguridade social será financiada por toda a sociedade, de forma direta e indireta, nos termos da lei, mediante recursos provenientes dos orçamentos da União, dos Estados, do Distrito Federal e dos Municípios, e das seguintes contribuições sociais:
(...)
§ 7.º São isentas de contribuição para a seguridade social as entidades beneficentes de assistência social que atendam às exigências previstas em lei."

Além da discussão sobre a imunidade tributária das contribuições sociais já resolvidas pelo STF, para que uma instituição privada de ensino possa gozar de tal benefício terá de cumprir os requisitos estabelecidos na Lei n.º 12.101, de 27 de novembro de 2009 – que dispõe sobre a certificação das entidades beneficentes de assistência social e regula os procedimentos de isenção (imunidade) de contribuições sociais, com importantes alterações promovidas pela Lei n.º 12.868, de 15 de outubro de 2013. Na prática, a imunidade de uma instituição beneficente de

---

89. MARTINS, Ives Gandra da Silva. "Imunidade tributária das Fundações de Apoio às Instituições de Ensino Superior – Inconstitucionalidade de Disposições da Lei n.º 9.532/97 – Requisitos exclusivos para gozar da imunidade do art. 14 do Código Tributário Nacional". *Revista Dialética de Direito Tributário*, São Paulo, Dialética, p. 97-117, 1998.

assistência social abrange impostos e contribuições sociais, mas não taxas, contribuições especiais, empréstimos compulsórios e contribuições de melhoria.

São categorias bastante distintas, com tratamento especialmente definido nos artigos 150 e 195 na Constituição, dada a relevância social das funções de uma e de outra. O tratamento fiscal para instituições de ensino superior sem fins lucrativos e para as instituições beneficentes de assistência social evidencia o viés extrafiscal do legislador, que toma providências para prestigiar algumas situações econômico-sociais por meio da imunidade tributária.

Assim, a imunidade, e somente ela, pode proibir que outros fatos, vinculados a pessoas ou bens, possam ser acolhidos pela hipótese de incidência de impostos e contribuições, e também pode englobar tanto impostos como contribuições sociais, dependendo da forma de constituição do instituto de educação, em virtude de sua relevância social. Diante da importância e do grande valor social na constituição de cada tipo de instituição educacional, seja ela sem finalidade lucrativa ou beneficente de assistência social, podem-se identificar os benefícios fiscais que visam ao fomento da educação superior, como vemos no quadro a seguir:

Parâmetros	Instituição Privada de Ensino sem Fins Lucrativos	Instituição Privada de Ensino Beneficente de Assistência Social (Instituição Filantrópica)
Fundamento Constitucional	Art. 150, VI, "c".	Art. 150, VI, "c", e Art. 195, §7.º
Legislação Regulamentadora	Art. 14 do Código Tributário Nacional (CTN).	Lei n.º 12.101, de 27 de novembro de 2009, e o Decreto n.º 7.237, de 20 de julho de 2010.
Tributos Imunes (Benefícios fiscais)	Impostos (IR, ICMS, IPTU, entre outros).	Impostos (IR, ICMS, IPTU etc.) e Contribuições Sociais (quota patronal, contribuição para terceiros, Cofins, CSLL, entre outros).
Exigência de Certificado e Registro concedido pelo MEC, Ministério da Saúde e CNAS (CEAS)	Dispensado	Obrigatório

O Estado, ao solicitar a participação da sociedade civil na formação das pessoas, reconhece expressamente sua incapacidade de atender a todas as necessidades educacionais dos cidadãos, e como o próprio Estado não cumpre essa obrigação social, concede benefícios fiscais para organizações da sociedade civil que possam suprir essas lacunas. Em outras palavras, o Estado tem o interesse público de fomentar a educação superior, mas não tem recursos para tanto, razão pela qual recorre à renúncia de receita para conceder a instituições particulares a prerrogativa de sanar tais deficiências.

Por intermédio de leis de incentivos, isenções e imunidades fiscais, o Estado então favorece a sociedade, proporcionando ensino àqueles que não têm condições de pagar. As políticas educacionais de ensino devem atender às demandas por novas vagas e novas competências, devem estar atentas às transformações no modo de produção do conhecimento e na organização do ensino, e também inovar continuamente suas práticas.

É importante notar que o *compliance* utilizado para resguardar a imunidade tributária das instituições educacionais privadas não se limita ao cumprimento das regras impostas, mas, principalmente, trata da criação de mecanismos que monitorem permanentemente o cumprimento dessas regras de imunidade. Assim, por exemplo, a assinatura de um contrato de compra e venda deve ser objeto do *compliance* da instituição filantrópica, pois essa transação talvez possa descaracterizar sua natureza filantrópica, como ocorre com uma eventual distribuição de parcela do patrimônio da instituição, o que é terminantemente vedado pela legislação em vigor.

Além de aplicável às IES sem fins lucrativos, o *compliance* é indicado como mecanismo indispensável ao cumprimento das regras da filantropia, sendo um recurso que torna a instituição resiliente às interpretações enviesadas da administração pública e, principalmente, da Receita Federal acerca do cumprimento das regras da filantropia.

Com a Lei Anticorrupção, o poder público pode imprimir novos contornos ao cumprimento dos requisitos da imunidade tributária, instaurando um cenário para a manutenção da filantropia em que se podem atrelar as regras de *compliance* ao cumprimento dos requisitos que promovem a filantropia, relativizando o não cumprimento na hipótese de adoção do programa de *compliance*, mas não eximindo a instituição da aplicação de multa. Esse é um caminho possível para a sistemática que busca estabilizar a manutenção desse benefício constitucional e permite deixar para trás o atual cenário de incertezas e inseguranças que pesa sobre o setor.

7.1.3 Manutenção de isenções fiscais

Em geral, a isenção é caracterizada na doutrina nacional como a dispensa legal do pagamento de um tributo devido[90], e consiste em um favor concedido por lei, no sentido de dispensar o contribuinte desse pagamento, havendo a concretização do fato gerador do tributo; embora este seja devido, a lei dispensa seu pagamento.[91]

O fato é que a norma de isenção, a qual impede o nascimento da obrigação tributária para o beneficiário, produz o que se chama de "fato gerador isento". E, se tal isenção for concedida sob a forma de condição resolutiva, não havendo essa condição para a outorga, não é possível considerar que a lei de isenção foi revogada; pelo contrário, o que ocorreu foi simplesmente que a pessoa ou o fato isento passou do campo da não incidência para a incidência tributária – isto é, passou a ser tributado.[92] E, de acordo com Rubens Gomes de Sousa, a norma legal concessiva de uma isenção condicionada corresponde a um contrato de direito público sob forma de lei.[93]

Ao pleitear o reconhecimento de uma isenção *condicionada*, o contribuinte não precisa demonstrar os custos incorridos, ou qualquer efeito econômico, mas sim que sua conduta obedece aos critérios de identificação do fato, como previsto na norma de isenção, e com isso tem-se o fato jurídico isento – isto é, uma relação jurídica de isenção entre o contribuinte e o fisco. Ainda que seja possível uma regra de isenção conotar gastos por parte do contribuinte, como alerta Pedro Guilherme Lunardelli,[94] sua comprovação deve ser encarada pelo enfoque normativo, porque o referido gasto tornar-se-á um fato jurídico isento.

No setor educacional privado, a isenção está ligada a diversas políticas públicas de inserção no ensino – na educação superior, o Prouni é o exemplo mais significativo da isenção fiscal. Esse programa prevê que a concessão de bolsas de estudos pela instituição que a ele aderir é trocada por pela isenção fiscal de tributos (IRPJ, CSSL, Cofins e PIS) administrados pela Receita Federal, os quais incidem sobre a receita decorrente da realização de atividades de ensino superior em cursos de graduação ou sequenciais de formação específica.

Da mesma forma, existem diversas outras políticas públicas municipais envolvendo instituições de ensino superior e utilizando como suporte extrafiscal o Imposto Sobre Serviço de Qualquer Natureza (ISSQN), que é um imposto municipal. Vários municípios recorrem ao ISSQN para fomentar políticas públicas educacionais (ensino básico, médio e superior) oferecendo sua isenção a institui-

---

90. ATALIBA, Geraldo. "IPTU: progressividade". *Revista de Direito Público*, São Paulo, v. 23, n.º 93, p. 233, jan./mar. 1990, p. 243.

91. MORAES, Bernardo Ribeiro de. *Doutrina e prática do Imposto de Indústria e Profissões*. Ts. I e II. São Paulo: Max Limonad, 1964, p. 673.

92. CORRÊA, Walter Barbosa. "Não Incidência – imunidade e isenção". *Revista de Direito Administrativo*, n.º 73, p. 444.

93. SOUSA, Rubens Gomes de. "Isenções fiscais – substituição de tributos – Emenda Constitucional n. 18 – Ato complementar n. 27 – Imposto de vendas e consignação – Imposto sobre circulação de mercadorias". Parecer in *Revista de Direito Administrativo*, n.º 88, p. 259.

94. LUNARDELLI, Pedro Guilherme Accorsi. *Isenções tributárias*. São Paulo: Dialética, 1999, p. 130.

ções educacionais particulares que oferecerem bolsas de estudo ou outro benefício análogo.

Assim, do ponto de vista do governo (federal, estadual ou municipal), a isenção concedida em função da adesão a alguma política pública só se caracterizará
como benefício se o valor das bolsas concedidas for inferior aos tributos não arrecadados. Ao conceder isenções, o governo renuncia à entrada de novos recursos
nos cofres públicos, esperando, em troca, que as instituições beneficiadas prestem
serviços gratuitos à população carente. Por outro lado, se para as instituições as
isenções forem consideradas um benefício, a prestação de serviços gratuitos representa um ônus.

É necessário esclarecer que, quando o contribuinte indica que quer assumir
deveres jurídicos condicionados ao gozo da isenção, esse tipo de isenção não é
uma negociação. Esses deveres jurídicos resultam estritamente de normas estabelecidas pelo governo (federal, estadual ou municipal). Nesse caso, não decorrem
da vontade do cidadão, e apenas integram os pressupostos legalmente exigidos
para ter direito à isenção tributária concedida.

Para que uma instituição de ensino possa conquistar e manter os benefícios
da isenção tributária, é imprescindível estar em conformidade com os vários critérios exigidos em cada município, como não possuir débitos correntes de tributos
municipais, manter dados cadastrais atualizados e cumprir integralmente os regulamentos próprios de cada programa. É justamente nesse horizonte que se inse-
rem o *compliance* e seus mecanismos de integridade corporativa, tornando a instituição educacional particular resiliente para a manutenção da isenção tributária.

7.1.4 Compensação tributária

O Código Tributário Nacional estabelece, em seu art. 156, as hipóteses de extinção do crédito tributário, entre elas a chamada "compensação" – isto é, o encontro
de débitos e créditos —, que ocorre quando o devedor do crédito tributário em
questão é ao mesmo tempo credor da Fazenda Pública. Então, se dá a "extinção
de obrigações recíprocas entre as mesmas pessoas que se reputam pagas (total ou
parcialmente)".

Com base nessa perspectiva, o CTN também define os requisitos legais para
a autorização da compensação tributária, que deve decorrer de expressa autorização normativa, podendo ser objeto de compensações com créditos tributários
vencidos e a vencer (nos termos do art. 170 do CTN).

No setor educacional privado, a compensação não é um procedimento muito
usual, embora conste em algumas políticas públicas, como o Fies, em vigor desde
2001. De natureza contábil, prevê a concessão de financiamento a estudantes regularmente matriculados em cursos superiores não gratuitos e com avaliação positiva nos processos conduzidos pelo MEC de acordo com regulamentação específica.

A Lei do Fies dita que os certificados de títulos de dívida pública, emitidos exclusivamente para as mantenedoras de Ensino Superior, podem ser utilizados como mecanismo de pagamento às IES pela prestação de serviços educacionais. Além disso, as operações com esses certificados no programa do Fies também podem compensar tributos administrados pela Receita Federal, ou seja, esses certificados são imprescindíveis para que uma IES possa compensar tributos para cobrir os gastos com os alunos que efetivamente estão estudando na instituição dentro do Fies.

É possível também que as compensações tributárias sejam objeto de políticas públicas implementadas por estados e municípios, que podem se valer desse mecanismo tributário para a execução de programas de inserção social na educação ofertados pelo setor educacional privado, assim como ocorre com as isenções tributárias, sendo igualmente estendidas as aplicabilidades e os benefícios do *compliance* para esse tipo de benefício fiscal.

7.2. Rotinas trabalhistas

As atividades em qualquer relação trabalhista envolvem funções importantes que devem ser observadas de forma legal, não apenas do ponto de vista administrativo, mas principalmente pelas obrigações e consequências jurídicas que as atividades provocam. Portanto, atentar para essas obrigações permitirá que a empresa e o empregado evitem multas e transtornos operacionais, e transmitam mais confiança e segurança na relação de trabalho. É justamente nesse âmbito que opera a rotina trabalhista, alvo da função de *compliance.*

Pode-se dizer que, na rotina trabalhista de uma empresa, as obrigações trabalhistas e previdenciárias que decorrem da relação de trabalho e da relação de emprego são cumpridas de forma organizada e padronizada tanto pela empresa quanto pelo empregado. A folha de pagamento, por exemplo, é uma rotina de trabalho comum, porém de extrema importância, pois, além de sua função operacional, contábil e fiscal, deve servir como base em todas as ocorrências mensais do empregado. Ela é a descrição dos fatos que envolveram a relação de trabalho, de maneira simples e transparente, transformados em fatores numéricos por meio de códigos, quantidades, referências, percentagens e valores, tornando-se resultados que formarão a folha de pagamento, e o recibo de pagamento de cada empregado é a parcela que contribuirá com a formação da folha de pagamento.

O ato de admitir um funcionário também pode ser considerado uma importante rotina trabalhista que deve ser objeto de *compliance,* uma vez que visa atender às normas legais existentes, bem como às normas internas da empresa, propiciando o ingresso bem-sucedido desse empregado. Quando a rotina é mal realizada ou não é cumprida, o empregador e o empregado podem ficar em situação de risco, e esta pode gerar multas ou, ainda, anulação de atos. Por isso, é importante criar um roteiro dos deveres e obrigações legais a serem cumpridos, e também dos documentos a serem preenchidos.

No caso do setor educacional privado, além dessas circunstâncias, outras peculiaridades devem ser observadas na admissão de funcionários, uma vez que existem exigências trabalhistas próprias do setor – por exemplo, as que decorrem dos instrumentos de avaliação institucional definidos pelo MEC, como titulação do corpo docente, regime de trabalho, carga horária diferenciada, plano de cargos e salários, entre outras.

Da mesma forma, a demissão também é algo bastante específico na rotina trabalhista de uma instituição particular de educação, pois requer procedimentos específicos e o cumprimento de regras muitas vezes não escritas. A não observância dessa regra pode impor à instituição a obrigação de reintegrar os funcionários demitidos, representando então um prejuízo ainda maior.

As regras de *compliance* adotadas por uma instituição educacional podem resguardá-la de prejuízos decorrentes da avaliação equivocada desta que poderia ser considerada uma rotina trabalhista usual, já que a demissão decorreria de um ato administrativo da instituição em seu poder de gestão. Enfim, as regras de *compliance* poderiam fazer com que a entidade adote uma conduta proativa da instituição diante das guinadas da legislação trabalhista, sobretudo em virtude da recente reforma, que alterou drasticamente a rotina de diversas organizações.

As rotinas trabalhistas gerais dizem respeito aos seguintes procedimentos:

- admissão de empregados;
- exigências legais do departamento de pessoal;
- cumprimento de dissídio, convenção coletiva ou acordo coletivo de trabalho e descontos sindicais autorizados;
- salário;
- INSS;
- imposto de renda;
- FGTS;
- 13º salário;
- férias;
- Programa de Alimentação do Trabalhador;
- folha de pagamento (encargos e contabilização);
- Rais/Caged;
- menor aprendiz;
- Verificação da titulação do docente;
- Cipa;
- estabilidade de emprego;
- rescisão contratual.

É muito comum, principalmente em organizações pequenas, haver problemas na atualização funcional das rotinas administrativas, em especial quando são reclamações trabalhistas ou fiscalizações do Ministério do Trabalho e Previdência Social. Na verdade, na maioria das vezes essa obrigação é transferida a terceiros que prestam assessoria contábil e trabalhista; por sua vez, esses geralmente não conhecem os detalhes regulatórios próprios do setor educacional privado, e relevantes nessas rotinas.

Assim, podemos dizer que as rotinas trabalhistas que são objeto de *compliance* são compostas por um conjunto de fatores em que se busca, além de relatar a contabilização da instituição, transformar dados em informações estratégicas e planejamentos destinados a minimizar o risco de não conformidade, criando, assim, uma rotina produtiva.

Considerando então que as principais rotinas trabalhistas são comuns a todos os tipos de empresa, é importante conhecer algumas rotinas típicas do setor educacional privado, em particular as relacionadas ao Ensino Superior, já que o conhecimento dessas rotinas pode ajudar a minimizar o risco de não conformidade e, portanto, otimizar o resultado operacional das instituições.

Entre as principais rotinas trabalhistas específicas do setor educacional privado, podemos citar as seguintes:

a. **Ano letivo:** o ano letivo é o período do ano em que são desenvolvidas as atividades acadêmicas ou o trabalho acadêmico efetivo. Segundo o inciso V do art. 12 da Lei n.º 9.394, de 20 de dezembro de 1996, é obrigação do professor ministrar os dias letivos e as horas-aulas estabelecidos, além de participar integralmente dos períodos dedicados ao planejamento, à avaliação e ao desenvolvimento profissional.

b. **Hora-aula:** "a hora-aula é decorrente de necessidades acadêmicas das IES, não obstante também estar referenciada às questões de natureza trabalhista. Nesse sentido, a definição quantitativa em minutos do que consiste a hora-aula é uma atribuição das instituições de educação superior, desde que feita sem prejuízo ao cumprimento das respectivas cargas horárias totais dos cursos." [95]A duração da hora-aula, no entanto, é de no máximo de sessenta minutos, variando de acordo com a convenção coletiva de cada Estado.

c. **Carga horária:** a carga horária deve levar em conta o tipo de curso com carga horária mínima de integralização: graduação (bacharelado, licenciatura, cursos superiores de tecnologia e cursos sequenciais), pós-graduação (*lato* e *stricto sensu*) e a possibilidade de integralização de curso (aproveitamento de conteúdos curriculares). É justamente por essa razão que as IES têm a prerrogativa de mensurar a sua hora-aula, motivo pelo qual é imprescindível o

---

95. Parecer emitido pela Câmara de Educação Superior do Conselho Nacional de Educação CNE/CES, n.º 261/2006, de 9 de novembro de 2006, convertido na Resolução CNE/CES n.º 3, de 2 de julho de 2007, que dispõe sobre procedimentos a serem adotados quanto ao conceito de hora-aula.

cumprimento das regras de conformidade ditadas pelo Conselho Nacional de Educação, adequando-se às normas coletivas.

d. **Banco de horas:** trata-se de um sistema de flexibilização da jornada de trabalho diária que possibilita a compensação de horas trabalhadas e é bastante utilizado no setor educacional privado. Para sua implantação, é necessária a autorização por convenção ou acordo coletivo, firmado entre a instituição e o sindicato ou a associação de classe, possibilitando à instituição adequar a jornada de trabalho dos empregados à sua demanda de serviços.

e. **Demonstrativo de pagamento:** no demonstrativo de pagamento do professor, todo e qualquer valor a ser pago deve estar discriminado. Não devem ser incorporados valores distintos numa única rubrica. Por exemplo: caso o professor receba hora-aula no valor de R$ 20,00, a instituição não poderá pagar R$ 21,00 e, no demonstrativo de pagamento, anotar que o valor corresponde à hora-aula acrescida de hora-atividade. Esse é um erro gerencial bastante comum, que pode gerar diversos problemas no caso de um processo trabalhista, pois o erro no demonstrativo de pagamento sempre é prejudicial para a IES.

f. **Registro de ponto:** com poucas exceções, é obrigatório para organizações com dez ou mais colaboradores, podendo ser manual, mecânico ou eletrônico. Não serão descontadas nem computadas como horas extras as variações de até dez minutos diários no registro de ponto do empregado.

g. **Descontos por falta ou atraso:** quando o professor, sem motivo justificado, faltar ou chegar atrasado ao trabalho, a instituição educacional poderá descontar-lhe do salário a quantia correspondente à falta. Poderá descontar inclusive o repouso semanal proporcional, quando o empregado não cumprir integralmente seu horário de trabalho na semana anterior. Há uma relação extremamente paternalista adotada pelas instituições educacionais em relação aos professores. Entretanto, é importante lembrar que o aluno "adquire um serviço" com carga horária determinada e conteúdo definido. Sendo assim, algumas instituições estão sendo condenadas em processos judiciais pelo não fornecimento do serviço prometido. De fato, a relação paternalista deve ser substituída por uma relação profissional.

h. **Contrato de trabalho de professores e corpo técnico administrativo:** a instituição está obrigada a executar, em quarenta e oito horas, as anotações nas carteiras de trabalho de seus professores, ressalvados eventuais prazos mais amplos permitidos por lei. No âmbito educacional, os contratos de trabalho servem de comprovação efetiva do cumprimento de diversas exigências regulatórias do Ministério da Educação, por exemplo, as comprovações do Censo da Educação Superior, entre várias outras.

i. **Contrato por prazo determinado:** trata-se de inquestionável exceção de modalidade do contrato de trabalho no nosso ordenamento jurídico. Todavia, os contratos a prazo também são regidos por leis. No âmbito da educação particular, essa modalidade de contratação é razoavelmente empregada, mas deve ser tomado todo cuidado para evitar riscos de não conformidade.

j. **Dualidade de funções:** de maneira geral, as instituições de ensino contratam seus professores para exercerem outras funções além da docência, tais como coordenadoria de cursos, assistência jurídica, coordenadoria de estágio etc. A doutrina e a jurisprudência não repelem a dualidade de emprego na mesma empresa, desde que sejam respeitados os limites de carga horária, o intervalo entre jornadas e entre outros institutos e, principalmente, as convenções coletivas de trabalho, que disciplinam o assunto de diversas formas.

k. **Regime integral:** o regime de trabalho integral de contratação de docentes é uma exigência prevista basicamente para o ensino superior, conforme as normas da Lei de Diretrizes e Bases da Educação Nacional[96], sendo exigido tanto para universidades como para centros universitários em percentuais diferentes. De acordo com a LDB, a universidade deve ter um terço do corpo docente em regime integral e os centros universitários, um quinto. Essa exigência também está prevista nos instrumentos de avaliações criados pelo Ministério da Educação para julgar cursos e IES. Em ambos os casos, o regime de trabalho deve ser alvo de *compliance* para evitar riscos de não conformidade.

l. **Exigência de mestres e doutores:** assim como a exigência do regime de trabalho integral, em alguns casos a exigência da titulação de mestres e doutores tanto decorre da LDB[97] como dos instrumentos de avaliação da Educação Superior. Aliás, essa exigência é um indicador de qualidade que pode influenciar no conceito avaliativo da instituição e, ao final, gerar até mesmo um processo de supervisão que pode a aplicar penalidades à IES.

m. **Registro da experiência profissional e acadêmica:** nos processos de autorização e reconhecimento de cursos, e credenciamento e recredenciamento de instituições, o Ministério da Educação analisa a experiência profissional e acadêmica dos professores. Sempre que o departamento de pessoal fizer a anotação na carteira profissional do professor, deverá também tirar cópia das anotações de registros em outras empresas, para futura comprovação da experiência profissional e acadêmica, além de também verificar a possibilidade de uma próxima aposentadoria. Esse procedimento deve ser adotado como padrão pela instituição e deve ser objeto da função de *compliance* para evitar o custo de não conformidade.

n. **Pagamento de salários:** os salários deverão ser pagos, no máximo, até o quinto dia útil do mês subsequente ao trabalhado. Trata-se de dispositivo legal e, portanto, de cumprimento obrigatório.

o. **Convenção coletiva de trabalho:** a convenção coletiva de trabalho é um instrumento normativo que rege as relações de trabalho entre empregados e empregadores de determinado setor, neste caso professores e auxiliares de

---

96. Art. 52, III, da Lei n.º 9.394, de 20 de dezembro de 1996.
97. Art. 52, II, da Lei n.º 9.394, de 20 de dezembro de 1996.

Programa de Integridade no Setor Educacional

administração escolar e professores e mantenedoras de ensino. A convenção coletiva de trabalho pode criar direitos acima do que estabelece a lei, com pagamento de horas extras acima de 50% ou de adicional noturno superior a 20%, ou disciplinar assuntos a cujo respeito a lei não tem previsão clara, como a supressão parcial de disciplina, ou atividade docente concomitante a atividade não docente. O reajuste salarial normalmente é concedido na data-base das categorias; no caso de professores e auxiliares de educação variam para cada estado.

p. **Dissídio coletivo:** não havendo acordo ou convenção coletiva de trabalho, pode ser instaurado dissídio coletivo de trabalho e seu julgamento pode atingir todas as instituições particulares de ensino. Os dissídios coletivos podem ser de natureza econômica ou jurídica. Os de natureza econômica criam normas que regulamentam os contratos individuais de trabalho como, por exemplo, cláusulas que concedem reajustes salariais ou que garantem estabilidade provisória no emprego. Os dissídios de natureza jurídica, conhecidos também como dissídios coletivos de direito, visam a interpretação de uma norma legal preexistente que, na maioria das vezes, é costumeira ou resultante de acordo, convenção ou dissídio coletivo. No âmbito do ensino privado, o dissídio pode ser exclusivamente do ensino básico ou do ensino superior, dependendo de cada situação.

q. **Contribuição sindical:** trata-se de contribuição que teve alteração na recente reforma trabalhista, deixando de ser obrigatória e assim a contribuição deve ter expressa autorização por parte do empregado.

r. **Plano de carreira:** o plano de carreira é, acima de tudo, um instrumento de gestão de pessoas com capacidade de possibilitar ao empregado visualizar seu itinerário profissional dentro da instituição. Na educação superior, o plano de carreira de docentes e do corpo técnico-administrativo é objeto de um indicador previsto no instrumento de avaliação de IES, aprovado pelo Ministério da Educação. O plano de carreira visa ainda retirar a possibilidade de evitar isonomia salarial, desde que sejam observadas as condições previstas na legislação (CLT) e não precisa mais ser homologado pelo Ministério do Trabalho.

s. **Estabilidades provisórias:** são garantidas as estabilidades provisórias da gestante; do dirigente sindical, ainda que suplente; do empregado eleito para cargo de direção de comissões internas de prevenção de acidentes; do empregado acidentado (em acidente de trabalho), durante a vigência do contrato por prazo determinado que não poderá ser rescindido antes do prazo estipulado pelas partes.

t. **Demissão por justa causa:** para tornar válida a demissão por justa causa de professor ou auxiliar de administração, a instituição educacional deverá cumprir disposições previstas no regimento ou no estatuto da instituição. Normalmente, é necessário abertura de inquérito ou processo administrativo, com prazo de defesa e comunicado sobre o motivo da dispensa. Se o procedimento no regimento não for obedecido, a demissão poderá ser anulada pela via judicial, e a instituição pode inclusive responder por eventuais danos morais.

u. Rescisão fraudulenta: é considerada fraudulenta a rescisão do contrato de trabalho, sem justa causa, por parte do empregador, operada formalmente, mas cujo empregado permanece em serviço ou é recontratado no prazo de 90 dias da data da rescisão contratual. A fiscalização do trabalho tem dado prioridade à constatação de simulação de rescisão contratual, por iniciativa do empregador e sem justa causa, seguida de recontratação ou permanência do empregado em serviço sem registro. No setor educacional privado, esse procedimento pode gerar outros prejuízos decorrentes de multas e sanções, além de ter um custo de não conformidade relacionado com a imagem negativa da instituição, outro prejuízo não contabilizado.

v. Rescisão contratual: na rescisão contratual, a legislação estabelece uma série de obrigações e até de limitações, conforme o caso, considerando-se o tempo de serviço, o prazo de pagamento, o cumprimento ou não de aviso prévio, entre outras. Conforme explicamos, a instituição educacional também deve ser bastante cuidadosa quando demitir certa quantidade de professores ou auxiliares administrativos para que não se configure a chamada demissão em massa ou coletiva. Para que essa demissão seja formalizada, é necessário negociar com o sindicato da categoria e com os próprios professores e funcionários, regra que deve ser objeto de *compliance*. A não observância dessa regra, sob a apuração do Ministério Público do Trabalho, pode impor à instituição a obrigação de reintegrar os funcionários demitidos e ainda ser forçada a pagar vultosas quantias referentes àquilo que poderia ser considerado dano moral coletivo, além do evidente custo de não conformidade decorrente da imagem negativa que tal procedimento impõe à instituição. Essa questão já foi objeto de precedente jurisprudencial.

Além das rotinas trabalhistas específicas das instituições privadas de educação, há também outro importante fator que deve ser objeto de mensuração de risco: os procedimentos administrativos instaurados no Ministério Público do Trabalho (MPT). Várias demandas trabalhistas próprias do setor têm origem em procedimentos administrativos instaurados no MPT, mas muitas vezes são desprezadas pelas IES.

O Ministério Público do Trabalho tem se envolvido em diversas atividades gerenciais das instituições particulares de ensino, em especial no âmbito que poderia ser considerado o poder de gestão das entidades. Dentro de suas competências legais, o MPT instaura Procedimento Preparatório e Inquérito Civil, propõe Termos de Compromisso de Ajustamento de Conduta (TCACs) e, por fim, ajuíza Ações Civis Públicas (ACP) de considerável amplitude. Muitas vezes, diante de situações bastante constrangedoras, as instituições se sentem obrigadas a firmar TCACs com o objetivo de sanar os efeitos de uma ameaça de ajuizamento de Ações Civis Públicas.

Ocorre, porém, que todos os procedimentos do Ministério Público do Trabalho devem ser tratados com bastante cuidado e zelo em âmbito administrativo, pois neles estão incluídos diversos significados de ordem fático-jurídicos que podem incidir na gestão da instituição, engessando decisões e comprometendo resultados operacionais significativos.

Nesse contexto, a implantação da função de *compliance* pode minimizar o custo de não conformidade decorrente de um eventual procedimento instaurado perante o Ministério Público do Trabalho, principalmente se esse procedimento afetar o poder de gestão da instituição, acarretando prejuízos de toda ordem para as entidades particulares de ensino.

Portanto, as regras de *compliance* aplicadas às rotinas trabalhistas das instituições particulares de educação podem minimizar diversos custos de não conformidade implícitos na relação de trabalho, em especial quanto às obrigações e às consequências jurídicas que tais rotinas podem acarretar no âmbito regulatório da educação, ou mesmo quando as questões regulatórias são determinantes na relação de trabalho. Nesse caso, a função de *compliance* aplicada às rotinas trabalhistas das instituições privadas de ensino deve levar em consideração o funcionamento sistêmico da organização, tanto sob o ponto de vista regulatório como pelo viés trabalhista.

7.3. Rotina na gestão de demandas judiciais variadas

Em princípio, a gestão de demandas judiciais de toda e qualquer instituição particular de educação estaria naturalmente atrelada à função de *compliance*. A ideia de estabelecer um modelo de gestão de demandas judiciais permite a criação de um cenário estratégico e com objetivos mais claros dentro das atividades desenvolvidas por instituições de ensino, tais como proposição de acordos em massa, minimização de custos regulatórios na autorização de um curso, minimização do custo com demandas consumeristas, entre outros. Além disso, permite detectar falhas em processos internos, estabelecer metas, e gerenciar melhor os provisionamentos e o fluxo de caixa.

A rotina na gestão de demandas jurídicas variadas é de suma importância para a minimização do passivo judicial e a maximização dos resultados operacionais, como é o objetivo final do *compliance*. Essa gestão subsidia a cultura organizacional e orienta as melhores práticas, a fim de tornar a instituição cada vez mais íntegra e robusta.

Conforme se pode constatar em diversas organizações, a gestão das demandas judiciais de uma instituição, com base na função de *compliance*, deve ser capaz de responder aos mais diversos questionamentos e também de gerir todos os assuntos sob sua responsabilidade direta (processos, contratos, fluxo procedimental de atos regulatórios do MEC, entre outros), gerando inclusive valor agregado para a instituição, o qual pode ser representado das mais diversas maneiras; por exemplo:[98]

- economia: menores custos em razão da proatividade de procedimentos sugeridos e adotados na IES;
- gestão operacional eficiente: diminuição de interlocutores para assessoraras decisões do mantenedor;
- redução dos riscos incorridos pela atividade da IES: minimizar o chamado "custo de não conformidade com leis e atos normativos";
- suporte aos mantenedores para a tomada de decisões: escolha de meios mais eficazes e seguros para a decisão do mantenedor;
- atuação direta ou indireta nas causas de litígio;
- cumprimento de legislação educacional específica que interfere na relação de consumo (Decreto n.º 9.235, de 2017, e LDB).

Evidentemente, não se pode chegar à eficiência sem uma boa gestão das demandas jurídicas que incidem nas atividades de uma instituição particulares de ensino. Para atingir esse ponto, deve-se obrigatoriamente definir um modelo necessário e adequado às atividades desempenhadas pela instituição, levando em consideração o tamanho e a natureza jurídica de cada uma, e estabelecendo normas e procedimentos, além de criar um modelo de gestão automatizada que integre todas as regras e procedimentos propostos.

Em todas essas variantes, podemos concluir que as instituições particulares de ensino passaram a sofrer demandas antes inexistentes, em particular as oriundas de procedimentos de regulação, supervisão e avaliação do Ensino Superior. Assim, por exemplo, podemos constatar com facilidade a tendência da jurisprudência nacional que gradativamente vem consolidando entendimentos que privilegiam a vertente acadêmico-pedagógica dos cursos de educação superior em detrimento da aplicação linear do Código de Defesa do Consumidor, o que evidencia novas *expertises* que devem ser objeto de uma nova conduta de gestão.

Na análise de alguns casos práticos, podemos constatar a existência de vários problemas que contrapõem o direito do consumidor e a pedagogia de ensino, como nos seguintes questionamentos: até que ponto a reprovação de um aluno por insuficiência acadêmica estaria atrelada a problemas na prestação do serviço? Até que ponto o pré-requisito de determinada disciplina pode violar o direito do consumidor? O aluno, que é consumidor da prestação de serviços educacionais,

---

98. SILVA, Daniel Cavalcante; SANT'ANA, Sérgio Henrique Cabral. "Aprimoramento e atualização das estruturas de gestão jurídico-corporativa das entidades de ensino superior". In *Competitividade na gestão jurídico-regulatória das entidades privadas de ensino*. (SILVA, D.C., Org.). Brasília: Ensinamento, 2013, p. 36.

paga pela carga horária ministrada ou pelo conteúdo efetivamente recebido? O aluno paga pelo conhecimento oferecido por um curso ou pelos créditos dessa oferta? Esses são questionamentos que evidenciam a necessidade de agregar novos conhecimentos à gestão da IES.

Evidentemente, as respostas a esses questionamentos se entrelaçam, até porque é impossível falar, por exemplo, em carga horária sem o seu conteúdo, e vice-versa. No entanto, vários desses questionamentos não podem ser respondidos apenas do ponto de vista do direito do consumidor, caso em que a pedagogia do ato de ensinar se reduz a uma mera análise da relação de consumo.

Nesse cenário, e diante da vasta jurisprudência setorial, não é raro observar várias alegações em processos judiciais que questionam a liberdade de ensinar, a liberdade de aprender, pesquisar, divulgar a cultura, o pensamento e o próprio saber. Essa liberdade não é aleatória, assim como imaginaria o senso comum, mas decorre da natureza dos princípios que deram origem à Lei de Diretrizes e Bases da Educação Nacional (LDB).

Com base nessa premissa, constatamos que muitos cursos de ensino superior passam por uma longa construção pedagógico-acadêmica desde sua concepção; para isso, o Conselho Nacional de Educação, dentro de suas atribuições institucionais, definiu as chamadas diretrizes curriculares. É justamente no âmbito dessas diretrizes que se imagina uma boa formação para o acadêmico de cada curso superior.

Assim, por exemplo, não se espera que um aluno de medicina seja um excelente profissional se não tiver passado pelo crivo de estágios curriculares dentro de criteriosos programas de residência, além de outros vários requisitos igualmente importantes; da mesma forma, não se espera que um aluno do curso de engenharia tenha o mínimo de qualidade se ficar limitado tão somente ao conteúdo de sala de aula. Por esse motivo as diretrizes curriculares dos cursos exigem estágio prático e atividades de campo, quando os alunos serão testados em suas áreas específicas de conhecimento.

A prestação de serviços no ensino superior deve levar em conta a construção pedagógico-acadêmica exigida para a formação do profissional, respeitando os princípios da liberdade de ensinar e aprender, como estipula a LDB. Embora essa concepção seja bastante evidente, a prática judicial demonstra que a pedagogia do ensino muitas vezes se choca com os requisitos da mera relação de consumo, forçando o Judiciário a fazer uma análise muito mais proveitosa da prestação de serviços educacionais. Para um modelo de gestão jurídico-corporativa, é essencial que todas essas questões sejam analisadas e mensuradas, algo que não é usual nos departamentos jurídicos das instituições.

Houve, por exemplo, o caso de uma instituição de ensino superior condenada à reparação de danos causados a um aluno que não foi aceito para residência em Medicina sob o esquálido argumento de ter havido defeito relativo à prestação do serviço em face do resultado que razoavelmente se esperava em relação à sua aprovação com base no art. 14, §1º, inciso II, do Código de Defesa do Consumidor. Ora, o objetivo da formação do aluno, que muitas vezes não se adapta às exigências acadêmicas mínimas, jamais poderia estar atrelado à relação de consumo, uma vez que depende única e exclusivamente do próprio aluno. Se ele não estudar ou não se esforçar minimamente, a IES não pode ser penalizada sob a alegação de defeito da prestação do serviço; se assim fosse, a pedagogia e a academia seriam relegadas a meros fatores em uma relação de consumo.

Em outra situação, aluna de uma IES de Florianópolis (SC) moveu ação por danos morais, utilizando o argumento central de que não poderia colar grau com sua turma inicial de faculdade porque a instituição não havia recebido seu relatório de estágio, o que a levou a ficar sem nota na disciplina e tornar-se inapta à conclusão do curso. Em sua alegação, afirmou que tais fatos lhe causaram sofrimento e abalo moral, e a ação foi julgada improcedente, pelo simples fato de que a aluna não obedeceu aos prazos estabelecidos regimentalmente. Em sua decisão, o juiz da 2ª Vara Cível da Comarca de São José, em Santa Catarina, deixa uma prodigiosa lição:

> A atitude da instituição ré é digna de aplausos, porquanto procurou, e neste caso conseguiu, ensinar que as regras, os regimentos, enfim, as normas devem ser rigorosamente obedecidos.
> Data vênia, no atual estágio educacional do país, onde a grande maioria desta juventude demonstra-se despreocupada com tudo e com todos, onde a grande massa dos jovens acha tudo natural, num verdadeiro culto do "tudo pode", do "tudo é natural", deve haver, sim, consequências severas para demonstrar que tal regra não é verdadeira.
> A regra correta é comportar-se de acordo com os "manuais" da vida acadêmica e social.[99]

Em outro exemplo, igualmente elucidativo, um aluno ajuizou ação contra uma IES em Brasília, argumentando que firmou contrato com a instituição para o fornecimento de uma quantidade definida de créditos, calculados em horas-aula em cada disciplina, mas que tal quantidade de horas-aula não havia sido cumprida. O aluno pediu a condenação por dano material e repetição do indébito consumerista, pois considerava que todas as disciplinas ficaram devendo horas.

Egresso do curso de Direito e advogando em causa própria, o aluno imaginou ter criado uma tese nova, fundada em um tênue cálculo aritmético, tendo como bases o calendário letivo e a carga horária das disciplinas optadas, chegando a um resultado que entendia ser divergente da carga horária descrita no histó-

---

99. Autos n.º 064.10.500681-9. Ação: Reparação de Danos/Ordinário. 2ª Vara Cível da Comarca de São José, Santa Catarina.

Programa de Integridade no Setor Educacional **155**

rico escolar. Em cálculo despropositado, o aluno entendia que em cada disciplina estariam faltando ao menos 25% do total das aulas, o que o motivava a pedir ressarcimento em indébito pelo que havia pago e não recebido. Embora contraditório, o aluno reconhecia textualmente que o serviço havia sido indiscutivelmente bem prestado pela IES, o que, inclusive, lhe ensejou a aprovação em seu primeiro exame da Ordem dos Advogados do Brasil.

A análise da prestação de serviços, nesses casos, não pode ser feita apenas com base no Código de Defesa do Consumidor, pois existem variáveis decorrentes do próprio ato de ensinar e da legislação educacional pertinente. Ora, as disciplinas de um curso superior não são mecanicamente cobradas e ministradas por intermédio de horas e valores, mas por meio de conteúdos, atividades presenciais, não presenciais e várias outras atividades complementares prestadas pelas IES.

Nesse cenário, é evidente que o curso de Direito tem uma abordagem muito mais extensa do que a simples presença nas aulas previstas no calendário acadêmico e que o cálculo das horas vai além daquelas previstas para a sala de aula. O curso é composto por toda uma estrutura, que inclui, entre outras coisas, todas as disciplinas dispostas na matriz curricular, agregada de, no mínimo, diversas atividades complementares. Da mesma forma, não se espera que um aluno do curso de Direito tenha o mínimo de qualidade se ficar restrito somente ao conteúdo de sala de aula, motivo pelo qual a diretriz curricular desse curso exige as atividades complementares, orientação esta ditada pelo Conselho Nacional de Educação, em seu Parecer n.° 261/2006.

No parecer, o Conselho Nacional de Educação explicita que "a perspectiva reducionista conduz, por assim dizer, à 'aulificação' do saber, isto é, à mensuração do processo educacional em termos de carga horária despendida em sala de aula, por meio de atividades de preleção". Nesse caso, é preciso pensar o processo educacional como um volume de conhecimentos a serem aprendidos pelo estudante, o que pode ocorrer em várias modalidades de transmissão, conforme as peculiaridades do curso e em conformidade com seu projeto pedagógico.

Com base nesses fundamentos, o 3º Juizado Especial da Circunscrição Judiciária de Brasília indeferiu o pedido do aluno com base em criteriosa sentença, que merece menção:

> A relação jurídica estabelecida entre as partes é de natureza consumerista, devendo a controvérsia ser solucionada sob o prisma do sistema jurídico autônomo instituído pelo Código de Defesa do Consumidor (Lei n.° 8.078/1990).
>
> Contudo, entendo que o ato de ensinar apresenta particularidades que superam a mera prestação dos serviços tal como entendida pelo Código de Defesa do Consumidor, porquanto vigoram os princípios da lei de diretrizes e bases n.° 9.394/96,

tais como o da liberdade de aprender, ensinar, pesquisar e divulgar a cultura, o pensamento, a arte e o saber; o respeito à liberdade e apreço à tolerância, dentre outros.

Nesse passo, embora cabível a inversão do ônus da prova, nos termos do inciso VIII do art. 6º do CDC, esta não se resume à comprovação de que a faculdade ofereceu as aulas supostamente faltantes, mas à demonstração de que o conteúdo programático foi efetivamente prestado.

Em que pesem as alegações do autor, o objetivo principal de um curso de graduação é o comprometimento com o conteúdo programático necessário à formação profissional dos alunos, não existindo qualquer óbice para que as aulas não ministradas sejam substituídas por atividades extracurriculares ou qualquer outra técnica elaborada pela instituição.

No caso em questão, pode-se afirmar que o encerramento dos semestres letivos com a aprovação do autor, bem como com a obtenção da carteira da Ordem dos Advogados do Brasil, comprovam a conclusão do conteúdo programático pela requerida.

Conforme o parecer CNE/CES n.º 261/2066 apresentado pelo autor às fls. 33/52, "não são apenas os limites da sala de aula propriamente dita que caracterizam com exclusividade a atividade escolar de que fala a lei. Esta se caracterizará por toda e qualquer programação incluída na proposta pedagógica da instituição, com frequência exigível e efetiva orientação dos professores habilitados".

Assim, comprovada a efetiva prestação dos serviços educacionais, não vislumbro o direito do autor à repetição de indébito anunciada.

Por fim, tendo em vista o disposto no art. 55 da Lei n.º 9.099/95, a análise do pedido de gratuidade de justiça será feita apenas na hipótese de interposição de recurso.

Ante o exposto, JULGO IMPROCEDENTES OS PEDIDOS iniciais e declaro extinto o processo, com julgamento do mérito, o que faço com fundamento no art. 269, inciso I do Código de Processo Civil.[100]

Apesar da particularidade do caso, ele reflete a tendência da jurisprudência nacional, que vem cada vez mais privilegiando a dimensão acadêmico-pedagógica dos cursos de educação superior, robustamente baseada no que determina o Conselho Nacional de Educação.

---

100. Processo n.º 2012.01.1.007171-6. 3º Juizado Especial Cível da Circunscrição Judiciária de Brasília.

Se um dos objetivos da educação é ser vetor de transformação intelectual e qualificação pessoal, não há dúvida de que o aspecto pedagógico do ato de ensinar não pode ficar atrelado a uma estrita pedagogia do consumo, que pode levar a educação a resultados catastróficos. Se a vertente acadêmico-pedagógica da prestação de serviços educacionais não for observada no julgamento de processos pertinentes à relação de consumo, é bem possível que daqui a alguns anos a educação se transforme em meras pílulas de conhecimento.

A publicidade da natureza da IES, da condição do ato autorizativo do curso, como somente autorizado ou reconhecimento, valor de mensalidade, modalidade de curso consta de previsão explicita no art. 47 da Lei n.º 9.394, de 20 de dezembro de 1996 e na Portaria n.º 23, de 21 de dezembro de 2017, com a alteração introduzida pela Portaria 742, de 2018.

O não cumprimento da referida legislação, além de processos de monitoramento e supervisão promovido pelo Ministério da Educação, poderá haver suspensão da oferta do curso motivada por ação civil pública motivada pelo Ministério Público, como já ocorreu.

Lembrando os casos reais que citamos, podemos concluir que é essencial que o modelo de gestão de demandas judiciais variadas, adotado por uma instituição particular de ensino, tenha de incorporar os aspectos e as peculiaridades próprias do mercado educacional, pois isso representará economia e eficiência na gestão. É justamente nesse cenário que a função de *compliance* se mostra imprescindível, uma vez que busca a eficiência da análise sistêmica das mais diversas demandas judiciais, ainda mais porque as demandas decorrem de uma mesma origem.

A adoção do *compliance* para a gestão de demandas jurídicas da instituição gerará fluxo e gerenciamento de conhecimento, o que auxiliará a direção na tomada de decisões que permitam a correção de eventuais desvios detectados entre o planejamento e a efetiva prestação de seus serviços.

7.4. Rotinas acadêmicas

À primeira vista, as rotinas acadêmicas podem ser compreendidas como aquelas que estão ligadas ao cotidiano funcional da entidade, como a gestão do controle do processo seletivo, com a elaboração de edital, o cálculo de vagas, matrículas, trancamentos, cancelamentos, frequência, abono de faltas, verificação de rendimento escolar, aproveitamento extraordinário, diretrizes curriculares, exclusão do aluno, mínimos de conteúdo e duração, currículos, equivalência de estudos, aproveitamento, complementação de estudos, dispensa de disciplina, estágios, trabalho de conclusão de curso, colação de grau e registro de diplomas.

Em geral, as rotinas acadêmicas são balizadas pelo regimento interno que os professores e o corpo técnico-administrativo devem cumprir fielmente. As rotinas acadêmicas também estão ligadas à gestão dos registros acadêmicos dos alunos, o que envolve um leque variado de práticas balizadas por limites institucionais e legais, muitas vezes não previstos no regimento. Assim, a inobservância desses limites, decorrente do custo de *compliance*, pode ocasionar um passivo relacionado a reclamações perante os órgãos de defesa do consumidor e até ações judiciais.

Podemos dar vários exemplos de inobservância relativos a:

- cancelamento da matrícula, que pode gerar cobrança indevida do aluno;
- regras referentes ao trabalho de conclusão de curso, que pode causar devolução indevida de mensalidades;
- exclusão do aluno sem o devido processo legal, que pode ocasionar reparação por danos morais e materiais;
- duração mínima das aulas, podendo acarretar devolução em dobro de mensalidades;
- regras do Fies e do Prouni, o que pode, inclusive, render prejuízos de ordem regulatória, entre vários outros;
- cumprimento das Diretrizes Curriculares do Curso;
- pedido de reconhecimento e renovação de reconhecimento de curso, bem como recredenciamento e renovação de recredenciamento.

É importante constatar que as rotinas acadêmicas devem observar as normas regulatórias dos órgãos públicos correspondentes (Ministério da Educação, Secretaria Estadual ou Municipal de Educação), o contrato de prestação de serviços educacionais e as normas que regem a relação de consumo (Lei n.º 8.078, de 11 de setembro de 1990, o Código de Defesa do Consumidor). Podemos ver que as rotinas acadêmicas não são estanques e não se limitam a um mero carimbo diário, envolvidas como estão no funcionamento sistêmico de regras.

Conforme explicitamos, as rotinas acadêmicas também incluem procedimentos decorrentes de atos regulatórios ditados pelos órgãos públicos correspondentes, como o Ministério da Educação (MEC), o Conselho Nacional de Educação (CNE), o Instituto Nacional de Estudos e Pesquisas Educacionais Anísio Teixeira (Inep), a Coordenação de Aperfeiçoamento de Pessoal de Nível Superior (Capes), a Secretaria Estadual ou Municipal de Educação, entre outros.

Uma instituição de Educação Infantil (para crianças de 0 a 5 anos), por exemplo, também conhecida como pré-escola e tida como a primeira etapa da Educação Básica, tem regras específicas quanto ao número de alunos por sala e por idade. Essa regulamentação (que incide na gestão desse tipo de instituição) decorre de uma norma estadual, em parceria com os Municípios, em observância às normas gerais do Ministério da Educação.

Da mesma forma, uma IES, ao formatar um curso para ser objeto de autorização, deve cumprir as normas regulatórias do MEC e do Conselho Nacional de Educação, além das regras avaliativas do Inep. Esse tipo de rotina acadêmica necessita de um mecanismo proativo de gestão.

Outro exemplo, igualmente esclarecedor, é a regência da rotina acadêmica conforme as Diretrizes Curriculares Nacionais (DCNs). Estes são atos normativos que vinculam e orientam o planejamento curricular das escolas e IES. Tais normas são discutidas, concebidas e determinadas pelo Conselho Nacional de Educação, com fundamento epistemológico na Lei de Diretrizes e Bases da Educação Nacional (LDB)[101]e homologadas pelo MEC. Nesse contexto, uma escola deve cumprir as DCNs na organização, na articulação, no desenvolvimento e na avaliação de suas propostas pedagógicas, evitando discrepâncias em relação ao sistema de ensino no país e privilegiando a qualidade.

Ao organizar sua rotina acadêmica para determinado curso, a exemplo do curso de graduação em Arquitetura e Urbanismo, a IES deve obedecer às diretrizes curriculares desse curso,[102] e sua organização deve ser elaborada com componentes curriculares que incluem:

- projeto pedagógico;
- descrição de competências, habilidades e perfil desejado para o futuro profissional;
- conteúdos curriculares;
- estágio curricular supervisionado;
- acompanhamento e avaliação;
- atividades complementares e trabalho de conclusão de curso.

Todavia, isso não exclui outros aspectos que tornem consistente o projeto pedagógico, como os projetos inovadores, por exemplo.

Observemos que as diretrizes curriculares nacionais do curso de Arquitetura e Urbanismo vinculam o projeto pedagógico elaborado em cada IES e, com isso, a formatação do curso ofertado pela instituição, o que não implica o engessamento da liberdade acadêmico-pedagógica das instituições, praticada na metodologia que adota e em seus benefícios. As diretrizes curriculares funcionam como marco orientador para todos os cursos do país e, justamente por ser comum, torna-se um ato normativo de cumprimento obrigatório.

Todas as rotinas acadêmicas de uma IES devem levar em conta os aspectos específicos de cada curso em razão de suas respectivas diretrizes curriculares e das exigências correspondentes. Assim, se uma disciplina for pré-requisito curricular para outra, em período subsequente, é evidente que as duas não poderão ser ministradas ao mesmo tempo e ao mesmo aluno, pois isso prejudica sua formação acadêmica.

---

101. Art. 52, III, da Lei n.º 9.394, de 20 de dezembro de 1996.
102. Resolução n.º 2, de 17 de outubro de 2010, que institui as Diretrizes Curriculares Nacionais do curso de graduação em Arquitetura e Urbanismo, alterando dispositivos da Resolução CNE/CES n.º 6/2006.

Esse protocolo, caso não seja adotado pelas rotinas acadêmicas de uma IES, certamente poderá ser objeto de discussões judiciais em que os alunos, invocando de maneira equivocada o Código de Defesa do Consumidor, tentam suplantar essa exigência curricular. Por outro lado, se a rotina acadêmica aplicar os atos normativos que regem as diretrizes curriculares de cada curso com suas especificidades, é possível obter êxito nesse tipo de discussão judicial.

Por outro lado, como consequência lógica da adoção das diretrizes curriculares nacionais, além de vários outros critérios regulatórios, as IES passam periodicamente por processos avaliativos para fins de recredenciamento ou transformação da organização acadêmica, o que implica a observância de outros indicadores voltados especificamente para essas rotinas acadêmicas.

O Ministério da Educação, por meio do Inep, regulamenta as avaliações de IES por intermédio de instrumentos capazes de aferir objetivamente indicadores que manifestem o que o MEC compreende por qualidade. Dentre os vários eixos de avaliação, o MEC define indicadores que demonstram a importância e a necessidade de proatividade na gestão das rotinas acadêmicas, como:[103]

- Evolução institucional a partir dos processos de Planejamento e Avaliação Institucional;
- Projeto/processo de autoavaliação institucional;
- Autoavaliação institucional: participação da comunidade acadêmica;
- Avaliações externas: análise e divulgação dos resultados;
- Elaboração do relatório de autoavaliação;
- Políticas de ensino e ações acadêmico-administrativas para os cursos de graduação;
- Política de formação e capacitação docente;
- Política de formação e capacitação do corpo técnico-administrativo;
- Gestão institucional;
- Sistema de registro acadêmico;
- Instalações administrativas;
- Espaços para atendimento aos alunos;
- Infraestrutura para a Comissão Própria de Avaliação (CPA);
- Biblioteca: serviços e informatização;
- Biblioteca: plano de atualização do acervo;
- Recursos de tecnologias de informação e comunicação;
- Laboratórios, ambientes e cenários para práticas didáticas: infraestrutura física;
- Laboratórios, ambientes e locais para práticas didáticas: serviços.

---

103. Portaria MEC n.º 92, de 31 de janeiro de 2014, que aprova, em extrato, os indicadores do Instrumento de Avaliação Institucional Externa para atos de credenciamento, recredenciamento e transformação de organização acadêmica, modalidade presencial, do Sistema Nacional de Avaliação da Educação Superior (Sinaes).

Dadas suas exigências de avaliação, o MEC passou a regular as rotinas acadêmicas das instituições intervindo em sua gestão. É importante lembrar que "gestão institucional" é um dos indicadores avaliados pelos instrumentos do MEC/Inep, o que implica dizer que existe uma clara interferência nos modelos de gestão institucional adotados pelas IES, que merece uma atenção mais minuciosa das instituições.

Apesar das possíveis críticas que possam advir dessa postura, não há dúvida quanto à necessidade de que as IES adotem mecanismos de resiliência para lidar com o custo *compliance* das exigências citadas, o que valoriza a adoção desse programa para a manutenção dos requisitos regulatórios do MEC.

Dentro das rotinas acadêmicas também surgem a necessidade e a obrigação da preservação do acervo acadêmico. Com os recentes processos de descredenciamento de IES, ganhou destaque o problema da transferência assistida de alunos de instituições descredenciadas. Para tanto, em ato normativo,[104] o MEC estabeleceu critérios e obrigações referentes à manutenção e à guarda do Acervo Acadêmico das Instituições de Educação Superior (IES) pertencentes ao Sistema Federal de Ensino.

Em síntese, o ato estabelece prazos para guarda de documentos, sua eliminação, indicação ao MEC do responsável pela guarda e conservação do Acervo Acadêmico, que será designado "Depositário do Acervo Acadêmico" (DAA) da instituição, e a não observância dessa exigência poderá implicar responsabilização administrativa, penal e civil do depositário do acervo, o que demanda acuidade e zelo em sua observância.

Sob o prisma do *compliance*, as rotinas acadêmicas devem sempre ser aplicadas no controle e no registro acadêmico do aluno, na contínua melhoria de procedimentos internos e externos ligados ao cotidiano funcional da entidade, na contínua atualização e adequação de suas normas internas (regimentos, portarias etc.) à legislação e regulação vigente, no alinhamento da gestão estratégica geral da entidade, entre outras exigências.

A prática mostra que muitos gestores negligenciam a importância das rotinas acadêmicas, em particular aquelas ligadas aos aspectos regulatórios, deixando-se levar apenas pelos benefícios oferecidos pelas rotinas financeiras. Ocorre que, embora aparentemente diversas, as rotinas acadêmicas e as financeiras se entrelaçam na gestão de uma IES, principalmente porque uma é consequência da outra.

7.5. Rotinas financeiras

As rotinas financeiras em geral estão ligadas ao desenvolvimento de diversas atividades, funções e procedimentos de modo a gerenciar, da maneira mais eficiente possível, as receitas e as despesas de uma empresa e ou instituição. Trata-se de um mecanismo de gestão de finanças que "diz respeito à aplicação de diversos princípios econômicos e financeiros, que buscam, em uma organização, o aumento e a maximização da riqueza ou do valor total de empresa aos seus proprietários", como apontam Gropelli e Nikbakht, em obra bastante conceituada.[105]

---

104. Portaria MEC n.º 1224, de 18 de dezembro de 2013.
105. GROPPELLI, A. A. e NIKBAKHT, E. *Administração financeira*. 2. ed. São Paulo: Saraiva, 2005, p. 323.

A função financeira tem como objetivo principal proteger e utilizar de forma correta os recursos financeiros de uma empresa, e inclui algumas funções e decisões que se destacam na administração de uma instituição, como bem lembra Maximiano:[106] o planejamento financeiro; a identificação de alternativas de fontes de recursos; os controles dos resultados financeiros da empresa, e a escolha das melhores alternativas de aplicação de recursos financeiros.

As rotinas financeiras de empresas e instituições são desenvolvidas em único conjunto de atividades e procedimentos comuns, estudados e aplicados de maneira a gerar eficiência na maximização dos resultados operacionais. Entre as principais rotinas financeiras, estão:

- **Atividade de tesouraria:**[107] a atividade do setor de Tesouraria consiste em coordenar o fluxo de caixa, buscar as melhores taxas e aplicações, de maneira a maximizar os lucros da empresa e manter o nível necessário de liquidez, entre outras atividades que facilitam alcançar os objetivos gerais da empresa.
- **Administração do capital de giro:**[108] o capital de giro é composto por disponibilidades financeiras, contas a receber e estoques. Quando é positivo, corresponde ao volume de fundos de longo prazo (empréstimos e recursos próprios) aplicados ao financiamento de estoques e contas a receber. Se for negativo, significa que a empresa estará financiando seus ativos permanentes com recursos financeiros de curto prazo, o que denota um quadro de risco. Desse modo, quanto maior for o capital de giro, maior será a necessidade de financiamento, seja com recursos próprios, seja com recursos de terceiros.
- **Administração de contas a receber**: contas a receber é o volume da concessão de crédito aos clientes, gerando valores a receber de vendas (produtos e serviços) a vista e também a prazo.
- **Administração de contas a pagar:** o objetivo desse tipo de administração é estabelecer políticas de pagamentos, controlar adiantamentos a fornecedores, controlar abatimentos a fornecedores, controlar e liberar pagamentos a fornecedores.
- **Administração do caixa:** por caixa entendem-se os valores em moeda, mantidos na organização ou depositados em banco, com liquidez imediata, livres para serem usados pela empresa a qualquer momento.
- **Formação do preço de venda**[109]: consiste no processo em que a organização, tendo por base seus custos e suas estimativas de vendas, determina o preço ideal de seus serviços ou produtos.

---

106. MAXIMIANO, Antonio César Amaru. *Fundamentos de administração*. 2. ed. São Paulo: Atlas, 2007.
107. SILVA, Edson Cordeiro da. *Como administrar o fluxo de caixa das empresas: guia prático e objetivo de apoio aos executivos*. 2. ed. rev. São Paulo: Atlas, 2006, p. 16.
108. SILVA, Edson Cordeiro da, *op. cit.*, 2006, p. 22.
109. SANTOS, Edno Oliveira. *Administração financeira da pequena e média empresa*. São Paulo: Atlas, 2001, p. 38.

- **Planejamento financeiro**[110]: tem por objetivo a elaboração da projeção do fluxo de caixa; o planejamento, o controle e a análise das despesas financeiras, além de estabelecer a política de aplicação financeira e de financiamentos.
- **Orçamento:**[111] é um instrumento usado pelas empresas para planejar e controlar seus resultados econômicos e financeiros, e auxilia na tomada de decisão por meio de projeções.
- **Fluxo de Caixa:**[112] é um instrumento de planejamento financeiro cujo objetivo é fornecer estimativas da situação do caixa da empresa em determinado período de tempo futuro.

Uma boa base sobre as informações mencionada anteriormente, a correta utilização de ferramentas e mecanismos de gerenciamento financeiro podem fornecer às empresas uma correta geração e manutenção de seus recursos, ampliando a possibilidade de atuação, mas sem maiores riscos. A rotina financeira engloba todos os esforços direcionados a fazer com que a entidade possa aumentar o capital investido, além de gerir o capital de modo que a organização possa se manter saudável financeiramente.

Por isso, a rotina financeira é uma parte fundamental do bom andamento da instituição, pois, tendo controle financeiro, o gestor ou administrador pode realizar o planejamento, a organização e a prevenção de situações visando manter a organização com suas obrigações em dia; além disso, ela deve sempre ser objeto de *compliance*, pois dessa conjunção resultará resiliência da entidade. No âmbito do setor educacional privado, a rotina financeira é a área da administração que se ocupa da captação, aplicação e distribuição eficiente dos recursos necessários, visando permitir que a instituição trabalhe conforme suas metas e objetivos.

A práxis diária demonstra que nas entidades educacionais privadas, em especial nas pequenas instituições, muitas vezes não se verifica a preocupação dos gestores com ferramentas capazes de lhes dar suporte para conduzir os rumos da organização sob o ponto de vista financeiro. Muitas decisões são tomadas de forma intuitiva, sem a devida preocupação com rotinas específicas do setor, no entanto, muitas tarefas simples poderiam ser implantadas por pequenas instituições, de modo a subsidiar o controle e a gestão financeira, suprindo, assim, necessidades gerenciais para fins decisórios.

É importante que a instituição adote todos os mecanismos necessários para ter rotinas financeiras eficientes, pois é delas que dependem os melhores resultados operacionais e institucionais. Por exemplo, é necessário que a instituição crie uma rotina financeira de controle sobre os benefícios institucionais decorrentes de programas públicos, como o Prouni e o Fies. Além disso, ela

---

110. HOJI, Masakazu. *Administração financeira: uma abordagem prática.* 2. ed. São Paulo: Atlas, 2004, p. 137.
111. HOJI, Masakazu,*op. cit.*, 2004, p. 139.
112. SANTOS, Edno Oliveira,*op. cit.*, 2001, p. 45.

deve criar mecanismos que garantam a eficiência na gestão desses benefícios e evitem o custo de não conformidade a tais programas, pois a exclusão de um deles pode acarretar não somente risco financeiro, mas também o risco de imagem, entre outras consequências prejudiciais.

Com base nisso, vamos apresentar alguns dos principais aspectos próprios do setor educacional privado, os quais devem ser considerados pelo departamento responsável pelas rotinas financeiras da instituição:

- sustentabilidade econômico-financeira e capacidade de autofinanciamento;
- política de ajuste de anuidades ou semestralidades escolares e contrato de prestação de serviços educacionais;
- gerenciamento de contratos.

Esses aspectos, apesar de não serem os únicos, têm impacto determinante na rotina financeira das entidades privadas de ensino, pois seu conhecimento, além de dar suporte ao processo decisório, contribui diretamente para a eficácia organizacional da instituição e para minimizar os custos de não conformidade.

7.5.1 Sustentabilidade econômico-financeira e capacidade de autofinanciamento

Já se tornou consenso que a sustentabilidade financeira e econômica é um dos elementos essenciais para o êxito de qualquer empresa, especialmente no setor educacional privado, pois grande parte da organização de uma instituição depende de os recursos financeiros serem geridos da maneira correta. Além disso, atualmente as constantes e diversas mudanças no mundo econômico resultam na necessidade de as organizações buscarem informações e dados que as levem a ampliar sua capacidade de gestão e manutenção no mercado.

É evidente que a sustentabilidade econômico-financeira e a capacidade de autofinanciamento são as diretrizes econômicas que guiam os objetivos institucionais e as necessidades de toda empresa ou organização. Com essas diretrizes, a organização pode optar por investir de determinada forma ou economizar de outra, mantendo-se intacta dentro de seu próprio setor.

No setor educacional privado, inclusive, essa diretriz não é apenas conceitual, mas decorre de uma exigência legal. A Lei das Diretrizes e Bases da Educação Nacional (LDB), ao disciplinar o direito à educação e o dever de educar, reproduz o mantra constitucional da livre iniciativa à educação nacional, mas com importantes ressalvas:

> Art. 7º O ensino é livre à iniciativa privada, atendidas as seguintes condições:

I - cumprimento das normas gerais da educação nacional e do respectivo sistema de ensino;
II - autorização de funcionamento e avaliação de qualidade pelo poder público;
III - capacidade de autofinanciamento, ressalvado o previsto n art. 213 da Constituição Federal.

Entre as condições que facultam à iniciativa privada o direito de ofertar educação, em qualquer um de seus níveis, a LDB estabelece como condição que as instituições particulares tenham capacidade de autofinanciamento, a qual pode ser compreendida como a capacidade de gerar resultados econômicos e operacionais que possibilitem financiar inteiramente, ou em grande parte, o capital de giro e os investimentos necessários à manutenção da atividade educacional em todos os seus níveis (da educação básica ao ensino superior).

Sob o aspecto econômico, o autofinanciamento é gerado pelas atividades operacionais da empresa e tem como destino a formação de capital de giro,[113] que é imprescindível para subsidiar o fluxo de capital necessário para a materialização das atividades fins da organização.

A capacidade de autofinanciamento, dentro de uma interpretação teleológica da LDB, implica a comprovação financeira que uma instituição educacional privada deve possuir para manter sua atividade pedagógica, seja qual for o nível. Essa condição tem um componente social considerável, pois é uma evidente cobrança do poder público no sentido de que a instituição particular de educação conte com mecanismos econômico-financeiros para manter a atividade acadêmica proposta.

Especificamente com relação ao Ensino Superior, a legislação também prevê a necessidade de comprovação da sustentabilidade financeira, prevista explicitamente no art. 3º, X, da Lei n.º 10.861, de 14 de abril de 2004, que instituiu o Sinaes, cujo objetivo primordial é avaliar, ficando claro, portanto, que o requisito da sustentabilidade financeira é um aspecto da avaliação a que toda IES deve se submeter.

Assim, quando uma organização faz o pedido de credenciamento, uma instituição mantida, que tem mantenedoras de diversas naturezas jurídicas, como associação, fundação, sociedade mercantil etc., o Ministério da Educação, em cumprimento à Lei do Sinaes, exige a demonstração da sustentabilidade financeira da mantenedora. Esta deve comprovar sua situação mediante apresentação de vários documentos específicos, conforme preconiza o Decreto n.º 9.235, de 2017, entre eles: certidões de regularidade fiscal, demonstração de patrimônio para manter a instituição (para entidades com fins lucrativos), apresentação de demonstrações financeiras atestadas por profissionais competentes; entre outras.

---

113. PASCUAL, J. G. *Análisis de la empresa através de su información económico-financiera: fundamentos teóricos e aplicaciones*. Madri: Ediciones Pirámide. 2001, p. 16.

Para tornar a exigência de capacidade de autofinanciamento e sustentabilidade financeira ainda mais eficiente, o MEC, com alteração regulamentadora publicada no Decreto n.º 9.235, de 2017, passou a exigir (art. 20. e f) demonstração de patrimônio e demonstrativo financeiro atestado por profissionais competentes. Entre os indicadores do instrumento de avaliação institucional, previstos no eixo relacionado com políticas de gestão, estão a sustentabilidade financeira e a relação entre o planejamento financeiro (orçamento) e também a gestão institucional.

Os critérios de capacidade de autofinanciamento e sustentabilidade financeira, por serem exigências decorrentes de avaliações institucionais periódicas, além de estarem previstos na Lei do Sinaes e serem exigidos pelo MEC, assumem um caráter macro dentro da rotina financeira da instituição, devendo ser objeto de metodologias específicas no planejamento de ações para minimizar os riscos de não conformidade, visando, evidentemente, criar uma rotina financeira saudável e resiliente.

Até mesmo dentro do planejamento societário, quando uma instituição deseja alterar a mantença de uma IES (transferência de mantença) a ela vinculada, os aspectos relacionados à capacidade de autofinanciamento e à sustentabilidade financeira passam a ser minuciosamente analisados.

O Decreto n.º 9.235, de 2017, explicita que, entre várias condições, o MEC julgará as condições econômicas da instituição postulante da mantença por meio da análise de documentos como certidões de regularidade fiscal, e (adequar a exigência prevista no Decreto) visando obter informações sólidas sobre as condições de autofinanciamento da nova mantenedora, a fim de preservar a atividade educacional e os interesses dos estudantes.

A análise da capacidade de autofinanciamento e sustentabilidade financeira de uma instituição de ensino superior, antes mesmo de ser objeto de consideração pelo Ministério da Educação, deve ser alvo de constante avaliação por parte das próprias instituições, pois são aspectos que, além de influir nos resultados operacionais, também têm impacto no âmbito regulatório. Essa análise poderia se limitar a critérios meramente formais, como a apresentação de certidões de regularidade fiscal ou a apresentação de demonstrações financeiras atestadas por uma empresa de auditoria, no entanto, essa análise está sendo feita pelo MEC por meio de outros mecanismos, cujos resultados afetam a própria sobrevivência da entidade.

O exemplo mais recente da análise da capacidade de autofinanciamento e sustentabilidade financeira de uma IES pôde ser visto no caso do descredenciamento da Universidade Gama Filho (UGF) e do Centro Universitário da Cidade (UniverCidade), ambas mantidas por um mesmo grupo educacional, com repercussões em âmbito nacional. O principal vetor para o descredenciamento das duas instituições foi o "grave comprometimento da situação econômico-financeira da mantenedora [das instituições] e da falta de um plano viável para superar o problema, além da crescente precarização da oferta da educação superior"[114]. A análise da capacidade de autofinanciamento e sustentabilidade financeira foi determinante para o descredenciamento das duas instituições.

EM FOCO

Seção VII – Da transferência de mantença

Art. 35. A alteração da mantença de IES será comunicada ao Ministério da Educação, no prazo de sessenta dias, contado da data de assinatura do instrumento jurídico que formaliza a transferência.

Parágrafo único. A comunicação ao Ministério da Educação conterá os instrumentos jurídicos que formalizam a transferência de mantença, devidamente averbados pelos órgãos competentes, e o termo de responsabilidade assinado pelos representantes legais das mantenedoras adquirente e cedente.

Art. 36. Após a efetivação da alteração de mantença, as novas condições de oferta da instituição serão analisadas no processo de recredenciamento institucional.

§ 1º Caso a mantenedora adquirente já possua IES mantida e regularmente credenciada pelo Ministério da Educação, o recredenciamento ocorrerá no período previsto no ato autorizativo da instituição transferida vigente na data de transferência de mantença.

§ 2º Caso a mantenedora adquirente não possua IES mantida e regularmente credenciada pelo Ministério da Educação, a instituição protocolará pedido de recredenciamento, no prazo de um ano, contado da data de efetivação da transferência de mantença.

Art. 37. A alteração de mantença preservará os interesses dos estudantes e da comunidade acadêmica e será informada imediatamente ao público, em local de fácil acesso e no sítio eletrônico oficial da IES.

Para resolver o problema ocasionado a diversos estudantes da Universidade Gama Filho (UGF) e do Centro Universitário da Cidade (UniverCidade), o MEC se valeu da mesma análise para escolher a aspiração dos alunos, ou seja, os critérios de capacidade de autofinanciamento e sustentabilidade financeira, entre outros requisitos, foram utilizados em Editais de Transferência Assistida que objetivaram selecionar IES interessadas em admitir alunos advindos das referidas instituições.

---

114. Portaria n.º 672, de 12 de dezembro de 2013, que instaurou o processo administrativo em face da Universidade Gama Filho (UGF) e Centro Universitário da Cidade (UniverCidade), processo n.º 23000.017107/2011-53, objeto de Despacho da Secretaria de Regulação e Supervisão da Educação Superior em 13 de janeiro de 2014, que descredenciou as instituições.

Entre as condições de admissibilidade para participação dessa chamada pública, o MEC fez a seguinte exigência:[115]

> Demonstrar capacidade de autofinanciamento, por intermédio da metodologia do "fator de insolvência", de Kanitz, mediante a apresentação do Balanço Patrimonial, Demonstração do Resultado do Exercício dos últimos três anos e demais documentos exigidos pelo artigo 15, inciso I, do Decreto n.º 5773/2006.

Esse exemplo demonstra que a capacidade de autofinanciamento e a sustentabilidade financeira de IES, muito mais do que simples formalidade ligada à rotina financeira, está ganhando contornos cada vez mais regulatórios, o que faz delas partes necessárias de um programa de *compliance*, com as nuances embutidas no custo de não cumprimento desses requisitos.

É importante constatar e insistir que a capacidade de autofinanciamento e a sustentabilidade financeira são requisitos de avaliação institucional, ou seja, são requisitos cujo cumprimento demanda constante vigilância, pois sua aplicabilidade está deixando de ser mera formalidade para fazer parte do requisito regulatório das IES, portanto, com consequências para a própria existência das instituições.

7.5.2 Política de ajuste de anuidades ou semestralidades escolares e o contrato de prestação de serviços educacionais

Dentro das rotinas financeiras de uma instituição privada de educação também se encontra a política de ajuste de anuidades ou semestralidades escolares, que são regulamentadas por lei. Nesse caso, contudo, a práxis diária é que se torna o melhor instrumento de gestão, principalmente diante das várias intersecções legais e regulatórias que ditam essa política, além da necessidade de se aplicar um tratamento contratual a tais rotinas.

Inicialmente, a política de ajustes de anuidades escolares é regida pelo Código de Defesa do Consumidor e pela Lei n.º 9.870, de 23 de novembro de 1999, que dispõe sobre o valor total das anuidades escolares. Essa política deve se pautar por esses dois diplomas legais, ainda que saibamos que, em várias ocasiões, entram em choque.

Os parâmetros para a política de ajuste de anuidades ou semestralidades escolares de uma instituição particular de ensino decorrem, *a priori*, de regras bastante objetivas:

---

115. Editais publicados no *Diário Oficial da União*, Edição Extra, do dia 23 de janeiro de 2014.

O valor das anuidades ou semestralidades escolares, em todos os seus níveis, será contratado no ato da matrícula ou da sua renovação, entre o estabelecimento de ensino e o aluno, ou seu responsável legal.

O valor das anuidades ou semestralidades escolares, em todos os seus níveis, deverá ter como base a última parcela da anuidade ou da semestralidade legalmente fixada no ano anterior, multiplicada pelo número de parcelas do período letivo.

Poderá ser acrescido ao valor total anual o montante proporcional à variação de custos a título de pessoal e de custeio, comprovado mediante apresentação de planilha de custo, mesmo quando esta variação resulte da introdução de aprimoramentos no processo didático-pedagógico.

O valor total, anual ou semestral, apurado na forma acima terá vigência por um ano e será dividido em doze ou seis parcelas mensais iguais, facultada a apresentação de planos de pagamento alternativos, desde que não excedam ao valor total anual ou semestral apurado na forma acima.

Será nula, não produzindo qualquer efeito, cláusula contratual de revisão ou reajustamento do valor das parcelas da anuidade ou semestralidade escolar em prazo inferior a um ano a contar da data de sua fixação, salvo quando expressamente prevista em lei.

Será nula cláusula contratual que obrigue o contratante ao pagamento adicional ou ao fornecimento de qualquer material escolar de uso coletivo dos estudantes ou da instituição, necessário à prestação dos serviços educacionais contratados, devendo os custos correspondentes ser sempre considerados nos cálculos do valor das anuidades ou das semestralidades escolares.

Essas condições podem ser compreendidas como o mantra da política institucional de ajuste de mensalidades ou anuidades escolares. Não há como imaginar que uma instituição particular de ensino planeje sua rotina financeira sem analisar tais condições, principalmente porque a análise e o planejamento desses parâmetros terão reflexo imediato sobre outras rotinas importantes, como a mensuração da capacidade de autofinanciamento e de sustentabilidade financeira da organização. Da mesma maneira, a falta de pagamento também faz parte de uma rotina financeira e deve ser objeto de gestão própria, pois sua mensuração tem impacto no resultado operacional da instituição.

A não observância dos detalhes próprios para lidar com esse problema poderá gerar outros custos de não conformidade. Sendo assim, as instituições também têm um setor obrigatório para lidar com o aluno devedor, que também possui direitos amplamente reconhecidos pelo Judiciário por meio de regras igualmente objetivas, ainda de acordo com a Lei n.° 9.870, de 1999:

> O aluno que estiver matriculado para o semestre não poderá ter suas provas escolares suspensas, não poderá ter retida qualquer documentação escolar ou que lhe seja aplicada qualquer outra penalidade pedagógica por motivo de inadimplemento.
>
> O desligamento do aluno por inadimplência somente poderá ocorrer ao final do ano letivo ou, no ensino superior, ao final do semestre letivo quando a instituição adotar o regime didático semestral.
>
> Os estabelecimentos de ensino fundamental, médio e superior deverão expedir, a qualquer tempo, os documentos de transferência de seus alunos, independentemente de sua adimplência ou da adoção de procedimentos legais de cobranças judiciais.

Em suma, o aluno pode ficar devendo, e a instituição somente poderá se valer da prerrogativa de não renovar sua matrícula, ainda que esteja obrigada a expedir gratuitamente, e a qualquer tempo, os documentos de transferência desse aluno, independentemente da quitação da dívida ou da adoção de procedimento de cobranças judiciais. O aluno devedor tem muitos direitos, e a instituição privada de educação detém somente uma única prerrogativa.

É importante esclarecer que a não observância dos procedimentos relacionados à dívida do aluno, principalmente quando não se respeitam seus direitos, é causa de vários processos administrativos nos órgãos de defesa do consumidor e no Judiciário, sobretudo nos juizados especiais cíveis. Essa rotina financeira deve ser norteada por uma gestão jurídica proativa – isto é, que organize o setor financeiro para não incorrer em equívocos no trato com o devedor.

Com base na política de ajuste de anuidades ou semestralidades escolares e nos procedimentos específicos em torno da inadimplência, a rotina financeira da instituição particular de educação deve planejar a execução prática desses parâmetros com base no contrato de prestação de serviços educacionais. Na verdade, esses contratos, quando bem aplicado, são uma garantia efetiva diante das exigências por vezes equivocadas dos órgãos de defesa do consumidor e do próprio tomador do serviço (o aluno ou seu representante legal).

Esse contrato de prestação de serviços educacionais, classificado como bilateral, consensual e oneroso, deve ser publicado integralmente em até 45 dias antes do início da matrícula. Independentemente de a instituição ter ou não fins lucrativos, ser uma fundação pública ou particular, comunitária ou filantrópica, ela deve assinar com o aluno o contrato de prestação de serviços educacionais.

Uma peculiaridade sobre esse contrato é ele ser considerado um contrato de adesão, o qual, portanto, deve ser redigido conforme estabelece o Código de Defesa do Consumidor. O próprio CDC, em seu art. 54, define o que é o contrato de adesão:

> Art. 54. Contrato de adesão é aquele cujas cláusulas tenham sido aprovadas pela autoridade competente ou estabelecidas unilateralmente pelo fornecedor de produtos ou serviços, sem que o consumidor possa discutir ou modificar substancialmente seu conteúdo.

Com base nesse dispositivo, ao elaborar um contrato de prestação de serviços educacionais, é imprescindível cumprir os seguintes requisitos: destacar cláusulas que representam maior responsabilidade do aluno, apresentar o contrato em letras legíveis, livre de contradições (isto é, não pode haver contradições entre regimento interno, manual, contrato, publicidade e outros meios de comunicação com o aluno) e com a publicidade adequada.

EM FOCO

Segundo a Lei n.º 9.870, de 1999: "Art. 2º O estabelecimento de ensino deverá divulgar, em local de fácil acesso ao público, o texto da proposta de contrato, o valor apurado na forma do artigo1º e o número de vagas por sala-classe, no período mínimo de 45 dias antes da data final para matrícula, conforme calendário e cronograma da Instituição de Ensino".

(...)

De acordo com o CDC: "Art. 30. Toda informação ou publicidade, suficientemente precisa, veiculada por qualquer forma ou meio de comunicação com relação a produtos e serviços oferecidos ou apresentados, obriga o fornecedor que a fizer veicular ou dela se utilizar e integra o contrato que vier a ser celebrado".

(...)

Art. 36. A publicidade deve ser veiculada de tal forma que o consumidor, fácil e imediatamente, a identifique como tal.

Nesse contrato, o objeto é a prestação de serviços educacionais correspondentes à série ou ao período escolar, ministrados em conformidade com currículo próprio e com o regimento escolar, de acordo com a Lei n.º 9.394, de 1996, segundo o calendário escolar da instituição de ensino no correspondente ano letivo. Eventuais cursos de extensão que possam ser oferecidos aos alunos não são objeto do contrato, e, nesses casos, deve ser elaborado contrato específico. O não cumprimento desse detalhe pode trazer prejuízos para a instituição, que poderá ofertar o serviço, mas sem a devida compensação financeira.

Após o escopo do contrato ter sido delineado, é preciso incluir uma cláusula que deixe claro que serviços extracurriculares – dependência, provas substitutivas e segundas vias de documentos, que imponham custos à instituição e não façam parte do contrato de prestação de serviços originais —, terão valores fixados em separado. Até mesmo para evitar situações que possam representar desrespeito ao direito do consumidor, a instituição pode publicar uma tabela com os valores definidos para tais serviços.

É importante esclarecer que esses serviços e os seus respectivos valores normalmente são questionados em diversas ações judiciais manejadas pelo Ministério Público Federal ou Estadual em vários Estados sob o principal argumento de que essas cobranças já estariam inseridas na prestação de serviços educacionais e que violariam o direito do consumidor. É certo que algumas instituições particulares de ensino exageram na cobrança de alguns desses serviços, mas é igualmente certo que a maioria dos questionamentos ao Ministério Público vai além do razoável, pois a cobrança desses outros serviços é devida justamente por sua natureza extraordinária. Se o valor deles já for inserido no custo da mensalidade, certamente parte dos alunos sairá prejudicada precisamente pelo fato de não utilizá-los, e temperança e razoabilidade são as respostas necessárias para essa equação.

EM FOCO

"Ressalte-se que o exercício destes serviços exige um custo financeiro para a instituição, ao qual, se repassado para o valor das mensalidades, prejudicaria outros alunos que não necessitassem dos serviços listados no Comunicado DG n.º 01/2007."

Fonte: Ação Civil Pública n.º 2008.61.00.007998-4 – 9ª Vara Federal Cível da 1ª Subseção Judiciária de São Paulo (SP).

Ainda com relação ao aspecto financeiro do contrato de prestação de serviços educacionais, qualquer estipulação de reajuste ou correção monetária em período inferior a um ano é ilegal, e, com efeito, não pode haver nenhum repasse automático, inclusive de inflação e salários. Além do mais, o Código de Defesa do Consumidor é claro a esse respeito.

O valor das mensalidades ou semestralidades deve estar justificado na planilha de custos da instituição e deverá estar disponível caso venha ser solicitada pela Secretaria de Direito Econômico do Ministério Justiça. Essa planilha, inclusive, é indispensável para a política de reajustes de mensalidades ou semestralidades.

A fixação do valor da anuidade escolar também deve levar em conta o teto correspondente à última mensalidade legalmente cobrada no ano anterior, multiplicada pelo número de parcelas daquele ano. Da mesma forma, é permitido o acréscimo no valor da anuidade escolar quando objetivados o aprimoramento do projeto pedagógico e a variação relacionada com custos de pessoal e manutenção da instituição, alteração esta devidamente fundamentada na planilha.

O valor das mensalidades deve ser cobrado em 12 parcelas mensais iguais, mas admite apresentação de planos de pagamento alternativos; nesse caso, o contrato deve expressar tal opção e sua aceitação pelo aluno, discriminando-a em detalhes. Além disso, é necessário também estabelecer a forma de pagamento, se através de boleto bancário, cheque, depósito etc.

No caso de a instituição conceder desconto por pontualidade ou o aluno ter bolsa parcial, também é preciso deixar claro o valor da mensalidade abatido com a eventual bolsa ou auxílio. No caso das IES, o desconto, independentemente de seu conceito (antecipação, pontualidade, merecimento etc.), será necessariamente considerado base de cálculo do Fies e do Prouni. Além disso, a não observância dos descontos, nesses casos, poderá redundar até mesmo na desvinculação da instituição dos referidos programas.

Ao estabelecer critérios para a manutenção da sua rotina financeira, o programa de *compliance* de uma instituição particular de ensino deve considerar todos os fatores específicos das regras da política de ajuste de anuidades ou semestralidades, além de suas respectivas cláusulas contratuais específicas, uma vez que a linha que separa o custo de não conformidade dessa importante rotina é muito tênue.

7.5.3 Gerenciamento de contratos

O gerenciamento de contratos, dentro da rotina financeira das instituições particulares de educação, normalmente é negligenciado pelo fato de a organização ter dificuldade de mensurar a extensão e o impacto dos contratos nos custos de conformidade da própria atividade que realiza. Essa dificuldade tem ainda mais destaque se a instituição tiver um corpo administrativo reduzido que não consegue compreender o funcionamento sistêmico do setor.

As grandes instituições educacionais, em virtude da importância dessa rotina, contam com setores próprios de controladoria que não somente fazem a gestão dos contratos, como também mensuram se os mesmos são eficientes do ponto de vista econômico – ou seja, o setor analisa a eficiência do contrato quanto à relação entre os resultados obtidos e os recursos empregados. Evidente que essa é uma vantagem mercadológica, mas isso não desqualifica a atuação das pequenas instituições diante da gama de informações que atualmente lhes são disponíveis.

A gestão de contratos é a atividade que visa ao controle, ao acompanhamento e à fiscalização do fiel cumprimento das obrigações assumidas pelas partes. O gestor do contrato deve se pautar pelos princípios da eficiência e da eficácia, objetivando *a priori* assegurar a melhoria do desempenho, reduzir e racionalizar gastos, reduzir o passivo da instituição e inibir fatos geradores. A implantação da gestão de contratos deve estar alinhada com os objetivos propostos no plano estratégico da instituição.

Embora a implantação de um sistema de gestão de contratos em uma instituição particular de educação não tenha o ganho financeiro como um de seus objetivos, espera-se que as melhorias resultantes de sua adoção incrementem a eficiência da gestão de contratos da instituição e que essa melhoria tenha impacto nos custos e nos gastos relacionados a esse processo.

Em contexto macro, a gestão de contratos tem como objetivo acompanhar o contrato desde sua criação, passando pela execução e, finalmente, atingindo seu encerramento, por meio de processos cujo fim seja maximizar a *performance* operacional e financeira, bem como minimizar os riscos.

Nesse contexto, podemos deduzir que existem contratos comuns e típicos com fornecedores de instituições particulares de ensino, tais como:

- contratos com empresa fotocopiadora;
- com vendedores de livros;
- com lanchonetes e restaurantes;
- com empresas de formaturas etc.

Além dos típicos, outro elemento comum é o conjunto de grandes problemas que tais contratos podem causar se forem mal gerenciados.

Uma empresa de formaturas, por exemplo, cuja exclusividade seja cláusula de contrato firmado com uma instituição particular de ensino, pode ser questionada judicialmente se o contrato exigir exclusividade no fornecimento de serviços para os estudantes, pois estes perdem o direito de escolher a empresa que melhor lhes aprouver. A exclusividade pode ser encarada como um contrato de adesão não firmado pelo aluno, mas imposto pela instituição.

Tal situação, embora singela, pode ser considerada um exemplo de problema decorrente do mau gerenciamento contratual, o que pode implicar prejuízos para a instituição pelo simples fato de a empresa de formaturas também poder questionar a organização educacional.

Outro problema bastante comum é a deslealdade gerencial nos contratos de locação do imóvel onde funciona a instituição educacional. Esse exemplo pode parecer absurdo, mas é uma realidade inegável o fato de que diversas instituições particulares de ensino lidam com locações onde funcionam suas unidades, seja um colégio, seja um local onde é ofertada a graduação ou a pós-graduação.

Para ter ideia da importância gerencial dos contratos de locação, basta analisar a situação que levou ao descredenciamento de uma instituição em Brasília. A Faculdade Alvorada de Educação Física e Desporto, mantida pela Sociedade de Ensino, Tecnologia, Educação e Cultura (Setec), foi descredenciada pelo Ministério da Educação, com base no artigo 46, § 1º da Lei n.º 9.394, de 1996, e no artigo 52, IV, do Decreto n.º 5.773, de 2006, em despacho da Secretaria de Regulação e Supervisão da Educação Superior (Seres)[116] no âmbito do processo administrativo n.º 23000.010438/2013-24.

Essa decisão decorreu da qualidade acadêmica deficiente da instituição, do comprometimento de sua situação econômico-financeira, da ausência de instalações físicas adequadas, da falta de um plano viável para continuar ofertando seus cursos e do descumprimento das normas de regulação da educação superior, conforme o despacho citado. O que desencadeou o processo de supervisão, no entanto, foi exatamente o mau gerenciamento do contrato de locação do imóvel onde funcionava a unidade educacional.

Conforme apurado no processo administrativo, a instituição tinha um débito de R$ 36 milhões pelo não pagamento de aluguel relativo ao do período de 2008 a 2013, e esse débito comprometeu a capacidade de autofinanciamento e sustentabilidade financeira da instituição e seus cursos, motivo pelo qual o MEC optou por descredenciá-la, para que o problema não prejudicasse ainda mais os alunos.

Independentemente do motivo que causou os problemas oriundos da locação, o certo é que o mau gerenciamento do contrato de locação pode provocar o fechamento de unidades ou a perda despropositada de recursos e, desse modo, afetar a manutenção da qualidade dos cursos.

Assim como no gerenciamento do contrato de locação, é importante manter a resiliência com um bom gerenciamento dos contratos firmados com a administração pública, uma vez que são disciplinados pela Lei n.º 8.666, 21 de junho de 1993 e suas alterações e demais dispositivos legais. Esses contratos serão acompanhados e fiscalizados por servidores previamente designados pela autoridade competente, na forma prevista no art. 67 da referida legislação e no art. 6º do Decreto n.º 2.271, de 7 de julho de 1997. Em ambas as legislações, os contratos com a administração pública são objeto de exigências detalhadas, que devem ser constantemente mensuradas.

Essas legislações também se referem a atos lesivos previstos na Lei Anticorrupção. De acordo com as novas regras, nos contratos firmados com a administração pública em que forem constatadas hipóteses da fraude, previstas no art. 5º, IV, da referida legislação, a instituição particular de educação pode ser penalizada administrativamente e seus representantes podem responder criminalmente.

---

116. DOU n.º 174, segunda-feira, 9 de setembro de 2013, Seção 1, Página 30.

EM FOCO

Art. 5º Constituem atos lesivos à administração pública, nacional ou estrangeira, para os fins desta Lei, todos aqueles praticados pelas pessoas jurídicas mencionadas no parágrafo único do art. 1º, que atentem contra o patrimônio público nacional ou estrangeiro, contra princípios da administração pública ou contra os compromissos internacionais assumidos pelo Brasil, assim definidos:

(...)

IV - no tocante a licitações e contratos:

a) frustrar ou fraudar, mediante ajuste, combinação ou qualquer outro expediente, o caráter competitivo de procedimento licitatório público;

b) impedir, perturbar ou fraudar a realização de qualquer ato de procedimento licitatório público;

c) afastar ou procurar afastar licitante, por meio de fraude ou oferecimento de vantagem de qualquer tipo;

d) fraudar licitação pública ou contrato dela decorrente;

e) criar, de modo fraudulento ou irregular, pessoa jurídica para participar de licitação pública ou celebrar contrato administrativo;

f) obter vantagem ou benefício indevido, de modo fraudulento, de modificações ou prorrogações de contratos celebrados com a administração pública, sem autorização em lei, no ato convocatório da licitação pública ou nos respectivos instrumentos contratuais; ou

g) manipular ou fraudar o equilíbrio econômico-financeiro dos contratos celebrados com a administração pública;

As instituições privadas de educação, ao serem questionadas administrativamente sobre irregularidades nos contratos firmados com a administração pública, podem ser responsabilizadas pelos atos lesivos e, consequentemente, sofrer multas que variam de 0,1% a 20% do faturamento bruto do último exercício anterior ao da instauração do processo administrativo, excluídos os tributos, as quais nunca serão inferiores à vantagem auferida, além de serem alvo de publicação extraordinária da decisão administrativa.

Esse é um novo tipo de procedimento para os contratos firmados com a administração pública. Assim, todos os contratos entre instituições privadas de ensino e a administração pública devem ser gerenciados de forma a evitar o custo de não conformidade com a Lei n.º 12.846, de 2013, que prevê a atenuação das penalidades na hipótese de adoção de sistemas de *compliance*. Em outras palavras, toda gestão de contratos firmados com a administração pública deve necessariamente adotar sistemas de *compliance*, o que promove ainda mais precisão e zelo na gestão desse tipo de contrato.

7.6. Lei Geral de Proteção de Dados (LGPD): uma nova rotina institucional

Em 14 de agosto de 2018, foi sancionada a Lei n.º 13.709, a chamada Lei Geral de Proteção de Dados (LGPD), que modifica a Lei n.º 12.965/2014, conhecida como o Marco Civil da Internet, para regular as atividades de tratamento de dados pessoais por pessoas físicas e jurídicas, objetivando a proteção de direitos fundamentais, como privacidade, liberdade de expressão e livre iniciativa.

A LGPD impõe uma profunda transformação no sistema de proteção de dados e estabelece regras detalhadas para a coleta, o uso, o tratamento e o armazenamento de dados pessoais, afetando vários segmentos da organização e, em especial, as relações entre clientes e fornecedores de produtos e serviços, empregados e empregadores, além de qualquer outra relação na qual dados pessoais sejam coletados, tanto no ambiente digital, quanto fora dele.

O prazo estabelecido para adequação às exigências da LGPD termina em 15 de agosto de 2020 e é importante que a organização esteja ciente de suas obrigações e à necessidade das alterações que deverão ser implantadas para o completo atendimento da nova lei, principalmente em razão das pesadas multas por descumprimento, que podem atingir o montante de R$ 50.000.000,00 (cinquenta milhões de reais).

A LGPD tem por escopo geral:

- estabelecer requisitos claros para o tratamento de dados pessoais, inclusive com acesso facilitado para aqueles que são titulares dos dados;
- estabelecer requisitos mais rígidos para o tratamento de dados pessoais tidos como sensíveis;
- estabelecer requisitos para o tratamento de dados pessoais de crianças e adolescentes;
- estabelecer regras para o término do tratamento de dados;
- descrever todos os direitos do titular dos dados;
- disciplinar regras para o tratamento de dados pelo poder público;
- estabelecer regras sobre a transferência internacional de dados;
- disciplinar a responsabilidade sobre o exercício de atividade de tratamento de dados pessoais e regras de ressarcimento de danos;
- sugerir a adoção de medidas de segurança, sigilo de dados, boas práticas e governança no tratamento de dados;
- estabelecer a fiscalização e sanções administrativas, as quais podem ser mitigadas com a adoção de boas práticas de mitigação e integridade;
- criar a Autoridade Nacional de Proteção de Dados (ANPD) e o Conselho Nacional de Proteção de Dados Pessoais e da Privacidade.

A Lei Geral de Proteção de Dados atribui ao titular de dados pessoais o direito de obter informações claras, adequadas e ostensivas a respeito do tratamento de seus dados. Importa esclarecer que tratamento de dados engloba a coleta, produção, recepção, classificação, utilização, o acesso, a reprodução, transmissão, distribuição, processamento, arquivamento, armazenamento, eliminação, avaliação ou controle da informação, modificação, comunicação, transferência, difusão ou extração de dados pessoais. De acordo com a lei, as informações sobre o tratamento de dados pessoais devem ser claras, objetivas, facilmente compreensíveis e acessíveis ao titular durante todo o período em que o tratamento ocorre.

Um dos primeiros deveres impostos pela nova legislação é o de que os dados pessoais somente poderão ser tratados com expresso consentimento de seu titular, sendo poucas as exceções admitidas no texto legal. De maneira mais objetiva, no caso dedados pessoais sensíveis, esse consentimento deve ser apontado de modo mais específico e destacado para finalidades objetivas, ou seja, a lei exige que o acesso a esses dados por qualquer organização deve se dar sempre de maneira fundamentada.

No que tange ao aspecto estritamente acadêmico, a LGPD faz uma exceção considerável: a lei não se aplica ao tratamento de dados pessoais realizados para fins exclusivamente acadêmicos, conforme se vê no art. 4º, II, b, da LGPD. Considerando-se, entretanto, a necessidade de manifesto e expresso consentimento do titular para a coleta e tratamento de seus dados, será fundamental que todos os contratos de prestação de serviços educacionais contenham um elemento destacado que requisite tal consentimento. E mais, a bem da segurança jurídica, que fundamente a razão da solicitação dos dados no instrumento contratual.

Saliente-se que, além de colher autorização, as entidades devem ter ciência das suas obrigações não apenas em garantir a segurança dos dados tratados, mas também com relação aos direitos do indivíduo que teve seus dados coletados. Há, portanto, a necessidade de que esses dados estejam limitados às partes do contrato, ou seja, entre o aluno e a IES, sendo altamente recomendável que nele se inclua cláusula explicitando que os dados pessoais estarão protegidos nos termos da Lei n.º 13.709/2018.

Para consecução do processo de adaptação das instituições de ensino para o integral cumprimento dos requisitos da LGPD, que culmine com a elaboração de uma Política Institucional de Proteção de Dados orientada pelos termos a nova legislação, recomenda-se a adoção de alguns procedimentos, a saber:

- iniciar processo de adaptação da organização aos requisitos da nova lei, com mapeamento das medidas necessárias de adequação ao regime de proteção estabelecido pela LGPD;
- revisão e adequação de procedimentos internos, políticas e fluxos de tratamento de dados pessoais, observando-se que o acesso às informações sob tratamento deve ser restrito somente àqueles que realmente necessitam, bem como a criação de processos internos que permitam às pessoas

ter conhecimento acerca das informações que a organização detém e poder revogar a respectiva autorização de armazenamento e manipulação;

- elaboração e revisão de contratos e documentos que tratem da relação empresa-cliente ou empresa-colaborador, bem como aqueles envolvendo a contratação de prestadores de serviços que coletam ou tratam dados pessoais em benefício da organização, com autorização explícita para a coleta, armazenamento e manipulação de informações pessoais, além de informações quanto ao seu armazenamento e forma de uso;
- manutenção de registros, preferencialmente por escrito, que demonstrem a adoção de medidas para adequação das operações de tratamento aos princípios estabelecidos na LGPD, independentemente do tamanho da base de dados existente;
- garantia de que todos os aparatos tecnológicos necessários à proteção dos dados foram devidamente instalados, configurados, mantidos e se mantém sob constante monitoramento, a fim de garantir o sigilo, a confiabilidade e a privacidade de todas as informações pessoais de clientes e colaboradores custodiadas pela organização. Nesse quesito, conhecer o nível de maturidade de segurança do departamento de TI é imprescindível para que uma estratégia de alinhamento com a LGPD possa ser criada;
- elaboração de materiais educativos para funcionários, prestadores de serviços e demais colaboradores com foco em assuntos de privacidade, proteção de dados e segurança da informação, com realização de treinamentos internos;
- inserir o cumprimento da LGPD em políticas institucionais de *compliance* na instituição: desenvolvimento de medidas preventivas relativas a incidentes de segurança; criação de processos internos para responder adequadamente a incidentes ou vazamentos de segurança perante os titulares dos dados, autoridades e demais terceiros envolvidos.

Sendo assim, é imprescindível que, no decorrer da implantação da LGPD às suas respectivas realidades, as instituições façam uma análise sobre a conformidade dos dados pessoais meramente acadêmicos e os de cunho diverso.

Essa análise implicará na economia de tempo e de recursos incidentes sobre as operações de tratamento de dados pessoais. Nesse sentido, questiona-se: onde mais a LGPD estaria presente nas instituições de ensino?

- nos dados pessoais dos alunos, que não seriam necessariamente vinculados às atividades acadêmicas: implicação de ordem consumerista;
- nos dados pessoais dos docentes, que não seriam necessariamente vinculados às atividades acadêmicas: implicação de ordem trabalhista.

Os dados pessoais de alunos e docentes, não necessariamente vinculados às atividades acadêmicas, teriam duas implicações diretas para as instituições de ensino superior: uma de ordem consumerista e outra de ordem trabalhista. A não conformidade no tratamento de dados pessoais dos alunos, dados esses não necessariamente acadêmicos, poderia implicar uma demanda de ordem consumerista, uma vez que haveria necessidade de consentimento expresso do titular do dado (o aluno) para que esse dado pudesse ser exposto ou não.

Da mesma forma, a não conformidade no tratamento de dados pessoais dos docentes, dados não acadêmicos, poderia implicar demanda de ordem trabalhista, uma vez que também haveria necessidade do consentimento expresso do titular do dado (professor) para que tal dado pudesse ser exposto ou não. Essa é uma situação que pode levar a discussões judiciais, sob o ponto de vista consumerista e trabalhista, para um patamar até aqui desconhecido.

Aliás, diga-se de passagem, a própria LGPD estabelece de maneira explícita que o titular dos dados pessoais tem o direito de peticionar diretamente para a autoridade nacional em caso de descumprimento da norma, podendo exercer tal direito também perante os órgãos de defesa do consumidor. Essa possibilidade pode trazer à tona novas situações relacionadas ao direito do consumidor, o qual granjeará um novo patamar em seus direitos.

Em outras palavras, as instituições de ensino superior serão obrigadas a resguardar o tratamento dos dados de alunos e docentes com base nas perspectivas acima, sendo que as informações sobre o tratamento de dados pessoais devem ser claras, objetivas, facilmente compreensíveis e acessíveis ao titular durante todo o período em que o tratamento ocorrer.

Considerando os direitos dos titulares dos dados e a ressalva dada pela lei em razão dos dados pessoais acadêmicos, a pergunta que se faz é a seguinte: a dados pessoais a instituição de ensino é obrigada a fazer um tratamento específico? Necessariamente, seriam os dados pessoais que estariam atrelados a conteúdos de natureza econômica, social ou enquadrados pela lei como dados pessoais sensíveis.

Os dados pessoais sensíveis, de acordo com a LGPD, são aqueles relacionados à origem racial ou étnica, convicção religiosa, opinião política, filiação a sindicato ou a organização de caráter religioso, filosófico ou político, dado referente à saúde ou à vida sexual, dado genético ou biométrico, quando vinculado a uma pessoa natural. Sendo assim, todos os dados pessoais sensíveis que tenham relações com os dados acadêmicos devem ser objeto de análise para que possam ser apartados e sejam estabelecidos os tratamentos devidos para que a instituição de ensino não tenha problemas na utilização desses dados.

Nesse cenário, considerando-se os direitos dos titulares dos dados e a ressalva concedida pela legislação em face dos dados pessoais acadêmicos, é fundamental que instituição conheça os dados pessoais aos quais a IES é obrigada a dar tratamento específico.

Vejamos o que se torna necessário observar:

a. para informações referentes à condição socioeconômica dos beneficiários das políticas públicas Fies e Prouni;
b. necessidade de consentimento expresso do discente para receber informações que não sejam acadêmicas da instituição (cuidado com propagandas);
c. necessidade de estabelecer regras sobre como os dados pessoais dos discentes devem ser utilizados sob a perspectiva econômica. Exemplo: o aluno pode ter seu nome exposto em uma propaganda? Se isso for objetivo da IES, deve colher o consentimento expresso do aluno;
d. informações sobre descontos. Não basta conceder o desconto, é necessário informar ao aluno como ele obteve o desconto, de forma inequívoca;
e. adequar-se à nova legislação referente ao Diploma Digital;
f. criar mecanismos (tecnológicos) de acesso facilitado de dados;
g. informar aos discentes sobre dados aos quais tem acesso, bem como informar o fim do prazo para tratamento desses dados;
h. criar mecanismos sobre o consentimento inequívoco dos docentes para utilização de seus dados pessoais pela instituição. Exemplo: participação do docente em propaganda institucional.

Os exemplos acima demonstram que as instituições de ensino devem fazer importantes adequações às exigências da LGPD, mas ponderando com as exceções previstas em lei. As adequações passam também pelas exigências regulatórias do Ministério da Educação. Um exemplo é oo regulamento que disciplina a expedição e o registro de diplomas de cursos superiores de graduação, o qual estabelece a obrigatoriedade de que as IES mantenham banco de informações de registro de diplomas diretamente nos seus respectivos sítios eletrônicos, quepoderão ser objeto de consulta pública. Nesse caso, as IES terão que fazer, dentro de seus procedimentos internos, um tratamento específico que discipline o conhecimento do aluno sobre essa divulgação, englobando também a previsão para o chamado "Diploma Digital", já estabelecido pelo Ministério da Educação e com prazo para entrar em vigor.

Desde a aprovação da LGPD no Brasil, as IES públicas e privadas buscam estabelecer estratégias eficazes para a conformidade. O desafio é equilibrar a conformidade e a proteção da privacidade com a sustentação do próprio negócio e inovações. Para a busca de conformidade, serão necessárias muitas mudanças operacionais e de processos de trabalho em diversas áreas das instituições de ensino, além de investimentos em capacitação e implementação de novas tecnologias.

Capítulo
8

ANÁLISES QUE PRECEDEM A IMPLANTAÇÃO DO PROGRAMA DE INTEGRIDADE (*COMPLIÁNCE*) EM INSTITUIÇÕES DE ENSINO

A IMPLANTAÇÃO de qualquer modelo de gestão implica estabelecer um conjunto de normas e princípios que devem orientar os gestores na escolha das melhores alternativas e práticas para levar a instituição ou empresa a cumprir a sua missão. Da mesma forma, a implantação de um programa de *compliance* também deve se pautar pelas melhores alternativas e práticas para o cumprimento da missão institucional de uma organização de ensino superior.

> ### EM FOCO
>
> Missão é a razão de existência da entidade. Corresponde ao papel que a organização pretende desempenhar em relação às oportunidades e ameaças do seu ambiente de negócio.

Este capítulo oferece análise dos mecanismos eficazes para a implantação de um programa de *compliance* próprio para a instituição particular de ensino superior. Antes, porém, vamos abordar a necessidade de uma compreensão sistêmica do funcionamento da instituição e do setor educacional, considerando que essa compreensão é imprescindível para o sucesso do programa.

O capítulo também discute a gestão integrada dos riscos de *compliance* próprios das IES, a fim de subsidiar a estruturação de um programa especificamente voltado para as instituições educacionais e suas peculiaridades, ou seja, levando em conta sua natureza jurídica e rotinas, os riscos próprios do setor, o ambiente regulatório específico e as políticas públicas.

Após observar os aspectos específicos do setor educacional privado e a necessidade de criar mecanismos de resiliência institucional, o capítulo trata das estratégias que antecedem a adoção do *compliance* e se destinam a prevenir e tratar os conflitos de interesses societários. Em seguida, apresenta modelos de estruturação de um programa de *compliance* para IES, otimizando a estrutura já existente e apresentando algumas possibilidades de interações estruturais nesse programa, como a complementaridade entre as atribuições do *chief compliance officer* (CFO) e do procurador institucional.

Este capítulo também apresenta os principais controles internos que uma instituição deve possuir, além da validação de seu programa de *compliance* por meio de auditoria externa. Por fim, considerando que o *compliance* não segue um modelo geral e estanque, há orientações amplamente aceitas que servem de parâmetro às medidas sugeridas pela Lei Anticorrupção. Apresentaremos estratégias que visam resguardar as instituições educacionais, levando-as a cumprir integralmente a Lei Anticorrupção, com subsídios para que o *compliance* adotado tenha reflexos positivos quanto a essa lei.

É importante esclarecer que aqui não existe nenhum tipo de receita para a implantação de um programa de *compliance*, mas um documento técnico que contribui para a adoção de um modelo de *compliance* próprio do setor educacional privado, com suas facetas e peculiaridades.

8.1. Compreensão sistêmica do funcionamento da instituição e do setor educacional

Antes de planejar a estruturação do *compliance* em uma instituição particular de educação, é preciso compreender seu funcionamento e o setor em que atua como sistema, pois essa abordagem tem grande influência não só na implantação do programa, mas também na definição dos rumos da própria instituição.

Dentro de um setor regulado, o nível de dependência das variáveis externas e a influência que elas exercem sobre as atividades de uma instituição atenção permanente requerem de sua administração para que o ajuste da organização ao seu ambiente ocorra sempre que houver alterações significativas de cenário. Por exemplo, uma alteração regulatória (ambiente externo) tem evidente impacto nas atividades da instituição, e essa análise também se aplica ao ambiente interno, envolvendo questões de pessoal, de âmbito organizacional, demandas internas etc.

A teoria geral dos sistemas é "um corpo de conhecimentos que visa identificar propriedades, princípios, leis e características de todos os sistemas, a fim de criar modelos aplicáveis a todas as áreas do conhecimento humano".[117] Além disso, também oferece uma análise interdisciplinar de todas as circunstâncias e ambientes de interação em uma entidade. Embora tenha se consolidado em diversos campos do saber, abrangendo o sistema produtivo, sistemas de custos, sistemas de gestão, entre muitos outros, este livro se limita à análise da visão sistêmica no cenário empresarial ou institucional.

Nesse cenário, um sistema, para funcionar adequadamente no mercado em que está inserido, deve se ater aos variados componentes desse setor e à manutenção de um equilíbrio constante entre eles. Considerando então o ambiente de uma instituição particular de educação, é importante observar as seguintes premissas:

---

117. NASCIMENTO, Auster Moreira. *Controladoria: um enfoque na eficácia organizacional*. 2. ed. São Paulo: Atlas, 2009, p. 20.

- a instituição educacional, considerando tanto a mantenedora como a entidade mantida, deve ser vista como um todo harmônico e controlável;
- as atividades de uma instituição educacional (mantenedora e mantida) devem estar totalmente integradas, ou seja, todas as suas operações devem convergir para um único objetivo definido;
- é imprescindível ter a consciência de que a instituição educacional (mantenedora e mantida) interage naturalmente com o ambiente externo e não fica se restringe à sua atuação interna;
- em todos os procedimentos adotados, a instituição educacional deve sempre levar em consideração sua missão que, de forma sucinta, nada mais é do que a razão de sua existência;
- a instituição educacional deve administrar de forma eficiente os recursos que tem à sua disposição para ser eficaz, ou seja, garantir a sustentabilidade econômico-financeira que assegure seu ciclo de vida e a possível expansão de suas atividades.

Podemos deduzir que a visão sistêmica de uma instituição educacional significa vê-la no seu conjunto e no âmbito em que está inserida, priorizando a eficácia institucional que deve estar presente nas ações e atitudes de cada um de seus membros, além de fornecer os mecanismos necessários à manutenção da rota planejada para a instituição diante das instabilidades ambientais (internas e externas).

Assim, por exemplo, no momento de fazer a divulgação ou a veiculação de anúncios da mensalidade, é importante que o departamento de marketing da instituição saiba em detalhes a política de ajuste de anuidades e semestralidades da instituição, assim como os impactos que uma propaganda equivocada possa causar. Em outras palavras, o departamento de marketing só poderá agir com precisão e zelo se adotar como política institucional uma visão sistêmica.

Como objeto da macropolítica na instituição, sua perspectiva sistêmica tem utilidades reconhecidamente comprovadas. *A priori*, essa abordagem facilita aos membros da instituição a compreensão das inter-relações de sua organização com o ambiente externo. Assim, por exemplo, é imprescindível que um coordenador de graduação tenha a exata noção da importância de seu curso no processo avaliativo e, portanto, no processo regulatório do Ministério da Educação.

Além disso, a visão sistêmica facilita o diagnóstico das situações operacionais e regulatórias da instituição educacional, estimulando a integração de suas várias áreas. Por exemplo, a elaboração de uma rotina de capacitação de docentes e coordenadores de cursos, dentro de uma visão sistêmica, pode ser um excelente mecanismo para integrar as várias áreas organizacionais da instituição e mirar um objetivo comum.

Do ponto de vista administrativo, a visão sistêmica pode estimular o conhecimento das variáveis do ambiente externo, como as constantes alterações legislativas e regulatórias do setor educacional, além de alterações institucionais externas, como a troca da presidência de determinado órgão público, autarquia etc.

A visão sistêmica também permite aos membros da instituição prever os efeitos que as mudanças nos ambientes interno e externo causam a suas atividades operacionais e à instituição como um todo, tornando-se uma excelente ferramenta estratégica de *compliance*. Permite ainda aos integrantes da instituição uma avaliação contínua dos efeitos de suas ações na organização e um melhor entendimento dos objetivos institucionais.

A análise e a visão sistêmica da instituição educacional, assim como o desempenho das áreas e seus gestores, devem ser definidas e explicitadas de acordo com o modelo de gestão adotado pela instituição e devem também ser inseridos em seu programa de *compliance*. Na verdade, para o *compliance*, o pensamento sistêmico é a base da execução de todos os procedimentos, os quais devem atuar de maneira integrada, sempre preparados para se adequar às contínuas mudanças de ambiente.

8.2. Gestão integrada dos riscos de *compliance* próprios de uma IES: escopo

A teoria geral dos sistemas indica que as atividades desenvolvidas por uma instituição educacional (mantenedora ou mantida) devem ser totalmente integradas e convergentes para seu objetivo ou missão. Assim, na estruturação de um programa de *compliance*, a instituição educacional particular também deve criar mecanismos de gestão integrada dos riscos de conformidade, principalmente os riscos próprios do seu setor de atuação, como vimos nos capítulos anteriores.

Como se sabe, o objetivo de toda empresa é a maximização dos resultados institucionais e operacionais em favor de seus sócios ou acionistas, e o escopo de toda instituição educacional, com ou sem fins lucrativos, também é a maximização de seus resultados, embora com objetivos e valores diversos. Uma organização filantrópica, por exemplo, pode ter como único objetivo a maximização de resultados institucionais que visem atender ao maior número de pessoas carentes, ao passo que uma sociedade anônima certamente terá por meta a maximização de resultados operacionais e, portanto, a distribuição de seus lucros.

Nesse quadro, os objetivos da gestão integrada dos riscos de *compliance* em IES são entender e mapear os riscos mais significativos que afetem a maximização de seu resultados institucionais e operacionais, alinhando a capacidade de assumir riscos com a estratégia de obtenção de respostas rápidas para mitigar ou eliminar os riscos identificados. Essa estratégia visa reduzir surpresas e perdas que afetem os resultados operacionais e institucionais.

Assim, por exemplo, para alcançar seus resultados institucionais, uma organização beneficente de assistência social (filantrópica) terá de cumprir os requisitos legais que exigem sua certificação e regulam os procedimentos de imunidade de contribuições sociais. O risco envolvido no cumprimento desses requisitos deve ser objeto de uma gestão integrada, com base em um programa de *compliance*, pois é dessa gestão que dependerão os resultados institucionais.

Em outro exemplo, se uma IES quer expandir o leque de cursos que oferece, deverá necessariamente atender a todos os requisitos regulatórios necessários para a autorização de novos cursos, entre eles a instituição não pode estar em processo de supervisão. O resultado operacional da instituição, nesse caso, dependerá da gestão integrada do risco que a organização corre com esse processo de supervisão. Por esse motivo, a instituição deve estabelecer uma estratégia para obter uma rápida resposta que atenue ou elimine o risco identificado, e a instituição pode recorrer do processo de supervisão ou tentar cumpri-lo em prazo razoável.

Vários autores compreendem que existe uma fronteira muito tênue entre os programas de gestão de riscos corporativos e os programas de *compliance*, embora considerem que ambos pertencem ao mesmo contexto. Quanto ao gerenciamento dos riscos corporativos, o Committee of Sponsoring Organizations of the Treadway Commission (Comitê de Organizações Patrocinadoras da Comissão Treadway – Coso),[118] um órgão privado constituído por associações e instituições americanas que atuam com gerenciamento de risco corporativo, estabeleceu alguns componentes que fazem parte da metodologia do gerenciamento dos riscos corporativos, objeto de publicação específica.[119]

A orientação do Coso define os componentes essenciais na gestão de risco, discutindo princípios e conceitos e sugerindo uma linguagem comum, além de fornecer e orientar procedimentos para uma gestão transparente do risco corporativo. Esses componentes, correlacionados com a gestão de riscos de uma instituição educacional, podem ser descritos nos seguintes termos:

- ◆ **Ambiente interno**: trata-se do ambiente organizacional da própria instituição, com o escopo de identificar os riscos e, com base nessa identificação, aplicar a filosofia de gerenciamento, integridade e valores éticos da instituição. É preciso definir o setor que seria responsável por essa atribuição dentro da estrutura organizacional.
- ◆ **Delimitação de objetivos**: ao identificar os possíveis eventos capazes de afetar a instituição, esta deve alinhar sua resposta com os objetivos e a missão da instituição. Se, por exemplo, o governo federal lançar uma política pública de inclusão ao Ensino Técnico, a instituição deve avaliar se esse evento se adéqua a seus objetivos e missão.
- ◆ **Identificação de eventos**: é preciso identificar os eventos (internos e externos) que influenciem os objetivos da instituição e classificá-los em riscos ou oportunidades. Assim, por exemplo, se uma instituição de ensino superi-

---

118. Ver www.coso.org. Acessado em: 19 mar. 2014.
119. COSO "Enterprise Risk Management – Integrated Framework". AICPA, 2004. Disponível em: http://www.cpa2biz.com/AST/Main/CPA2BIZ_Primary/InternalControls/COSO/PRDOVR~PC-990015/PC-990015.jsp. Acesso em: 19 mar 2014.

or passar a ter mais de 50% de seus cursos devidamente reconhecidos, esse fato interno deve ser identificado como uma oportunidade de expansão, já que esse é um pressuposto para novos pedidos de autorização de cursos.

- **Avaliação de riscos**: aqui, é avaliada a probabilidade de o risco ocorrer e seu respectivo impacto, e os dois fatores são tomados como base de decisão. Esse é um conceito bastante utilizado em auditorias independentes, que dele se servem para mensurar o custo de oportunidade em diversas instituições. Os cenários de risco devem ser alvo de constantes avaliações em um programa de *compliance*.

- **Resposta a riscos**: a instituição deve adotar a melhor medida para alinhar os riscos com sua capacidade de resposta. É possível escolher evitar, aceitar, reduzir ou compartilhar o risco, lembrando que assumir o risco implica a possibilidade de ter um retorno institucional maior.

- **Atividade de controle e monitoramento**: compõe-se de políticas ou procedimentos que visem assegurar respostas eficientes aos riscos detectados. Em um programa de *compliance*, as avaliações de riscos são feitas por auditoria constante, ou seja, uma atividade de controle permanente. Em uma instituição de educação, adotar avaliações internas e capacitação de professores pode ser um excelente mecanismo de controle para o alinhamento com os objetivos gerais da instituição.

- **Informações e comunicações**: as informações relevantes devem ser identificadas e eficientemente divulgadas para os setores competentes, que passam a assumir a responsabilidades por uma resposta pertinente aos objetivos institucionais.

EM FOCO

Conforme vimos no Capítulo 4, o risco, dentro da atividade empresarial, pode ser compreendido como uma via de mão dupla, na qual o retorno de determinado empreendimento está associado ao grau de risco envolvido. Em finanças, a relação risco-retorno indica que quanto maior o nível de risco aceito, maior o retorno esperado do investimento. Empreender, nesse sentido, significa buscar retorno econômico-financeiro adequado ao nível associado à atividade. No setor educacional privado, em especial no ensino superior, a equação risco/oportunidade é apresentada ao mantenedor quando está cogitando entrar nesse nicho econômico.

Os componentes mencionados, embora pertençam à estrutura de gestão de riscos corporativos, subsidiam a implantação do programa de *compliance* em uma instituição educacional por meio do desenvolvimento de quadros e orientações sobre gerenciamento de riscos, controles internos e dissuasão da fraude, sendo este último item objeto intrínseco do *compliance*. Esses componentes devem pertencer a um processo interativo e fluido dentro da instituição.

Com base na orientação do Coso, adotada em vários programas de *compliance* no mundo todo, uma instituição educacional pode recorrer a esses componentes como orientação para avaliar riscos e oportunidades, conforme o exemplo a seguir.

Em 2011, foi editada uma lei que instituiu o Programa Nacional de Acesso ao Ensino Técnico e Emprego (Pronatec) com o objetivo de ampliar a oferta de cursos de educação profissional e tecnológica por meio de programas, projetos e ações de assistência técnica e financeira. Em 2013, o governo federal aprovou uma lei que ampliou o rol de beneficiários e ofertantes do Pronatec, incluindo instituições particulares de ensino superior e de educação técnica de ensino médio.

Grande parte das instituições do país não mensurou a dinâmica e a profundidade da alteração dessa norma, o que pode ter representado uma evidente perda de oportunidade. Se uma dessas instituições inserisse de maneira fluida a orientação do Coso em seus procedimentos usuais, provavelmente não perderia a oportunidade de aderir ao Pronatec.

Utilizando os parâmetros do Coso, essa oportunidade poderia ser mensurada em termos da gerência de expansão de uma instituição, dentro de suas atribuições, e com base nos objetivos que fixou e na identificação das alterações na Lei do Pronatec. Essa gerência avaliaria as condições de oferta e os riscos de aderir ao Pronatec, e nesse momento esboçaria uma resposta à oportunidade/risco, na hipótese de a instituição aderir ao programa, e identificaria os custos (de oportunidade, financeiros, entre outros). Com base nos procedimentos ou nas políticas da instituição, a informação seria identificada e comunicada de forma eficiente para o gestor ou o mantenedor da instituição para a tomada de decisão. Com base nessa orientação, a adoção de uma gestão integrada de riscos fornece os subsídios necessários e, dentro de uma margem de tempo razoável, leva o mantenedor à seguinte reflexão: quero aderir ao programa ou não?

Evidentemente, a opção por aderir ou não a um programa governamental ou a uma política pública pode incluir outras premissas ou formas de identificação e avaliação. No entanto, após a instituição aderir a uma política pública governamental, como o Pronatec, o Prouni, o Fies ou outra, será necessário que adote procedimentos para não incorrer em risco de não conformidade e vir a arcar com prejuízos.

É justamente essa a fronteira tênue, citada por vários autores, entre os programas de gestão de riscos corporativos e os programas de *compliance*. Na gestão de risco corporativo, o objetivo é identificar, medir, gerenciar e controlar os riscos das organizações. No programa de *compliance*, o objetivo é assegurar, em conjunto com as demais áreas da instituição, a adequação, o fortalecimento e o funcionamento do sistema de controles da organização, visando mitigar ou eliminar os riscos e assegurar o cumprimento das leis e regulamentos existentes.

No entanto, para evitar a fadiga e o excesso de informações, além de custos excessivos com estrutura, muitas vezes com competências repetidas, a estruturação de um programa de *compliance* próprio para instituições de ensino também pode abranger a análise da gestão de risco corporativo, motivo pelo qual a proposta de inserir a gestão integrada de riscos no programa de *compliance* em uma IES tem por escopo:[120]

* implantar de maneira sistemática procedimentos para identificar, avaliar e priorizar os riscos em que a instituição educacional possa estar envolvida;
* criar um sistema de advertência antecipada para evitar grandes surpresas nas alterações regulatórias das entidades, como normas do órgão regulador (MEC, Inep, CNE etc.), da legislação fiscal, societária e outras;
* evitar riscos não recompensáveis e proteger os ativos em uso. Assim, por exemplo, até que ponto seria compensável que uma instituição beneficente de assistência social (filantrópica) assumisse o risco de firmar um contrato de parceria de pós-graduação cujos critérios poderiam ser alvo de discussão pela Receita Federal? Essa é uma análise que cabe no âmbito da gestão integrada de riscos de *compliance*;
* promover e fomentar o aprendizado organizacional em todos os níveis. Nesse caso, as regras de *compliance* devem ser divulgadas internamente;
* reduzir as chances de repetição de problemas e prevenir grandes erros (infraestrutura integrada);
* estruturação de mecanismo para cumprir a Lei Anticorrupção;
* prevenir e responder rapidamente às potenciais falhas;
* aprimorar habilidades para antecipar e se preparar para mudanças (resiliência corporativa);
* estabelecer uma cultura baseada em riscos. A estratégia de crescimento deve estar alinhada com a análise do risco de não conformidade;
* fornecer segurança de que os riscos e exposições são compreendidos e mitigados (resiliência corporativa);
* diminuir perda de oportunidades (políticas e procedimentos criados no ambiente interno);
* acelerar a habilidade de responder a mudanças e oportunidades;
* instalar infraestrutura de controle apropriada.

Por meio de abordagem bem estruturada, essas medidas visam alinhar processos, pessoas, tecnologia e conhecimentos para identificar e gerenciar incertezas e riscos, além de fornecer um quadro abrangente e integrado que permita à instituição gerenciar proativamente o risco de suas atividades pedagógicas, aumentando evidentemente sua vantagem competitiva.

---

120. COIMBRA, Marcelo de Aguiar; BINDER, Vanessa Alessi Manzi (Orgs.), *op. cit.*, 2010, p. 46.

As definições do escopo da gestão integrada dos riscos de *compliance*, por meio do programa adotado pela instituição, tendem a variar segundo os objetivos e a missão de cada uma, mas devem incluir os temas comuns: um processo de gestão de risco padrão, uma visão integrada dos riscos e foco em riscos relativos aos objetivos da atividade educacional.

Com base nos riscos próprios do setor educacional, uma gestão integrada de *compliance* consiste em subsidiar a estruturação de um programa especificamente voltado para a IES com suas peculiaridades, levando em consideração a respectiva natureza jurídica, os riscos próprios do setor, o ambiente regulatório específico, as políticas públicas e as rotinas institucionais.

8.3. Resiliência institucional: implantação de procedimentos societários e associativos de prevenção e tratamento de conflitos de interesses

Conforme expusemos em capítulos anteriores, o conflito de interesses e seu respectivo tratamento e prevenção são objeto da função original de *compliance*, e podem ser aplicados aos mais diversos setores. Há um conflito de interesses quando existe um claro indício, ou pelo menos a forte suspeita de um confronto direto ou potencial entre os interesses dos funcionários, da organização como um todo e dos próprios clientes.

A situação de um conflito de interesses deve ser sempre evitada, mas, se surgir, o funcionário ou o colaborador deve assegurar tratamento justo para seus clientes, tratar o fato com a devida transparência, observar as regras internas de confidencialidade e, se for o caso, levar o assunto ao comitê de *compliance*.

Na hipótese, por exemplo, de um conflito de interesses entre funcionários de uma organização, o programa de *compliance* naturalmente detectará o conflito e tratará de sanar as eventuais intercorrências que provocaram a não conformidade com a política adotada pela organização.

O problema se agrava, no entanto, quando o conflito de interesses envolve a alta administração ou a estrutura societária da organização, ou seja, quando está estabelecido no centro estrutural da empresa e pode pôr em risco seu próprio funcionamento e integridade corporativa. Um conflito de interesses no âmbito societário de uma organização educacional, por exemplo, pode paralisar o funcionamento de uma instituição mantida, prejudicar o cumprimento de normas regulatórias e, ainda, causar danos à imagem da instituição, entre outros prejuízos.

Como se sabe, a função de *compliance* é integrada aos fundamentos de governança corporativa, sendo determinante para assegurar o cumprimento de normas, da conduta ética e, assim, resguardar a integridade corporativa por meio de procedimentos proativos e de resiliência.

O termo "resiliência" provém do verbo *resilire*, em latim, que significa "saltar para trás" ou "voltar ao estado natural", conforme nos ensina Eduardo Carmello.[121] A noção de resiliência foi inicialmente empregada na Física e na Engenharia, para se referir à noção de flexibilidade, elasticidade ou ajuste às tensões. Porém, o conceito ultrapassou as barreiras desses campos e passou a ser empregado também em Educação, Sociologia, Psicologia, Medicina e Administração.

A diversificada aplicação do conceito de resiliência ao âmbito corporativo permite-nos entendê-lo como a capacidade de uma organização, uma equipe ou um profissional de retornar ao equilíbrio natural após sofrer grandes pressões ou estresse.

A resiliência decorre da experiência acumulada e dos mecanismos de proteção desenvolvidos para lidar com muitos fatores de risco e imprevistos. Assim, resiliência e risco são frequentemente citados no mesmo contexto e estão, naturalmente, na raiz dos procedimentos da gestão de crises e continuidade dos negócios. Com foco na resiliência, uma organização deve se manter constantemente renovada, atualizada, conectada com as mudanças de necessidades e as expectativas de seus setores.

Portanto, quando se fala em resiliência do ponto de vista societário, o programa de *compliance* tem a função de criar mecanismos que garantam que a instituição seja resiliente para seus próprios sócios, acionistas, associados ou colaboradores em geral. O objetivo do programa de *compliance*, sob a perspectiva da resiliência institucional, é tornar a entidade forte e garantir sua continuidade. O pressuposto é que, quanto mais a instituição estiver fortalecida, organizada e internamente coerente, mais fortes serão suas intenções e ações diante de mudanças.

Levando em conta as especificidades próprias do setor educacional privado e a necessidade de criar mecanismos de resiliência institucional, existem três estratégias prévias à adoção de um programa de *compliance* com o objetivo de prevenir e tratar possíveis conflitos de interesses societários. São elas: os pactos parassociais, a criação e o gerenciamento de uma *holding* e o controle institucional de associações.

Essas três estratégias, aplicadas de formas diferenciadas, objetivam resguardar a instituição de possíveis conflitos de interesses societários ou associativos. Assim, com base em sua resiliência institucional, a organização pode ser coerente em relação às mudanças societárias, algo desejado por toda a sociedade. Vejamos agora essas estratégias em mais detalhes.

8.3.1 Acordo de sócios, acionistas e de família: pactos parassociais

O conflito de interesse não é a mera divergência moral ou ideológica dentro de uma instituição, mas sim uma divergência de interesses entre indivíduos que fazem parte da instituição ou da relação entre sócios, acionistas, associados, funcionários, fornecedores, credores, consumidores e órgãos governamentais. No

---

121. CARMELLO, Eduardo. *Resiliência: a transformaçã como ferramenta para construir empresas de valor.* São Paulo: Gente, 2008, p. 48.

conflito de interesses, objeto do *compliance*, geralmente há algum tipo vantagem envolvido e o problema tem relação com a integridade da instituição.

O setor educacional privado é bastante propício a conflitos de interesses, já que muitas vezes a atividade do gestor educacional se confunde com a do diretor ou a de um docente da instituição no entendimento equivocado de que a função do mantenedor se confunde com a da entidade mantida.

Dentre os problemas relacionados aos conflitos de interesses no setor educacional privado ainda há outra peculiaridade: muitas instituições foram constituídas por meio de empresas familiares. Essas empresas têm evidentes vantagens como fator de domínio econômico, principalmente nos países industrializados e emergentes, porém, é considerada complexa por muitas vezes dificultar sua administração, já que o processo decisório da entidade não é encarado segundo critérios empresariais, mas sim critérios familiares. O processo de sucessão na empresa familiar também é assunto bastante complicado e não pode ser tratado apenas em seus aspectos lógicos, pois envolve questões afetivas e emocionais da própria estrutura familiar. Sendo assim, é importante ter um bom planejamento no processo sucessório, pois, diante de novos desafios de gestão, ocorrerão mudanças na liderança e na visão do negócio.

O tratamento e a prevenção de conflitos de interesses podem ser postos em prática por meio de vários instrumentos, e um deles é o acordo de sócios, acionistas ou de família. Esse instrumento sempre leva em conta a integridade corporativa e a resiliência – ou seja, ele é constituído com a capacidade de tornar a instituição sólida e, ao mesmo tempo, espontaneamente elástica o bastante para minimizar perdas durante episódios relacionados com conflitos de interesse.

Os instrumentos societários e associativos são imprescindíveis para evitar o risco de *compliance*, que poderia surgir em conflitos de interesses dentro da instituição. Como dissemos anteriormente, em geral a experiência do *compliance* sugere que os conflitos de interesses sejam administrados com a criação de procedimentos, políticas e normas que levem em consideração a finalidade da instituição e a legislação específica que regulamenta sua atividade. Segundo essa perspectiva, deduzimos que os acordos de sócios, acionistas e de família são instrumentos imprescindíveis para a adoção da função de *compliance* nas empresas, sobretudo instituições particulares de educação.

A temática envolvendo os intitulados "pactos parassociais" há muito tempo desperta interesse de juristas nacionais e estrangeiros, em especial devido a sua importância no mundo jurídico-econômico e para o desenvolvimento do mercado nos mais diversos setores. Com o setor educacional, não poderia ser diferente.

A questão da aplicação subsidiária da Lei das Sociedades Anônimas às antigas Sociedades por Cotas de Responsabilidade Limitada, atualmente denominadas Sociedades Empresárias Limitadas, durante muito tempo gerou acaloradas discussões doutrinárias sobre o pacto parassocial. Mas, com a entrada em vigor do novo Código Civil, as Sociedades Empresárias Limitadas passaram a ter regras mais extensas e complexas, trazendo o tema novamente às mesas de discussões e estudos.

A análise desse tema é sem dúvida relevante para o Direito Societário, pois o Código Civil alterou a estrutura organizacional e deliberativa de alguns tipos societários, principalmente a da Sociedade Empresária Limitada, e essas alterações têm reflexos diretos na aplicabilidade e na viabilidade dos pactos parassociais.

Da legislação anterior até o atual Código Civil, aplicavam-se, quando compatíveis, as normas das Sociedades Anônimas. Porém, com o Código Civil, o contrato social deve prever expressamente a aplicação da Lei das Sociedades Anônimas, visando preencher as lacunas da lei ou do contrato. Caso contrário, a Sociedade Empresária Limitada fica submetida às normas que regem a Sociedade Simples.

EM FOCO

Decreto n.° 3.708, de 10 de janeiro de 1919: Art. 18: Serão observadas quanto às sociedades por cotas, de responsabilidade limitada, no que for regulado no estatuto social, e na parte aplicável, as disposições da lei das sociedades anônimas.

(...)

Lei n.° 10.406, de 10 de janeiro de 2002 (Código Civil): Art. 1.053: A sociedade limitada rege-se, nas omissões deste Capítulo, pelas normas da sociedade simples.
Parágrafo único. O contrato social poderá prever a regência supletiva da sociedade limitada pelas normas da sociedade anônima.

Como base legal do pacto parassocial, este assume a natureza jurídica de um contrato formal, devendo respeitar os princípios e as normas pertinentes à disciplina jurídica dos contratos, principalmente o art. 104 do Código Civil: agente capaz; objeto lícito, possível, determinado ou determinável; e forma prescrita em lei ou não defesa em lei. A forma prescrita em lei é aquela fixada pela Lei de Sociedades Anônimas (Lei n.° 6.404, de 1976), especificamente o art. 118, o qual é aplicado de maneira subsidiária a todos os tipos societários. Objetivamente, pode-se conceituar o pacto parassocial nos seguintes termos:

> O pacto parassocial é um documento firmado por dois ou mais sócios de determinada sociedade, visando fixar regras e obrigações externas ao contrato da sociedade. Assim, possui auto-

nomia formal em relação aos atos constitutivos ou regramentos societários impostos pelo ordenamento jurídico, tais como estatutos ou contratos sociais e suas respectivas obrigações.[122]

EM FOCO

"Não há mais dúvida no Direito brasileiro de que o acordo de acionistas tenha natureza jurídica de um contrato, cuja fonte imediata é a Lei das S/A e a mediata o direito das obrigações."

Fonte: BARBI FILHO, Celso. "Acordo de acionistas: panorama atual do Instituto no Direito brasileiro e propostas para a reforma de sua disciplina legal". *Revista de Direito Mercantil, Industrial, Econômico e Financeiro*, n.º 121, ano XL. São Paulo: Nova Série, 2001, p. 35.

O pacto parassocial se caracteriza justamente pelo fato de ter autonomia formal em relação aos atos constitutivos ou estatutários da sociedade, e, ao mesmo tempo, por sua coligação funcional com eles. É elaborado para produzir efeitos no âmbito social, mas, em princípio, sua eficácia é limitada às partes que o celebram. Ele pode ser considerado um poderoso instrumento para estabilizar as relações societárias, dirimir dúvidas, amenizar ansiedades, implementar políticas estratégicas desenhadas no *business plan*, estabelecer critérios de controles societários e criar rotinas das melhores práticas de governança corporativa.

O tema referente aos acordos societários, ou pactos parassociais, também é de suma importância para investidores, agentes de mercado e demais sócios e acionistas que atuam no setor educacional, o qual passa por uma grande mudança de paradigma em razão das atuais estruturas societárias das mantenedoras de ensino superior – é justamente por esse fato que a função de *compliance* é imprescindível. Os pactos parassociais relacionados com as mantenedoras de ensino superior muitas vezes refletem os anseios e os acordos estabelecidos por membros de uma família que fundaram uma instituição educacional. Seu objetivo primordial é não prejudicar essa instituição educacional no caso de possíveis brigas familiares, as quais acabam quase sempre no Judiciário.

As casuísticas aplicadas aos pactos parassociais são as mais variadas, pois o estatuto e o contrato social muitas vezes não podem prever determinadas situações para não engessar a gestão da sociedade, remetendo-se ao que determina o acordo de acionistas e sócios. Em outras palavras, as lacunas existentes nos estatutos ou nos contratos sociais nem sempre são prejudiciais às empresas, que então recorrem ao pacto parassocial com o objetivo de criar melhores estratégias de atuação.

Os interesses econômicos e jurídicos de um grupo de empreendedores do setor educacional tendem a convergir na busca de fins comuns e, por essa razão, a importância do acordo societário para contrabalancear e regular as relações no

---

122. CREUZ, Luís Rodolfo Cruz e. *Acordo de quotistas*. São Paulo: IOB Thomson, 2007, p. 46.

interior dessas sociedades ganham destaque. Esse documento é tão importante para a vida das empresas que sua divulgação é um dos requisitos para empresas listadas no Novo Mercado. É o *disclosure* dos novos tempos para o mercado de capitais, onde o equacionamento de interesses dos controladores agora é divulgado a investidores e outros acionistas, e essa divulgação faz parte das melhores práticas de governança corporativa.

8.3.2 Criação e gerenciamento de uma *holding*

Dentro do programa de *compliance*, a proposta de criar e gerenciar uma *holding* é um mecanismo óbvio para evitar ou minorar conflitos de interesses societários eventualmente existentes em uma instituição educacional. Como se sabe, desde meados da década de 1990, é possível constatar mudança significativa nas organizações particulares do ramo da educação. Essas organizações perceberam a importância e o benefício do planejamento societário, da constituição de estruturas societárias que não apenas descrevessem e organizssem adequadamente as atividades empresariais e familiares, mas, sobretudo, que separassem a área produtiva (educação) da área meramente patrimonial.

Não por acaso, várias instituições criaram estruturas societárias que gerenciavam o patrimônio dos sócios/acionistas/associados e outras que abrigavam a chamada "mantenedora". O patrimônio institucional seria separado do patrimônio imaterial decorrente dos atos regulatórios da mantenedora. Porém, com o desenvolvimento institucional das IES, as mantenedoras perceberam que diversas atividades interligadas com a área acadêmica poderiam ser consideradas estratégicas para alavancar novos negócios – como a criação de restaurantes ligados ao curso de Gastronomia, hotéis ligados ao curso de Hotelaria, hospitais ligados a cursos da área de Saúde, entre outras possibilidades. Além disso, é bastante comum observar que a origem de várias IES está atrelada a uma escola de ensino médio da mesma mantenedora.

Os vários cenários apresentados demonstram a necessidade de otimizar as relações jurídicas entre as instituições ligadas ao mesmo grupo educacional, o que demanda estratégia societária e obediência aos princípios de *compliance* para que o procedimento societário adotado seja seguro e eficaz. Nesse contexto, a constituição de uma *holding* se revela uma excelente estratégia de *compliance* para proteger a participação societária e o controle mantido em duas ou mais sociedades, cujo objeto esteja ligado ao setor educacional privado.

Mas a questão é a seguinte: o que é uma *holding*? *Holding* é uma palavra oriunda do verbo *to hold*, em inglês, que significa segurar, deter, sustentar e também ser objeto de domínio entre ideias afins. A expressão *holding company*, ou simplesmente *holding*, designa pessoas jurídicas (sociedades) que atuam como titulares de bens e direitos, podendo incluir bens imóveis, móveis, participações societárias, propriedade industrial (marca, patente etc.), investimentos financeiros, entre outros. A doutrina conceitua a *holding* da seguinte forma: "*Holding* (ou *holding company*) é uma sociedade que detém participação societária em outra ou outras sociedades, tenha sido constituída exclusivamente para isso (sociedade de participação) ou não (*holding* mista)".[123]

A constituição de uma *holding* pode se dar em diversos contextos e para fins variados, sendo comuns as referências a vários tipos de *holdings*, cuja diferenciação dependerá dos objetivos da empresa, do grupo empresarial, do grupo de investidores ou do grupo familiar. Objetivamente, podemos citar os seguintes tipos de *holdings*:

a. **_Holding_ pura:** sociedade constituída com objeto social voltado exclusivamente para a titularidade de cotas ou ações de outra ou outras sociedades. Trata-se de uma "sociedade de participação", que não desenvolve atividade operacional (educação) e cuja receita é exclusivamente composta pela distribuição de lucros e juros sobre o capital próprio, fornecido pelas sociedades participantes;

b. **_Holding_ de controle (sociedade de controle):** tem por finalidade específica deter cotas e/ou ações de outra ou outras sociedades em montante suficiente para exercer controle societário;

c. **_Holding_ de participação (sociedade de participação):** é aquela constituída para titularizar cotas e/ou ações de outra ou outras sociedades, sem que detenha o controle de nenhuma delas;

d. **_Holding_ de administração ou organização:** trata-se de uma sociedade destinada à administração de outra, estruturando planos de atuação, definindo estratégia mercadológica, estratégia pedagógica, orientações acadêmicas, coordenação administrativa, cumprimento de metas, observância de regras de *compliance* e intervindo na condução de negociações das sociedades controladas, entre outras características;

e. **_Holding_ mista:** é a sociedade que não se dedica exclusivamente à titularidade de participação ou participações societárias, mas que se dedica simultaneamente a atividades empresariais em sentido estrito, ou seja, à produção/circulação de bens e prestação de serviços etc. Uma sociedade que tenha por objeto a prestação de serviços educacionais pode ser titular de cotas ou ações de outras sociedades de comercialização de algum produto, sem que seja necessário citar essa participação em seu objeto social;

f. **_Holding_ patrimonial (ou imobiliária):** é a sociedade constituída para ser proprietária de determinado patrimônio. É também conhecida como "sociedade patrimonial", e seu objeto diz respeito à administração e ao gerenciamento do patrimônio dos sócios ou acionistas da empresa. A sociedade pode ser

---

123. MAMEDE, Gladston; MAMEDE, Eduarda Cotta. Holding *familiar e suas vantagens: planejamento jurídico e econômico do patrimônio e da sucessão familiar.* 3. ed., São Paulo: Atlas, 2012, p. 2.

proprietária de imóveis, inclusive para fins de locação, sendo utilizada para gerenciamento imobiliário. Esse tipo de sociedade é bastante utilizado por muitas instituições particulares de educação, principalmente na locação de bens próprios dos sócios ou acionistas pela mantenedora;

g. *Holding* **familiar:** é a *holding* pura ou mista que visa ao planejamento de determinada entidade familiar por meio de mecanismos de organização de patrimônio, administração de bens, otimização fiscal, sucessão hereditária, entre outras vantagens. Em geral, as *holdings* familiares são precedidas de um pacto parassocial que regula a relação entre os familiares.

Existem vários caminhos para o planejamento societário e patrimonial, bem como diversas formas societárias que podem ser adotadas para a constituição de uma *holding*, com fundamento no Código Civil e na Lei das Sociedades Anônimas. A melhor natureza jurídica a ser adotada (sociedade empresária, sociedade anônima etc.) na fundação de uma *holding* deve avaliar o contexto específico da instituição educacional, pois cada uma tem suas peculiaridades desde a formatação inicial, o que demanda uma análise sistemática para definir a melhor forma societária.

É importante apontar que a *holding* é caracterizada essencialmente por sua função e seu objetivo, mas não pela natureza jurídica ou pelo tipo societário adotado. Pode ser uma sociedade contratual ou estatutária, uma sociedade simples ou empresária. O que vai definir conceitualmente a *holding* é o objetivo efetivamente almejado.

Dentro do planejamento estratégico de determinada empresa, família ou grupo empresarial, as *holdings* são utilizadas não somente com o objetivo de titularizar a participação societária, mas de centralizar a administração das atividades realizadas por todas as sociedades interligadas, controladas ou não.

A constituição de uma *holding* no setor educacional privado é uma estratégia para ordenar o patrimônio e otimizar a estruturação corporativa da instituição educacional; é considerada uma excelente prática de governança corporativa na medida em que serve como estratégia de *compliance* para proteger a participação societária e o controle mantido em duas ou mais instituições educacionais.

Como estratégia de *compliance* para proteger sócios, acionistas ou associados de uma mantenedora, ou seja, como estratégia de resiliência institucional para minimizar a hipótese de conflitos de interesses e projetar seu respectivo tratamento e prevenção, é objeto da função original do *compliance*.

8.3.3 Controle institucional de associações

Além dos procedimentos societários comuns, as instituições particulares de ensino contam com alguns procedimentos societários específicos que lhes permitem elaborar um planejamento societário e associativo diferente de instituições e empresas ligadas a outro setor econômico. São entendidos como procedimentos societários específicos porque dizem respeito apenas a instituições particulares de educação, principalmente a Educação Superior.

Entre os procedimentos societários ou associativos próprios de instituições particulares de educação podemos citar a transformação da natureza jurídica das mantenedoras de ensino superior sem finalidade lucrativa em sociedade lucrativa e a transferência de mantença e unificação da instituição mantida, conforme já descrito anteriormente. Considerando as especificidades próprias do setor, ainda existe o chamado controle institucional de associações, que pode ser considerado um mecanismo de *compliance* com base na resiliência institucional, destinado a evitar ou minimizar o conflito de interesses associativo.

O controle institucional de associações é bastante utilizado pelas organizações particulares de educação, embora seja um procedimento não vedado a associações ligadas a outros setores, conforme prevê o Código Civil brasileiro. Apesar das normas anteriores, o Código Civil trouxe a possibilidade de que as associações criem mecanismos de controle similares aos das instituições com finalidade lucrativa.

Diante da possibilidade levantada no Código Civil, as associações têm a possibilidade de transformar seu patrimônio em cotas e, por meio destas, as organizações podem criar mecanismos de gestão similares às sociedades empresárias. Essas cotas ideais poderão garantir a transmissibilidade da qualidade de associado e, portanto, resguardar até mesmo o direito sucessório na entidade, bem como todos os direitos patrimoniais. Seguindo o princípio de que o estatuto tem a capacidade de atribuir a transferência de cota ideal do patrimônio da associação, inclusive prevendo a transmissão de caráter sucessória, não há proibição legal que impeça a criação de cotas na associação.

É relevante explicar que o vínculo sucessório fica restrito à condição patrimonial no momento da sucessão, ressalvado o caráter pessoal da associação. Em outras palavras, se um dos associados morrer e houver a cláusula estatutária de transmissibilidade, os herdeiros poderão sub-rogar seus direitos patrimoniais, mas não terão garantidos os direitos associativos, salvo disposição em contrário que, a critério dos associados, poderá ser incluída no estatuto.

Obviamente, o objetivo da instituição continuará sem fins lucrativos, mantendo-se a impossibilidade de que os dirigentes da associação recebam remuneração por atividades prestadas na instituição mantenedora, mas resguardada a hipótese de remuneração na entidade mantida sem que isso caracterize distribuição de lucros ou de parcela do patrimônio da entidade.

Todas essas disposições citadas deverão ser previstas no estatuto, inclusive o fato de que os associados que tiverem feito os maiores aportes de recursos na associação terão as maiores cotas ideais na mesma. Esse é um procedimento que, embora previsto desde 2002, quando o Código Civil entrou em vigor, ainda é desconhecido por grande parte dos mantenedores. O *compliance*, nesse caso, é um mecanismo de efetivação desse procedimento, comparável aos acordos de sócios ou os acordos de família, pois esse seria um procedimento capaz de prever a sucessão, a gestão e diversos outros mecanismos de controle de uma associação educacional privada, resguardando a organização de possíveis conflitos de interesse entre os associados que efetivamente a fundaram.

EM FOCO

Art. 56. A qualidade de associado é intransmissível, se o estatuto não dispuser o contrário.

Parágrafo único. Se o associado for titular de cota ou fração ideal do patrimônio da associação, a transferência daquela não importará, per si, na atribuição da qualidade de associado ao adquirente ou ao herdeiro, salvo disposição diversa do estatuto.

(...)

Art. 61. Dissolvida a associação, o remanescente do seu patrimônio líquido, depois de deduzidas, se for o caso, as cotas ou frações ideais referidas no parágrafo único do art. 56, será destinado à entidade de fins não econômicos designada no estatuto, ou, omisso este, por

deliberação dos associados, à instituição municipal, estadual ou federal, de fins idênticos ou semelhantes.

§ 1º Por cláusula do estatuto ou, no seu silêncio, por deliberação dos associados, podem estes, antes da destinação do remanescente referida neste artigo, receber em restituição, atualizado o respectivo valor, as contribuições que tiverem prestado ao patrimônio da associação.

Capítulo
9

ESTRUTURAÇÃO E IMPLANTAÇÃO DO PROGRAMA DE INTEGRIDADE (*COMPLIANCE*) EM ENTIDADES EDUCACIONAIS

APÓS A INDISPENSÁVEL compreensão sistêmica do funcionamento de uma IES e do setor, da necessidade de mecanização do sistema de gestão integrada dos riscos de *compliance,* principalmente os riscos próprios do setor educacional privado, além da criação de mecanismos de resiliência institucional, é preciso analisar as estruturas organizacionais adequadas a um programa de *compliance* em uma instituição particular de ensino.

Inicialmente, devemos esclarecer que na primeira edição deste livro não havia qualquer regulamentação ou ato normativo nacional em vigor que explicitasse como deveria ser a estrutura organizacional de um programa de *compliance*. Havia tão somente a recém publicada Lei n.° 12.846, de 1º de agosto de 2013, a Lei Anticorrupção.

Conforme já referenciado, a grande inovação da Lei Anticorrupção em vigor está prevista em seu art. 7º, inciso VIII, segundo o qual, na aplicação das sanções, serão levadas em consideração a existência de mecanismos e procedimentos internos de integridade, auditoria e incentivo à denúncia de irregularidades, bem como a aplicação efetiva de códigos de ética e de conduta no âmbito da pessoa jurídica. O inciso anterior (VII) também é uma evolução legal, pois prevê a hipótese de mitigação da penalidade em razão da cooperação da pessoa jurídica na apuração das infrações, além da possibilidade de firmar o chamado acordo de leniência.

É importante ratificar que nossa Lei Anticorrupção segue a mesma tendência do sistema jurídico internacional, ou seja, a adoção de um programa de *compliance* não é obrigatória, mas adotá-lo é considerada um atenuante, pois aponta para um esforço de prevenção e mitigação de riscos. Dentro dessa sistemática, o Decreto n.° 8.420, de 18 de março de 2015, veio regulamentar a Lei Anticorrupção, trazendo uma série de inovações na legislação pátria que, de maneira direta, passou a disciplinar os parâmetros que devem ser avaliados em um programa de integridade.

Com base nos dispositivos do referido Decreto, podemos extrair os pilares básicos de um programa de integridade: comprometimento e apoio da alta direção da pessoa jurídica; necessidade de uma instância responsável pelo programa

Manual de Compliance

Programa de Integridade no Setor Educacional **201**

de integridade; análise de perfil e riscos; necessidade de estruturação de regras e instrumentos; e, necessidade de estratégia de monitoramento contínuo. É necessário que cada pessoa jurídica, dentro de seu respectivo segmento de atuação, faça uma análise sobre os seus procedimentos e suas rotinas para a criação de um programa de integridade dentro dos parâmetros estabelecidos na Lei e no Decreto Anticorrupção.

Neste momento, fica claro que a Lei e o Decreto Anticorrupção reconhecem formalmente o papel da iniciativa privada na prevenção da corrupção e na manutenção de um ambiente corporativo e competitivo baseado em princípios éticos e de integridade corporativa, tendência que é impulsionada pela aplicação rigorosa de legislações correlatas ao redor do mundo.

Evidentemente, a partir das boas práticas evidenciadas pela nova legislação, algumas outras legislações esparsas e exigências da administração pública passaram a tornar obrigatório o programa de integridade (*compliance*) em algumas regiões e setores da economia, motivo pelo qual sua implementação ganha mais ímpeto no país.

É justamente com base na Lei Anticorrupção e no Decreto n.º 8.420, de 2015, que apresentaremos a estrutura do programa de integridade voltada para entidades do terceiro setor, em especial, das entidades educacionais. Evidentemente, levando-se em consideração também a Lei Sarbanes-Oxley, o Foreign Corrupt Practices Act. (FCPA), a Lei Geral de Proteção de Dados (LGPD), legislações estaduais, atos normativos federais, regras de negócios estabelecidas por alguns setores da economia e demais regulações relacionadas às certificações dos programas de integridade.

9.1. Procedimentos preliminares

Considerando-se que as disposições do Decreto n.º 8.420, de 18 de março de 2015, ao regulamentar a Lei Anticorrupção, passou a traçar as linhas mestras dos programas de integridade (*compliance*) no país, é necessário que a organização estabeleça alguns procedimentos preliminares para dar suporte à implantação do programa.

Trata-se de um ponto de partida que tem dois objetivos importantes: (1) fazer uma análise inicial na organização e (2) criar a estrutura preliminar de suporte do programa. Depois que o programa de integridade for criado na organização, ele passará a ser autônomo e sustentável.

Os procedimentos preliminares também visam parametrizar e consolidar uma estrutura de integridade eficiente, ou seja, devem criar mecanismos robustos, que possam servir para dar efetividade às exigências da Lei Anticorrupção e do Decreto n.º 8.420, de 2015, entre outras exigências legais.

A implantação de um programa de integridade (*compliance*) não segue uma receita de bolo, como equivocadamente se imagina. A implantação de cada programa leva em consideração os aspectos próprios de cada organização e o segmento em que cada uma está inserida. Assim, adotar procedimentos preliminares é necessário para que a própria organização tenha conhecimento de aspectos que talvez nem mesmo saiba.

A sugestão pela adoção desses procedimentos preliminares deve ser minuciosamente definida antes de uma implantação adequada, considerando os aspectos peculiares e as variáveis específicas do setor como um todo, além da minudência organizacional de cada entidade.

Os procedimentos preliminares são necessários para que sejam detectadas eventuais inconformidades e que essas sejam sanadas no decorrer da implementação do programa, pois de nada serve a adoção de um programa de conformidade que não atenda aos objetivos da legislação antes mesmo de o programa ser implantado.

Com base nessa perspectiva, convém que a entidade adote dois procedimentos preliminares: (1) o mapeamento da organização; e (2) a utilização de trabalho colaborativo e ferramentas de gestão. Ainda que o programa de *compliance* não se baseie em um modelo geral e estanque, seguindo apenas os pilares estabelecidos pelo Decreto n.º 8.420, de 2015, resta claro que os procedimentos preliminares são essenciais para evitar que a organização seja surpreendida com alguma inconformidade no decorrer da implantação.

9.1.1. Mapeamento da organização

O mapeamento da organização realizado antes da implantação do programa de integridade na organização não faz parte dos pilares legais do programa. Então, por que implementá-la? A resposta se mostra bastante óbvia: para mapear os riscos já envolvidos nas atividades que a organização vem desenvolvendo.

Não adianta absolutamente nada elaborar o planejamento de implantação de um programa de integridade e, no decorrer de seu desenvolvimento, a organização deparar com situações que ponham em risco a lisura do programa e da própria organização. Caso isso ocorra, é possível que seja um programa natimorto.

Dentro de uma instituição de ensino superior, por exemplo, seria absolutamente ineficaz desenvolver um projeto de integridade (*compliance*) e, no decorrer de sua implantação, a instituição ser excluída do Programa de Financiamento Estudantil (Fies) por descumprimento de algum ato normativo. Esse risco poderia ser detectado no rocesso de mapeamento inicial da organização e, com isso, seria evitado que a implantação do programa de integridade sofresse um revés antes mesmo de sua criação.

O mapeamento da organização pode trazer elementos para que o gestor da entidade possa decidir sobre os riscos envolvidos em sua atuação e a possibilidade de resolvê-los antes da implantação do programa, evitando desperdício de tempo e recursos. A experiência revela que esse procedimento prévio apresenta diversas circunstâncias de que o mantenedor não tinha conhecimento.

Por outro lado, o mapeamento da organização também objetiva definir o modelo adequado do programa de *compliance* em uma instituição de ensino (superior ou de ensino médio), sendo necessário analisar alguns aspectos como:

1. natureza jurídica da instituição;
2. segmento de atuação específico;
3. dimensão ou tamanho da instituição;
4. tipos de controles existentes;
5. tipo de gestão ou governança adotada.

Essa análise deve ser feita para evitar custos desnecessários com o programa ou falta de investimentos nele, chegando à definição de um modelo adequado e eficiente para a instituição. Assim, por exemplo, uma pequena Instituição de Ensino Superior, com cinco cursos autorizados, deve ter um programa de *compliance* proporcional à sua estrutura, ou seja, não é necessário criar um departamento específico de *compliance*. Nesse caso, a organização deve aproveitar ao máximo sua estrutura administrativa já enxuta, aplicando o programa de integridade para se tornar ainda mais eficiente.

No caso de organizações com duas ou mais instituições mantidas, cujo nível administrativo é um pouco mais exigente, a definição do programa de *compliance* vai demandar uma estrutura igualmente exigente, uma vez que o escopo da conformidade também aumentará. Assim, a entidade mantenedora que possua duas faculdades mantidas em municípios diferentes certamente terá de adotar táticas voltadas para um mecanismo único de conformidade. As regras de *compliance* serão necessariamente mais precisas para que a instituição alcance a necessária convergência.

Em virtude da alta exigência regulatória, as instituições educacionais de capital aberto devem adotar um modelo de *compliance* mais sofisticado, apto a lidar não somente com as instabilidades do mercado financeiro, mas também com as exigências regulatórias do Ministério da Educação. Assim, por exemplo, se uma IES de capital aberto, objetivando atender ao mercado financeiro, demitisse 90% dos professores em regime de tempo integral para contratar professores em regime parcial, em uma evidente tentativa de economizar recursos, certamente seria questionada do ponto de vista regulatório, pois a legislação educacional em vigor prevê a exigência mínima de contratação em regime de tempo integral, como consta no art. 52, III, da Lei de Diretrizes e Bases da Educação Nacional.

Nesse exemplo, a adoção de um programa de *compliance* mais sofisticado e interdisciplinar resguarda a instituição educacional de capital aberto do custo de não conformidade diante das exigências regulatórias próprias do setor. Essa é uma premissa válida e aplicável também às demais instituições educacionais, embora com características diversas em razão dos modelos de *compliance* adotados.

A adoção de um programa de *compliance* pelas instituições particulares de educação implica a sistematização de um planejamento estratégico natural, ou seja, a adoção desse programa cria uma sistemática para a tomada de decisões, de modo a assegurar o êxito da instituição em seu ambiente atual e futuro. Na implantação do *compliance*, as IES devem otimizar sua estrutura para que o programa seja maximamente eficaz, com economia de custos e obtenção de benefícios tangíveis.

No que diz respeito à escolha de um modelo próprio para cada instituição, além da avaliação dos aspectos organizacionais já citados, a organização educacional também deve fazer uma análise sistêmica do ambiente regulatório a que está sujeita. Se for apenas uma escola particular de ensino básico, por exemplo, dada a diminuta regulação que rege esse segmento, o modelo a ser adotado deve ser o mais simples possível, a fim de utilizar os preceitos da função de *compliance* dentro da enxuta estrutura já existente.

Entretanto, no que diz respeito às IES, é necessário que o modelo de *compliance* considere as estipulações regulatórias do setor, pois algumas estruturas de gestão já fazem partem das exigências essenciais, como a figura do Procurador Institucional e a figura colegiada da Comissão Própria de Avaliação.

Da mesma maneira, embora grande parte dos modelos de *compliance* evidencie a importância dos papéis do *chief compliance officer* (CFO) e do comitê de *compliance*, tal como determina a boa cartilha do sistema bancário e a própria Lei Sarbanes-Oxley (SOX), é preciso que o CFO e o comitê de *compliance* sejam convergentes com as estruturas de gestão obrigatórias (PI e CPA) das IES; caso contrário, o modelo adotado pelas instituições poderia conceber atribuições que jamais se complementariam e, com isso, não teriam serventia juntas.

Em outras palavras, dentro do modelo de *compliance* de uma IES, as atribuições do *chief compliance officer* (CFO) e do procurador institucional são complementares, assim como as funções do Comitê de *Compliance* e da Comissão Própria de Avaliação, e o diferencial na estrutura de *compliance* adotada por uma IES é justamente a complementaridade dessas funções, conforme explicaremos a seguir. No caso das instituições particulares de ensino básico, a estruturação do *compliance* é mais simples, como vimos.

O mapeamento da organização, em que pese não constituir um dos pilares do programa de integridade, certamente se apresenta como ferramenta essencial na implantação do programa de integridade.

9.1.2. Trabalho colaborativo e utilização de ferramentas de gestão

Ainda como procedimento a ser adotado preliminarmente à implantação do programa de integridade, mesmo que não previsto em ato normativo nacional ou internacional, é imprescindível que a organização estabeleça alguns mecanismos de trabalho para o bom desenvolvimento do programa. Nesse caso, sugerimos que a organização inicie a implantação do programa de integridade por meio de trabalho colaborativo e com a utilização de ferramentas de gestão.

O trabalho colaborativo pode ser caracterizado como o compartilhamento de ideias e informações entre os membros de um grupo com o objetivo de alcançar resultados ligados a uma meta comum. Isso se torna possível quando os sistemas de comunicação e as bases de informações se fazem acessíveis a todos os profissionais que estão ligados a esse trabalho, assim como acontece atualmente nas redes sociais.

Na estruturação de um programa de integridade (*compliance*) é imprescindível entender a complexidade da organização, sua estratégia, seus objetivos e, principalmente, a prática diária de suas atividades, de forma segura, evitando entendimentos equivocados sobre o funcionamento de cada setor. Nesse caso, só será possível implantar um programa de integridade de forma eficaz por meio de uma metodologia de trabalho eficiente.

A sugestão de adotar o trabalho colaborativo na estruturação de um programa de integridade torna-se imperativo nos dias de hoje, sobretudo diante da grande dificuldade que existe em alocar recursos humanos de uma organização para desempenhar papéis diversos aos que o colaborador está acostumado. Sugerimos que seja criado um grupo de trabalho voltado exclusivamente para a implantação e o desenvolvimento do programa.

É bom que esse grupo de trabalho seja interdisciplinar e não seja composto por ninguém da alta direção, sob pena de macular o programa na origem. A ideia é que a alta direção da organização dê apoio ao programa desde sua origem, sem interferir na sua implantação. Evidentemente, a alta direção validará os procedimentos adotados pelo grupo de trabalho e, a partir daí, o programa ganhará efetividade.

Da mesma forma, para tornar a implantação do programa eficiente, com a demonstração clara de que todos os pilares do programa estão sendo construídos de forma inconteste, convém que o grupo de trabalho utilize também ferramentas colaborativas e de gestão. A utilização dessas ferramentas, além de economizar tempo e recurso financeiros, traz grande efetividade na demonstração do cumprimento da implantação do programa.

Várias ferramentas e diferentes instrumentos podem ser empregados na implantação de um programa de *compliance* para uma IES; todavia, a conformação e a eficácia dessas ferramentas dependem do modelo de *compliance* adotado, dada a dimensão da instituição, seu âmbito regional, o ambiente regulatório e sua estrutura organizacional.

Uma ferramenta de gestão, a exemplo de alguns softwares ou aplicativos colaborativos gratuitos, tem como principal finalidade o compartilhamento de arquivos de trabalho entre duas ou mais pessoas para desenvolver uma tarefa em comum e que, para isso, precisa da colaboração para melhorar o rendimento e eficiência na implantação do programa.

Normalmente, esse tipo de programa oferece uma série de soluções, como o acompanhamento do fluxograma ou do orçamento destinado pela organização (Agendas e Planilhas), a criação de formulários, comunicados internos, compartilhamento do aprendizado, edição simultânea de textos, dentre muitas outras. É evidente que as organizações possuem necessidades peculiares e, por conta disso, precisam de sistemas colaborativos que sejam adaptáveis para cada realidade.

A estruturação do grupo de trabalho e a utilização de ferramentas colaborativas implicam em redução de custos, facilidade de uso, reforço da cultura do trabalho em equipe, acompanhamento em tempo real, versatilidade, mobilidade, segurança em sentido amplo e aumento da produtividade na implantação do programa de integridade.

A utilização de ferramentas colaborativas por um grupo de trabalho designado especialmente para a criação do programa de integridade proporcionará o registro de todas as etapas do programa e, por via de consequência, passará a gerar fluxo de conhecimento na organização. São procedimentos que servem para demonstrar os padrões de condutas adotados e o conhecimento escrito acumulado.

Posteriormente, quando o programa for efetivado, com a possibilidade de aquisição de novos sistemas, esse grupo de trabalho poderá dar lugar ao *compliance officer* ou ao comitê de *compliance*, independentemente da denominação adotada, e continuar utilizando as ferramentas colaborativas na gestão integral do programa. Trata-se de uma forma simples de manter o fluxo de conhecimento já adquirido e minimizar custos.

9.2. Estruturação do programa de integridade (*compliance*) com base nos pilares legais exigidos

Cnforme vimos nos tópicos anteriores, o programa de integridade *(compliance)* tem como principal objetivo criar um conjunto de mecanismos, que, composto por diretrizes, procedimentos internos e ações calcadas em valores éticos, tm o firme propósito de prevenir, detectar e corrigir desvios, fraudes, irregularidades e atos lesivos ao poder público e também à própria organização.

O Decreto n.° 8.420, de 18 de março de 2015, que regulamenta a Lei n.° 12.846, de 1° de agosto de 2013, a chamada Lei Anticorrupção, estabelece dezesseis parâmetros em que o programa de integridade deve ser avaliado, sendo ainda avaliadas algumas especificidades da pessoa jurídica.

Não obstante os referidos parâmetros, uma organização pode claramente implantar o programa e lhe dar efetividade por meio de apenas oito pilares básicos, os quais abarcam toda a exigência legal. Nesse caso, o importante é que o modelo do programa reflita o tamanho, a complexidade, os recursos e os riscos que caracterizam a empresa ou organização. Para tanto, o programa deve estar organicamente inserido na estrutura da empresa ou instituição e conectando-se com os diferentes setores de forma natural e recorrente, conforme determina a legislação.

Dada a inexistência de um modelo fixo, é necessário saber o que é imprescindível para a criação ou manutenção do programa de integridade (*compliance*), motivo pelo qual cada organização deve fazer a análise prévia, e mais ainda porque é possível que a própria organização disponha de algum desses parâmetros já instituído.

Sendo assim, para melhor entendimento e desenvolvimento do programa de integridade, é recomendável que seja implantado observando-se os parâmetros definidos pela regulamentação da Lei Anticorrupção (Decreto n.° 8.420/15, art. 42). Tais parâmetros podem ser traduzidos por meio do cumprimento das etapas constantes dos oito pilares a serem definidos a seguir.

9.2.1. Suporte da alta administração (*tone from the top*)

O comprometimento da alta direção da organização é considerado um dos elementos mais importantes de um programa de integridade, pois traduz o comprometimento dos mais altos gestores da entidade com a ética e a integridade, tanto da condução de suas atividades institucionais quanto pessoais.

Assim, para que seja eficaz e efetivamente transformador, o programa de integridade deve receber aval explícito e incondicional dos administradores da organização, bem como recursos e suficiente autonomia de gestão, para garantir a eficaz implantação de medidas e procedimentos destinados a atuar em prevenção, detecção e punição de condutas antiéticas e atos lesivos.

EM FOCO

O comprometimento da alta direção da empresa com a integridade nas relações público -privadas e, consequentemente, com o programa de integridade é a base para a criação de uma cultura organizacional em que funcionários e terceiros efetivamente prezem por uma conduta ética. Pouco ou nenhum valor prático apresntaria um programa que não seja respaldado pela alta direção. A falta de compromisso da alta direção resulta no descompromisso dos demais funcionários, fazendo o programa de integridade existir apenas "no papel".

Fonte: "Programa de Intgridade: Diretrizes para empresas privadas". Controladoria Geral da União, 2015, p. 8. Disponível em https://www.cgu.gov.br/Publicacoes/etica-e-integridade/arquivos/programa-de-integridade-diretrizes-para-empresas-privadas.pdf. Acesso em 4 de abril de 2019.

Importante destacar ainda, quanto a esse pilar, que o apoio da administração da entidade também pode ser evidenciado por participação e apoio nas etapas de implementação do programa, aprovação das políticas e medidas de integridade e, tão importante quanto, por adoção de postura ética pelos gestores, servindo de exemplo a todos os colaboradores e terceiros.

Considerando-se que um programa de integridade efetivo deve fazer parte da cultura corporativa, é necessário que ela caminhe lado a lado com a comunicação dos valores essenciais da organização. Essa comunicação precisa, necessariamente, ser feita pela alta administração e comprovada a sua efetividade.

9.2.2. Avaliação de riscos e *due diligence*

Na implantação do programa de integridade (*compliance*), a avaliação estruturada de riscos da organização constitui um pilar de considerável complexidade. Trata-se de uma avaliação que leva em consideração o mapeamento da organização já realizado, sendo os riscos igualmente mapeados por meio de procedimentos de *due diligence* (diligência prévia).

A *due diligence* é um procedimento de busca de informações sobre uma empresa na ocasião de uma aquisição corporativa, ou seja, trata-se de pesquisa por ocasião de um negócio, em que o investidor analisa uma empresa e avalia os riscos da transação.

No procedimento de *due diligence*, a empresa investidora procura obter todas as informações necessárias para ponderar e fixar de forma objetiva o valor final de uma operação de aquisição de empresas, a forma de estruturar a transação e a exigência de garantias ou, em caso contrário, a conveniência de não efetivar a aquisição em virtude dos riscos revelados pelas informações colhidas.

No âmbito do *compliance*, a *due diligence* é utilizada em diversos procedimentos internos e externos de prevenção, constituindo relevante pilar para a avaliação de riscos. No cenário do programa de integridade, a *due diligence* é adotada, por exemplo, na avalição de risco prévia em caso de contratação, aquisição, celebração de parceria, formação de consórcio de empresas, enfim, sempre que se tenha um relacionamento jurídico e comercial que possa causar alguma exposição de risco à empresa.

A *due diligence* realizada de forma prévia, de preferência no início da implantação do programa, tem por objetivo conhecer integralmente a estrutura organizacional, as obrigações tributárias, a situação financeira, a organização contábil, os objetivos sociais, os procedimentos internos, o modelo de relacionamento com colaboradores, parceiros, órgãos públicos e terceiros, bem como todo o arcabouço de leis aplicáveis às atividades da empresa. A coleta de informações visa a identificação prévia de inconformidades e riscos eventualmente existentes, que possam afetar ou prejudicar a atuação da organização e, a partir desse conhecimento, elaborar um relatório detalhado contendo todas as informações.

No decorrer da implantação e da gestão do programa de integridade, a *due diligence* é utilizada como mecanismo de investigação interna e externa, por meio da chamada *supplier due diligence*. Trata-se da chamada "diligência do fornecedor" ou "de terceiros". Certificar-se de escolher os fornecedores corretos, muito mais do que simplesmente encontrar o preço mais baixo, é conhec^-los antes de concordar em se envolver com eles nos negócios, representando também um modo relevante de reduzir os riscos para o negócio como um todo.

A *supplier due diligence* objetiva saber se o fornecedor (terceirizado ou quem fala em nome da organização) é financeiramente estável, se tem sistema de gestão ambiental, se tem suprimento ético, se utiliza política de responsabilidade social e quais são os termos do negócio envolvendo a organização e o fornecedor. Essa análise demonstra se o fornecedor tem propensão a colocar a atividade da organização em risco. Esse procedimento deve ser feito constantemente pelo comitê de *compliance*.

Realizar a *due diligence* de maneira apropriada ajuda a reduzir as ocorrências de fraude, contribui para tomar as decisões certas e garante uma navegação mais tranquila a longo prazo quando se trata dos negócios da organização. Ele ajuda a entender com quem a organização está fazendo negócios, se o terceiro (fornecedor, intermediador, entre outros) é eticamente compatível e minimiza o risco de violar as leis do país.

9.2.3. Código de conduta e políticas institucionais

Dentro de um programa de integridade, os padrões de ética e de conduta representam o comportamento esperado de todos os colaboradores e dirigentes da organização. É conveniente que tais padrões sejam reunidos em documento único, geralmente denominado código de ética, ou de conduta. Importa esclarecer, inicialmente, que não existe regra específica para a denominação do código, basta que este reflita os padrões de conduta, ética e integridade desejados pela organização.

O código de conduta é um alicerce imprescindível do programa de integridade (*compliance*) na medida em que estabelece, entre outros itens, padrões de conduta, direitos e deveres aplicáveis a todos os colaboradores e dirigentes, independentemente de cargo ou função exercidos – suas normas se estendem ainda a terceiros, como fornecedores, prestadores de serviço, agentes e parceiros. O código de conduta deve ser fonte de consulta constante para dirigentes e funcionários, direcionando comportamentos e decisões.

Parafraseando o professor Lélio Lauretti, "a maneira que nos parece mais razoável para chegar a uma cultura em que a ética seja o 'novo normal' é desenvolver um código de conduta para cada entidade. Reiteremos que o código de conduta será a 'ponte' entre a ética e a empresa (ou organização)".[124]

A ideia principal do código é deixar claro para todos que a organização se preocupa e se importa com o respeito à legislação e que deseja ser um ambiente de cultura corporativa ética e íntegra. Seu objetivo é a prevenção de desvios de conduta, promovendo a disseminação da identidade corporativa e orientações sobre os deveres de fazer e de não fazer, sempre em sintonia com princípios fundados na legislação e na ética.

Para que seja eficiente e capaz de atuar na implantação de uma cultura ética no ambiente organizacional, é recomendável que o código contenha:

a. declaração de apoio formal da alta direção, no sentido de que apoiam a integridade e são contrários a qualquer forma de corrupção;
b. declaração de abrangência, no sentido de que será extensivo a todos os colaboradores e dirigentes, sem distinção de cargo ou função;
c. princípios éticos fundamentais, sobre os quais estarão alicerçados os deveres de fazer e de não fazer de todos os abrangidos pelo código;
d. compromissos da organização em relação a colaboradores, órgãos públicos, comunidade, parceiros, fornecedores e terceiros;
e. compromissos dos colaboradores em relação à instituição;
f. repúdio expresso a condutas que configurem atos de corrupção ou fraude e a situações que possam configurar conflito de interesses;
g. penalidades para violações ao código;
h. estabelecimento de canal de denúncias para violação ou suspeita de violação ao código de conduta, com mecanismos de proteção ao denunciante de boa-fé;
i. declaração de aceite, através da qual cada colaborador manifesta conhecer o código de conduta ética e se compromete a cumpri-lo.

O código de conduta ética deve incorporar os valores que são importantes para a organização e estar alinhado com sua missão e sua visão. Deve ser o instrumento orientador, formal e institucional, para a conduta pessoal e profissional de todos os colaboradores, com extensão a parceiros e fornecedores, tornando-se um padrão de relacionamento interno e externo a ser seguido também na condução das demais atividades da organização.

A adoção de um código de ética, ou de conduta, traz o benefício de viabilizar um comportamento pautado em valores compartilhados por todos, reduzindo a subjetividade de interpretações pessoais sobre princípios morais e éticos que

---

124. LAURETTI, Lélio. SOLÉ, Adriana de Andrade. *Código de conduta: evolução, essência e elaboração – a ponte entre a ética e a organização*. Belo Horizonte: Fórum, 2019, p. 106. A expressão "novo normal" é atribuída ao economista egípcio-americano Mohamed El-Erian para quem a crise da economia global, na primeira década dos anos 2000. provocaria ruptura estrutural, de modo que, quando passasse, as coisas não voltariam à antiga normalidade ds crises cíclicas, mas se tornaria um "novo normal".

são albergados pela organização. Esse padrão, que fornece um conjunto mínimo de regras de conduta a serem seguidas pelos membros da organização, se baseia em princípios que valorizam o comportamento ético e o acordo com a legislação vigente, a lealdade frente à instituição, e o cultivo de tratamento justo, cortês e respeitoso entre colegas de trabalho.

Como se trata de estruturação de regras de conduta baseadas em princípios éticos, o código não deve fazer menção expressa a disposições que já são previstas em lei ou ato normativo. Assim, por exemplo, é absolutamente desnecessário inserir em um código de conduta que não se deve praticar um crime, eis que qualquer tipo de crime já está capitulado em alguma disposição legal do Código Penal ou de legislações esparsas. O código de conduta busca estabelecer uma mudança do paradigma corporativo sob o ponto de vista ético, objetivando nova postura organizacional, um novo normal.

A finalidade do código é formalizar as exigências da organização quanto às atitudes profissionais exigidas de seus funcionários. Sendo assim, é imprescindível que todos os membros da instituição conheçam integralmente tanto esse código quanto as normas e as regulamentações às quais estão sujeitos. Todas as dúvidas devem ser imediatamente encaminhadas ao *compliance officer* ou ao comitê de *compliance*, conforme o programa adotado, e o código de ética ou de conduta deverá ser atualizado periodicamente, conforme a evolução das atividades da instituição, adequando-se ao mercado educacional.

É indispensável que colaboradores e sócios/associados/acionistas da instituição educacional estejam comprometidos com elevados padrões éticos e de conduta no desempenho de suas atividades funcionais. Deles se espera plena obediência aos parâmetros, pois a ética no trabalho orienta não apenas o teor das decisões (o que se deve fazer) mas também o processo para a tomada de decisão (como se deve fazer).

Nesse ambiente, especificamente no que tange ao setor educacional, a justiça e a devida consideração pelos interesses de pessoas e instâncias vinculadas à instituição, como alunos, professores, sócios/acionistas/associados, fornecedores, Ministério da Educação, órgãos estaduais e municipais de educação, parceiros comerciais, órgãos governamentais e o público em geral, são seus principais alicerces.

Ao lado do código de conduta, as políticas institucionais também se constituem como um conjunto de documentos fundamentais de um programa de *compliance*, pois representam importantes instrumentos de gestão e de controle de riscos, estabelecendo regras e procedimentos internos, forma de atuação dos diversos departamentos, forma de relacionamento com órgãos públicos, parceiros e terceiros, entre outras. As políticas institucionais comumente utilizadas são:

- Política de compras;
- Política de RH, benefícios, contratação e dispensa de colaboradores;

- Política de descontos comerciais;
- Política de gestão de ativos físicos;
- Política de gestão de patrimônio (imóveis);
- Política de segurança e proteção de dados (elaborada sob a perspectiva da Lei n.º 13.709, de 14 de agosto de 2018, a Lei Geral de Proteção de Dados, LGPD);
- Política de incentivo à qualificação de profissionais;
- Política de comunicação institucional;
- Política regulatória e acadêmica;
- Política de gestão de riscos e *compliance*;
- Política de gestão de transações com partes relacionadas e conflitos de interesses.

Não sendo exaurientes, as políticas institucionais servem, em síntese, para formalizar a postura da organização em relação aos diversos temas abrangidos por sua atividade, a exemplo das políticas de compras, de relacionamento com terceiros, de gestão da informação, de RH, além de outras igualmente importantes. Cada política institucional deve ser elaborada de acordo com o planejamento traçado no programa da organização.

A Lei Geral de Proteção de Dados (LGPD), Lei n.º 13.709, de 14 de agosto de 2018, deverá ser contemplada com uma política institucional própria, a qual será desenvolvida com mecanismos para tratamento de dados pessoais, sobretudo os dados pessoais sensíveis, e boas práticas de governança para a mitigação de riscos. Deverá ser desenvolvida por meio de medidas preventivas relativas a incidentes de segurança; criação de processos internos para responder adequadamente a incidentes ou vazamentos de segurança perante os titulares dos dados, autoridades e demais terceiros envolvidos.

Muitas mantenedoras de instituições educacionais acreditam erroneamente que seus estatutos ou contratos sociais já seriam suficientes para funcionar como política institucional. Essa interpretação não se aplica porque a política institucional tem um âmbito diverso dos atos constitutivos da instituição, sendo parte integrante destes. Além do mais, como bem explicitam Candeloro, De Rizzo e Pinho, "não espere que pessoas se comportem como você imagina que deveriam. Nada óbvio. Comandos claros e precisos são fundamentais para a eficiência de um resultado".[125]

Portanto, é necessário reconhecer a importância das políticas institucionais, até porque são benéficas para as instituições em razão de seu foco de atuação, abrangência, linguagem, objetividade, embasamento legal. Além disso, podem complementar os atos constitutivos da instituição sem necessidade de expô-los ao seu quadro funcional. As políticas institucionais devem documentar a estrutura de *compliance* adotada pela organização, com previsão das seguintes características:

---

125 CANDELORO, Ana Paula P.; DE RIZZO, Maria Balbina Martins; PINHO, Vinícius, *op. cit.*, p. 77.

Programa de Integridade no Setor Educacional

- missão do programa de *compliance*; regras de criação, alteração e revisão das políticas institucionais;
- papel do profissional de *compliance* e do comitê de *compliance;*
- processos de capacitação para a implantação do programa; comunicação;
- monitoramento;
- ações disciplinares e corretivas.

Aqui, vale ressaltar que as políticas referentes aos processos devem fazer referência ao código de ética ou de conduta, bem como aos valores e princípios da instituição. É importante destacar que o código não é propriamente uma política, mas um instrumento da instituição para tornar públicos seus valores e determinar o comportamento que espera de seus funcionários. Segundo alguns teóricos, o código de ética é diferente do código de conduta, pois este pode conter determinações de cunho amoral, o que seria diverso do conceito de ética previsto em um código formal. No entanto, neste livro, tratamos o código de ética ou de conduta nos termos de regras morais, racionais e de valores reconhecidamente aceitas pela sociedade.

Assim sendo, o código de conduta deve externar valores e comportamentos que se espera dos colaboradores, enquanto as políticas institucionais da organização deverão formalizar a sua postura em relação aos diversos temas abrangidos em sua atividade, principalmente com o objetivo de evitar e tratar casos de conflito de interesses nas hipóteses de:

- pessoas politicamente expostas;
- contribuições políticas;
- corrupção (por exemplo, pagamentos por atos de rotina);
- presentes, eventos e entretenimentos;
- patrocínios e doações;
- tratamento das informações, com base na Lei Geral de Proteção de Dados Pessoais;
- uso indevido de informações privilegiadas (insider trading e front running);
- segregação de funções;
- investimentos pessoais;
- atividades externas (por exemplo, presidente de sindicato ou associação);
- empréstimos a diretores e administradores da instituição;
- admissão de funcionários com grau de parentesco;
- relacionamento com funcionários públicos;
- comunicação com a imprensa;
- divulgação de material publicitário;
- comunicações por meio eletrônico e mídias sociais;

- comunicações por telefones;
- manutenção de registro e contabilização precisa.

O código de ética ou de conduta deve esclarecer os detalhes de cada hipótese dessas, segundo a política institucional adotada, resguardando a instituição de atitudes consideradas suspeitas. Assim, mesmo imaginando que seja o melhor para a instituição, um empregado pode se sujeitar a uma exigência indevida de um funcionário público para facilitar um ato de rotina, como a expedição de uma certidão. Além disso, a falta ética não se mede por sua extensão moral, mas pelo fato de esta não existir.

EM FOCO

A Estratégia Nacional de Combate à Corrupção e à Lavagem de Dinheiro (Enccla), criada em 2003 pelo Ministério da Justiça, estabeleceu como meta em 2006 a definição e a regulamentação das obrigações do sistema financeiro em relação às pessoas politicamente expostas. Estas foram então definidas pelo Comitê de Regulação e Fiscalização dos Mercados Financeiro, de Capitais, de Seguros, de Previdência e Capitalização (Coremec) por meio da Deliberação n.º 2, de 1º de dezembro de 2006, nos seguintes termos:

"Art. 3 (...) consideram-se pessoas politicamente expostas os agentes públicos que desempenham ou tenham desempenhado, nos cinco anos anteriores, no Brasil ou em países, territórios e dependências estrangeiros, cargos, empregos ou funções públicas relevantes, assim como seus representantes, familiares e outras pessoas de seu relacionamento próximo, conforme definido pela Enccla.
Parágrafo único. São considerados familiares os parentes, na linha direta, até o primeiro grau, o cônjuge, o companheiro, a companheira, o enteado e a enteada.

Orientação originária do art. 52 da Convenção das Nações Unidas contra a Corrupção, de 9 de dezembro de 2003, e da recomendação n.º 6 do Grupo de Ação Financeira contra a Lavagem de Dinheiro e o Financiamento do Terrorismo (Gafi), que é uma organização intergovernamental.

A adoção de controles internos por meio da política institucional e da formulação de um código de ética ou de conduta pode minimizar o risco de não conformidade e impedir que a entidade sofra as sanções e as penalidades previstas na Lei Anticorrupção, segundo a qual, na ocorrência de qualquer hipótese de corrupção descrita nessa legislação, será considerada para a aplicação da eventual sanção à pessoa jurídica a existência de mecanismos e procedimentos internos de integridade, auditoria e incentivo à denúncia de irregularidades, além de códigos efetivos de ética e de conduta. Trata-se de uma evolução legislativa que premia a organização que defende e pratica a ética corporativa em suas atividades.

Diante do alto grau de regulamentação do setor educacional, as instituições particulares de educação devem adotar o código de conduta/ética e as políticas institucionais para evitar o custo de não conformidade em razão da possível aplicação de sanções, pois estas também poderão acarretar processos de supervisão e administrativos com poder de encerrar as atividades da instituição, conforme vários exemplos recentes de decisões tomadas pelo Ministério da Educação.

9.2.4. Controles internos

Juntamente com as políticas institucionais, os controles internos são representados pelo conjunto de documentos que detalham os procedimentos operacionais adotados com o objetivo de prevenir irregularidades, inconformidades ou qualquer tipo de desvio. A existência desse conjunto de controles internos atua de maneira altamente eficaz para minimizar riscos operacionais e de não conformidade, asseguram a pronta elaboração e a confiabilidade de relatórios e demonstrações financeiras, além de assegurar que as leis e os regulamentos aplicáveis às atividades institucionais estão sendo devidamente cumpridos.

O controle está diretamente associado à diminuição da incerteza com relação a eventos futuros, e tudo está sob controle se o grau de dúvida em relação aos procedimentos de todas as atividades, bem como suas respectivas consequências, estiverem dentro de um limite aceitável. Assim, quanto melhor o controle, menor o risco. O controle também pode aumentar a eficiência, atingindo o efeito desejado, por exemplo, com a diminuição de custos ou de tempo daquilo que já é feito com eficiência (atividades realizadas por meio de processos bem-estruturados).

O conceito de controles internos tem estreita relação com a segregação de funções, atividades ou responsabilidades de forma a atender ao programa de *compliance*, permitindo a estruturação de fluxos (por exemplo, o cumprimento de regras para a autorização de um curso superior) e aumentando os requisitos de conformidade.

O controle interno consiste na criação de procedimentos e padronização de ações da organização, garantindo que todos realizem uma função da mesma forma, sem que haja dúvida ou erros. Com os controles internos, qualquer pessoa da organização consegue realizar todas as funções de forma eficaz, garantindo a eficiência, evitando que ocorram erros, fraudes e violações de normas. Os controles internos são fundamentais para que uma organização funcione bem e sem erros, baseando-se na padronização das ações, e garantindo a eficiência da entidade.

Assim, se todos mantiverem um alto grau de conhecimento sobre as atividades sob sua responsabilidade e estiverem atentos ao cumprimento das normas, buscando a agilização dos processos, atribuindo-lhes a qualidade e a segurança indispensáveis, certamente estarão fazendo um bom controle, e os resultados desejados serão atingidos. É importante também verificar a conformidade da estrutura de controle em termos de sua missão.

Os controles internos de uma instituição educacional são considerados eficientes e eficazes se a mantenedora tiver uma segurança razoável de que:

- os objetivos das operações da instituição estão sendo alcançados;
- as demonstrações contábeis e financeiras estão sendo preparadas de maneira confiável;
- as leis e os regulamentos estão sendo cumpridos;
- o planejamento estratégico da entidade, de acordo com o programa de *compliance*, está sendo alcançado (por exemplo, com o credenciamento da instituição ou a autorização de um curso).

Devemos apontar que, no ambiente dos controles, é indispensável verificar sempre o custo/benefício desse procedimento para evitar que o custo seja maior do que o benefício, lembrando que esse cálculo deve ser mensurado no custo de *compliance* ou custo de não conformidade. A importância de adotar controles internos é tanta que várias instituições já contam com seu próprio setor de controladoria, dotado de um foco e de um horizonte de ação cuja amplitude supera o programa de *compliance*. No entanto, mesmo com a inclusão de uma controladoria, o programa de integridade deve ser adotado com naturalidade pelas instituições particulares de ensino, sobretudo porque já está se tornando uma obrigação quase que legal.

Para supervisionar os controles internos de uma instituição educacional, o comitê de *compliance* deve avaliar a cultura de controles vigente, compreender o funcionamento dos processos de produção e divulgação de relatórios e informações para todos os públicos (interno, como professores e colaboradores, e externo, como alunos e a sociedade em geral), e também julgar a eficácia dos testes de controles internos e de prevenção de erros e fraudes. As análises de risco podem ser feitas por meio de matrizes, conforme serão explicadas adiante, e também da *supplier due diligence* realizada com fornecedores e terceiros. Tal procedimento busca sempre a melhoria dos procedimentos internos adotados.

As fragilidades significativas que forem identificadas e não puderem ser imediatamente corrigidas devem se tornar objeto de recomendação ao mantenedor ou à direção geral da instituição, segundo um plano de ação a ser adotado, especificando prazos e responsáveis, devidamente acompanhados pelo comitê de *compliance*. Medidas de caráter transitório devem ser adotadas apenas até que a cultura de controles se revele adequada.

Os esforços para a implantação de controles internos requerem da instituição compromisso firme e devem constituir uma parte rotineira de suas operações e do comitê de *compliance*. Para haver controles internos eficientes, levando-se em consideração o código de conduta e as políticas institucionais já criadas, é necessário que a organização desempenhe os seguintes controles:

- **Processos:** são os que ocorrem na organização e envolvem procedimentos que devem observar as políticas pertinentes a cada área. Com o objetivo de monitorar as atividades que envolvem riscos, torna-se necessário criar um documento orientador como guia dos processos, especificando a participação de cada área; portanto, deverá chegar a todos os níveis da instituição. Alguns processos de natureza confidencial serão disponibilizados apenas para as áreas envolvidas. A área de *compliance* deverá listar os processos para os quais deverão ser confeccionadas os guias e acompanhar sua elaboração, definindo os pontos de controle.
- **Procedimentos:** deverão demonstrar passo a passo a execução de cada processo, e essa demonstração deve ser feita em forma de texto. São descritas todas as ações e atividades executadas para cumprir o processo, inclusive quanto a interfaces entre áreas ou agentes externos e a geração de registros físicos (documentos) ou eletrônicos em ordem cronológica. Por conterem informações muito detalhadas, os procedimentos devem ser de acesso restrito à respectiva área operacional e à área de *compliance*.
- **Monitoramento de processos e procedimentos:** não se trata apenas de examinar processos e procedimentos, mas de exercer uma ação proativa para identificar problemas de maneira ágil e imediata. Um sistema de monitoramento efetivo deve conter, por exemplo, revisões periódicas de áreas e departamentos, de documentos comprobatórios de solicitações diversas dos clientes (exceções), do sistema de comunicação de controles internos fornecendo atualizações e revisões de leis e regulamentos aplicáveis ao setor e políticas internas; teste de conhecimento dos funcionários sobre os procedimentos internos da instituição; atualização de documentos corporativos, entre outros. O sistema de monitoramento deve ser incorporado às atividades normais de cada uma das áreas da instituição, a fim de ser aceito prontamente e usado de modo contínuo. Para ser considerado efetivo, esse sistema deve descobrir problemas processuais ou de pessoal, e quanto antes forem detectados e adotadas ações para corrigi-los, menor será o risco a que a instituição se expõe.
- **Revisões periódicas de processos e procedimentos de integridade (*compliance*):** além de revisar a conformidade às exigências das políticas corporativas, devem ocorrer também revisões periódicas nos próprios processos e procedimentos de *compliance*, visto que essa revisão é essencial e

deveria acontecer especialmente depois de alterações nas políticas vigentes ou quando são abertas novas áreas. A frequência e o volume de contratação de pessoal também são fatores que devem motivar uma revisão.

No setor educacional, poderíamos exemplificar a criação de processos e procedimentos relacionados com as alterações regulatórias do ensino superior e sua imediata implantação na instituição. Dentro de uma política institucional regulatória, por exemplo, uma instituição de ensino superior poderia criar regras e procedimentos internos para fazer adequações urgentes no momento de mudanças nos atos normativos educacionais. Esse controle, independentemente da existência de outros, já seria suficiente para resguarda a instituição em face de riscos de não conformidade a atos normativos exarados pelo Ministério da Educação – atos estes que merecem atenção pelo fato serem quase cotidianos.

Todos esses documentos devem estar alinhados com os princípios e valores firmados no código de conduta da instituição e das políticas institucionais criadas, devendo ser divulgados aos colaboradores.

9.2.5. Treinamento e comunicação

Uma vez que o código de conduta e as políticas institucionais tenham sido elaborado, é essencial que todos os colaboradores recebam informações e treinamento referentesa seu conteúdo. O comportamento condizente com as diretrizes firmadas no código de conduta somente poderá ser exigido do colaborador se ele tiver amplo acesso ao código e inteiro conhecimento sobre seu conteúdo e sua aplicação. O mesmo raciocínio se aplica às políticas institucionais e a todos os controles internos, cujos conteúdos devem ser amplamente divulgados entre os colaboradores.

Aqui há uma diferença importante, pois o código de conduta deve ser objeto de divulgação e treinamento para todos dentro da organização; já as políticas institucionais devem ser objeto de divulgação e treinamento apenas para os setores específicos a que cada uma esteja vinculada. Assim, uma política institucional de recursos humanos, por exemplo, não tem praticamente ligação com uma política institucional de gestão de ativos físicos, motivo pelo qual devem ser divulgadas e treinadas de forma diferentes.

Sendo assim, esse pilar tem como objetivo primordial a disseminação, de maneira orgânica e permanente, dos valores, normas, políticas e procedimentos sobre a conduta ética e íntegra que se deseja para sua instituição, tanto na esfera pessoal, quanto na institucional.

Os objetivos da divulgação e treinamento são diversos: assegurar com que todos os colaboradores entendam e assumam para si os valores da organização;

garantir com que todos os colaboradores e gestores guiem suas ações pelos mais elevados padrões éticos; comunicar as regras e expectativas da organização para todo o público interno e externo com relação à integridade; promover o comportamento ético e íntegro em todas as ações; fortalecer o papel de cada um na consolidação da organização como uma instituição íntegra; disseminar o significado da ética e integridade no cotidiano das pessoas; buscar o comprometimento e apoio de todos ao programa de integridade; explicar o que a organização espera de seus parceiros e fornecedores; entre outros.

A consciência sobre os temas de integridade deve ser amplamente divulgada por meio da comunicação interna e externa, utilizando-se, para tanto, de todos os canais disponíveis. A divulgação deve ser objeto de um plano, que deve estabelecer o público-alvo, o objetivo específico, a forma de comunicação, cronograma, etc. A estratégia de comunicação também envolve a criação de uma identidade visual para o programa de integridade, com o objetivo de evidenciar a mudança de cultura, a observância de princípios e valores defendidos pela organização.

Os treinamentos relacionados à divulgação do código de conduta e das políticas institucionais, além dos novos procedimentos de integridade adotados, podem ser feitos por meio de palestras, *workshops*, ações em grupo ou até por meio de vídeos ou animações enviados aos colaboradores. O importante é que o conteúdo do conjunto de documentos e seus temas sejam amplamente divulgados e que atinja todo o universo compreendido pela instituição, pois esse é um dos principais fatores para garantir a eficácia e a efetividade do programa de integridade, contribuindo, de forma fundamental para a criação de uma cultura ética dentro da instituição.

9.2.6. Canais de denúncia

Uma vez implantado, o programa de integridade deve ser capaz de prevenir inconformidades de qualquer natureza. É impossível afirmar que, mesmo após sua implantação, nenhuma irregularidade venha a ocorrer dentro da instituição, seja em razão de desvios de procedimentos ou desvios de conduta. Por esse motivo, é necessário criar um aparato consistente para evitar condutas inadequadas.

Para que eventuais inconformidades sejam levadas ao conhecimento da instituição e devidamente apuradas, é importante a criação do Canal de Denúncias, que deve ser amplamente acessível a todos os colaboradores, gestores, parceiros e fornecedores, que dele podem fazer uso, com garantia de privacidade e anonimato, caso assim o desejem.

O canal de denúncias pode ser implantado de diversas maneiras: por telefone, por meio de *site* e de *e-mails* específicos, por meio de caixas de sugestões, denúncias e reclamações espalhadas pelos ambientes da instituição, ou até pela combinação de todos esses meios.

O importante é que seja acessível a todos que queiram denunciar uma irregularidade e que seja eficiente no sentido de fazer essa denúncia chegar ao comitê responsável por sua investigação e apuração. O tratamento das denúncias deve ser realizado por meio de procedimentos e estratégias específicas, pois o resultado do tratamento das denúncias não pode ser responsável pela geração de problemas não esperados pela organização, como o ajuizamento de ações decorrentes da própria apuração das denúncias.

Assim, é imprescindível que, juntamente com o canal de denúncias, a organização promova a formação de um comitê responsável pela gestão do canal, pelo recebimento das denúncias e pelas investigações necessárias para a apuração de sua veracidade. Recomenda-se que esse grupo, que pode ser o comitê de *compliance* ou de ética e que será nomeado pelos gestores da instituição, seja composto por colaboradores de diferentes áreas, com mandato definido, permitida a reeleição. A adoção dessas medidas é importante para permitir a oxigenação do grupo, o revezamento entre seus membros e garantir seu funcionamento de maneira transparente e imparcial.

É importante esclarecer que o canal de denúncias é o mecanismo que faz a conexão entre o denunciante, que pode se manter anônimo, e o setor competente para fazer a apuração do fato contrário aos regulamentos internos. A investigação será realizada internamente, por meio de procedimentos próprios. Isso implica dizer que o canal de denúncias muitas vezes é terceirizado, procedimento visa resguardar a própria organização com o objetivo de preservar o anonimato e a segurança das denúncias realizadas.

Nesse mesmo sentido, a Instrução n.º 480, 7 de dezembro de 2009, da Comissão de Valores Mobiliários, que dispõe sobre o registro de emissores de valores mobiliários admitidos à negociação em mercados regulamentados de valores mobiliários, estabelece, em seu anexo 24, a "Política de gerenciamento de riscos e controles internos" (nova redação dada pela Instrução CVM n.º 586, de 8 de junho de 2017), que cria os parâmetros aceitáveis dos canais de denúncias. Em que pese a maioria das instituições de ensino não estar atrelada à referida comissão, é evidente que tais parâmetros podem ser utilizados na criação e no desenvolvimentos dos respectivos canais de denúncias, pois estão atreladas às boas práticas de governança corporativa.

O canal de denúncias é um dos pilares de sustentação do programa de integridade. Além de permitir o conhecimento e a apuração mais rápida de irregularidades, que de outra forma talvez não chegassem aos responsáveis pela instituição, ainda funciona como medida de desestímulo para a prática de desvios ou irregularidades.

Manual de Compliance

Programa de Integridade no Setor Educacional **221**

9.2.7. Investigações internas e medidas disciplinares

As organizações devem dispor de procedimentos específicos para investigação e prevenção de fraudes e ilícitos, sobretudo no âmbito da execução de parcerias ou em qualquer interação com o setor público. Indispensável também é um comitê apropriado para a condução de investigações que permitam apurar prontamente, de forma rigorosa e independente, denúncias de comportamento ilícito ou antiético, devendo garantir que fatos sejam verificados, responsabilidades identificadas e, em sendo necessário, sanções disciplinares ou medidas corretivas sejam aplicadas.

A partir do momento em que a instituição, adotando o programa de integridade, promove a criação de um código de conduta ética, no qual explicita as condutas que entende corretas e desejadas entre seus colaboradores, é razoável deduzir que, para a conduta irregular ou em desconformidade com os padrões adotados, será passível a aplicação de uma penalidade ao infrator.

Essas penalidades também devem estar definidas e claramente explicitadas no código de conduta ética, pois a todos os colaboradores deve ser dada ciência de que as violações não serão toleradas e das penalidades a serem aplicadas, que podem ocasionar de uma simples advertência a uma demissão por justa causa, além de ter o potencial de incidir em abertura de processo judicial. Em geral, as penalidades estão relacionadas à intenção do colaborador investigado e são as mesmas que já vemos definidas pela legislação trabalhista: advertência (oral e escrita), suspensão e demissão. As medidas disciplinares podem satingir qualquer colaborador, independentemente de cargo ou função dentro da instituição.

As medidas disciplinares devem ser tratadas de forma confidencial, de modo a não expor as pessoas, pois é imprescindível não permitir retaliação nos procedimentos de integridade adotados – sobretudo porque a exposição de pessoas pode causar dano à reputação da própria empresa e à imagem do investigado, o que certamente não é o objetivo do programa.

Nos treinamentos realizados em torno das investigações internas e das medidas disciplinares, é necessário que o conhecimento seja disseminado por meio de exemplos genéricos, sem nomes de pessoas e nem vinculação de medida aplicada a alguém anteriormente,, de modo que as demais pessoas identifiquem a situação.

9.2.8. Monitoramento contínuo: planejamento de uma matriz de risco

A robustez de um programa de integridade se mede por sua efetividade. O monitoramento consiste na implantação de um processo de avaliação rotineiro e contínuo, visando aperfeiçoamento das medidas de prevenção, detecção e combate à ocorrência de atos lesivos à organização. A intenção é identificar se os diversos pilares do programa de integridade estão funcionando conforme o planejado, se os efeitos esperados de conscientização dos funcionários estão se materializando na organização e se os riscos identificados estão sendo controlados.

Para a realização do monitoramento contínuo do programa, deve haver constante avaliação das ações e medidas adotadas, buscando identificar novos riscos, áreas ou processos em que possa ocorrer quebra de integridade ou in-conformidade, assim como redefinição de priorização dos riscos já identificados para, dependendo do caso, implementar novas ações mitigatórias.

No procedimento de monitoramento contínuo, a instituição deverá adotar um processo sistemático de avaliação, devidamente formalizado, sobre o desempenho e a adequação dos controles internos da organização, tendo em vista sua estratégia global, políticas e objetivos, leis e regulamentos. A avaliação será efetuada pelo *compliance officer* ou pelo comitê de *compliance*, e deverão ser realizadas reuniões frequentes, no mínimo trimestrais. Além dos membros fixos, poderão participar dessa reunião o auditor (terceirizado) e outros profissionais convidados.

Para que o monitoramento contínuo seja efetivo, é aconselhável que a organização trabalhe com uma matriz de risco, que consiste em uma ferramenta ou procedimento à disposição dos gestores para mensurar, avaliar e ordenar os eventos de riscos passíveis de afetar o alcance dos objetivos estratégicos da organização. No caso, a organização estabeleceria a matriz de risco exclusivamente voltada para o programa de integridade (*compliance*), com o objetivo de manter a instituição em conformidade com seu código de conduta e políticas institucionais, o que, evidentemente, garantiria a conformidade em relação a leis e demais atos normativos públicos.

As matrizes de riscos, bastante populares, são aplicadas para auxiliar no atendimento a requisitos e diretrizes de *compliance*, auditoria, Coso (*The Commitee of Sponsoring Organization*), normas ISO 31000, ISO 9001, ISO 14001, ISO 45001, entre outras. Tais matrizes, cujo objetivo é mapear tipos de risco diversos, combinam classificações qualitativas de consequências e probabilidades, para produzir um nível de risco ou classificação de risco. Consequentemente, seria possível estabelecer se determinado risco é, de maneira geral, aceitável ou inaceitável, de acordo com a localização na matriz.

Nas matrizes de risco, as organizações utilizam o conceito de *red flags* (bandeiras vermelhas) para o mapeamento dos riscos e a criação de alertas. As *red flags* ou "sinais de alerta" são um sistema de sinalização precoce (*early warning*), desenvolvido e utilizado inicialmente por auditores para determinar se, na demonstração financeira, existe (ou não) probabilidade de fraude. A existência das *red flags* nas organizações não quer dizer que os sinais de alerta identifiquem atos fraudulentos, pois são apenas indícios de situações que podem ocorrer e estar ligadas a não conformidades.

Algumas *red flags* são bastante comuns, as quais, dentro de um programa de integridade, podem ser objeto de análise prévia numa matriz de risco, tais

Programa de Integridade no Setor Educacional **223**

como: reputação ou alegação de corrupção ou fraude; acordos com pagamentos vultosos ou incomuns; falta de transparência na estrutura societária da empresa, que dificulte a visualização dos reais sócios; falta de passado comercial, ou seja, empresas recém-criadas, que não tenham atividade comercial anterior; acordos ou arranjos para pagamentos de formas suspeitas ou estranhas; acesso limitado à informação, entre outras igualmente sem transparência.

Em geral, dentro de uma organização educacional, a matriz de risco é formulada de acordo com o fluxo operacional da entidade, ou seja, cada setor será objeto de uma matriz específica, a qual será incorporada em uma grande matriz. O comitê de *compliance*, por meio de ferramentas de gestão e com a participação de setores da organização, poderá implantar monitoramentos frequentes no cumprimento e na verificação da matriz. O monitoramento deve ser feito de forma constante e devidamente documentada.

Da mesma forma, o monitoramento do programa pode incluir o gerenciamento de riscos (*risk frameworks*) e indicadores de riscos (*key risk indicators* ou *scorecards*), a fim de identificar a proporção de cada um e proteger os valores da organização. Portanto, um programa eficiente de monitoramento e testes é indispensável ao sucesso do *compliance* adotado pela entidade educacional.

Por outro lado, o monitoramento realizado pelo comitê de *compliance* avalia também o cumprimento das políticas institucionais pelos setores específicos, avaliando a integridade dos procedimentos adotados e o risco de não conformidade. Nesse procedimento, todas as políticas institucionais são constantemente revisadas de acordo com sua eficácia, podendo ser validadas ou não por meio de auditoria externa.

No processo de acompanhamento contínuo, o monitoramento requer aquisição, armazenamento e análise de dados, bem como a definição de um processo de remediação. O monitoramento antecede a auditoria e pode ser implantado por meio da alimentação contínua da base de dados de cada matriz de risco, mediante acompanhamento diário de leis, atos normativos (portarias e instruções), padrões decisórios, regulações e melhores práticas. Assim, por exemplo, um ato normativo revogado merece atenção para que bão mais sejam alocados recursos no monitoramento de algo que não é mais exigido.

Conforme evidenciam Candeloro, De Rizzo e Pinho, "o monitoramento avalia rotineiramente a eficiência e a eficácia dos controles de *compliance* implantados nas diversas linhas de negócios, para também avaliar a aderência das regras, procedimentos, melhores práticas e políticas internas".[126]

As técnicas de monitoramento utilizadas baseiam-se em modelos de supervisão, gerenciamento de dados, análise quantitativa, avaliação de fluxos e documentos. Implicam a criação de rotinas de áreas do negócio e reuniões periódicas, a fim de avaliar os relatórios gerenciais e a contínua adesão a normas e procedimentos.

---

126. CANDELORO, Ana Paula P.; DE RIZZO, Maria Balbina Martins; PINHO, Vinícius, *op. cit.*, p. 274.

A monitoração incluirá atividades destinadas ao acompanhamento de uma operação e/ou processo, comparando o ocorrido com o previsto para que se assegure a conformidade com as regras estabelecidas. Todo colaborador ou funcionário com responsabilidades vinculadas aos controles internos deverá monitorar, dar soluções imediatas e registrar ocorrências que envolvam deficiências ou não conformidades.

Sobre o pilar voltado para o monitoramento contínuo, a organização pode utilizar o instrumento chamado *supplier due diligence*, já explicado anteriormente, que objetiva saber se o fornecedor tem propensão a colocar a atividade da organização em risco. Esse procedimento deve ser feito constantemente pelo comitê de *compliance,* inclusive por meio de ferramentas que verificam os antecedentes da empresa e o *status* administrativo do parceiro, ou seja, se este parceiro apresenta regularidade fiscal, trabalhista e previdenciária, entre outras.

Da mesma forma, para mitigar riscos avaliados na *supplier due diligence*, as organizações também utilizam cláusulas contratuais anticorrupção e específicas no sentido de obrigar terceiros, como fornecedores, consultores, advogados, entre outros, a sempre oferecer nas notas fiscais o detalhamento do serviço prestado, além de documentos que comprovem a prestação do serviço. Mais ainda: sempre que aparecer alguma transação suspeita, deverão ser requeridos maior detalhamento desta e documentação comprobatória de regularidade, imprescindíveis para evitar o risco.

Na atividade de monitoramento, o comitê de *compliance* pode desenvolver ferramentas para detectar casos comezinhos de não conformidade dos colaboradores, como não participação em treinamentos obrigatórios; não cumprimento de atividade prevista em política institucional ou de procedimento; não cumprimento de fluxo de processos estabelecidos; falta de registro previsto em procedimento interno; erros nas documentações; não utilização de ferramentas corporativas; entre vários outros. Nesses casos, o comitê de *compliance* deve dispor de mecanismos claros para mitigar as não conformidades detectadas.

Especificamente no setor educacional privado, proceder à capacitação de professores, coordenadores e diretores faz parte da rotina educacional, mas isso não quer dizer que seja suficiente para atingir as metas estabelecidas pela instituição. Assim, com base nas rotinas de monitoramento, o próprio resultado da capacitação pode ser objeto de monitoramento e, portanto, da função de *compliance.*

Se uma IES deseja que todos os seus cursos sejam uniformemente bem avaliados pelo MEC, ela deve definir uma estratégia linear para que todos sigam um padrão que corresponda de maneira satisfatória às exigências avaliativas do MEC. Com essa perspectiva, várias IES estabelecem rotinas acadêmicas de testes em docentes e criam provas matriciais com a participação de todos os professores, entre outras estratégias. Dentro de suas competências e após ser capacitado, o professor é habilitado a colaborar com provas e exames que fazem parte da matriz geral da instituição. Essa colaboração passa a ser monitorada e avaliada, pois dela decorrerá o sucesso dos alunos nas avaliações feitas pelo MEC. Esse monitoramento contínuo, considerado uma auditoria permanente, é imprescindível para evitar o custo de não conformidade diante das exigências regulatórias do MEC/ Inep, protegendo a instituição da instauração de processos de supervisão e da aplicação de penalidades.

Os procedimentos de monitoração visam estabelecer uma espécie de auditoria permanente nas áreas acadêmica, regulatória e institucional, ou seja, procedimentos que testam se a postura acadêmica, regulatória e institucional é eficaz para manter a regularidade dos cursos e da própria instituição. Essas são *expertises* próprias do *compliance* do setor educacional.

O programa de *compliance* também é responsável por assegurar que as atividades de monitoramento e testes estejam implantadas e devidamente documentadas, bem como periodicamente avaliadas em sua eficácia. O programa também deverá identificar eventuais desvios, deslocamentos e violações, documentando-os corretamente para a adoção de ações corretivas em conjunto com as políticas institucionais em vigor, certificando-se de que tais ações sejam de fato adotadas.

A robustez de um programa de *compliance* se mede pela sua efetividade. O monitoramento consiste na implantação de um processo de avaliação rotineiro e contínuo dos documentos produzidos durante a implementação do programa de *compliance* e de seus controles internos, visando seu aperfeiçoamento em prevenção, detecção de atos lesivos à organização e seu combate, de forma a identificar se os diversos módulos estão funcionando conforme o planejado, se os efeitos esperados de conscientização dos colaboradores estão se materializando na organização e se os riscos identificados estão sendo controlados.

9.2.9. Tratamento das não conformidades e mitigação de riscos

Identificada alguma divergência ou não conformidade com o código de conduta ou com as políticas institucionais, independentemente da forma com que essa divergência tenha sido apurada (por denúncia ou por monitoramento), a reação natural da organização é dispor de uma estratégia para corrigir tal divergência ou não conformidade. Esse é um dos principais pilares do programa, que não objetiva apenas corrigir o problema, mas criar um mecanismo para que isso não ocorra novamente.

É necessário que a organização desenvolva instrumentos que tenham por objetivo tratar as não conformidades imediatas e mitigar todos os riscos relacionados com a sua atividade operacional. Nesse caso, é imprescindível que os mecanismos de detecção e saneamento trabalhem de forma orgânica e responsiva, com procedimentos para a resolução imediata da não conformidade e na proposição de estratégia para evitar com que a organização se exponha à não conformidade, mitigando o risco operacional.

Para prevenção, tratamento e mitigação de riscos, a organização pode adotar algumas estratégias, as quais devem ser objeto de procedimentos internos claros, a serem monitorados por membros do grupo responsável pelo programa.

Essas estratégias poderiam ser deduzidas da seguinte forma[127]:

a. **Análise e tratamento de preocupações:** a organização pode adotar a sistemática de fazer análise das informações que poderiam ser considieradas preocupantes. A partir da constatação de riscos potenciais sobre essas preocupações, a organização deve incluir tal constatação na matriz de risco e já estabelecer mecanismos para mitigá-lo;

b. **Detecção da não conformidade:** independentemente de a organização ter desenvolvido procedimentos de análise das preocupações, é imprescindível que tenha ferramentas para detecção das não conformidades, seja o canal de denúncias, sejam os procedimentos internos de monitoramento;

c. **Descrição e mapeamento da extensão da não conformidade:** caso o problema detectado seja pontual, a resposta da organização deve ser igualmente pontual. No entanto, se o problema decorrer de não conformidade nos procedimentos da organização, é necessário fazer a descrição e o mapeamento da extensão dessa não conformidade. A descrição deve ser precisa;

d. **Ação imediata:** em cumprimento ao art. 42, XII, do Decreto n.º 8.420, de 2015, a organização deve adotar procedimentos que assegurem a pronta interrupção de irregularidades ou infrações detectadas e a tempestiva remediação dos danos gerados. Trata-se de um procedimento que deve ter execução imediata;

e. **Análise da causa:** trata-se do ponto de partida para a definição estratégica de uma ação corretiva, com o objetivo de evitar a repetição da não conformidade de forma mais abrangente e não pontual. A análise deve verificar a causa-raiz e a abrangência da não conformidade;

f. **Definição da ação corretiva:** se a causa for conhecida, a organização deverá definir o conjunto de medidas para anular a causa. Se a causa da não conformidade for eliminada, a organização terá certeza de que a não conformidade dela decorrente não ocorrerá de novo;

g. **Execução da ação:** após a definição da ação corretiva, a organização deve estabelecer as condições necessárias para a execução da ação prevista para eliminar a não conformidade. Essa execução pode ser delegada a setores diferentes da organização, até mesmo setores que não foram responsáveis

---

127 GIOVANNI. Wagner. *Compliance: a excelência na prática.* 1a. Edição (Editora independente). São Paulo: 2014, p. 274-289.

pela não conformidade causada. Após a execução, o comitê ou departamento de *compliance* deve ser informado sobre o cumprimento dos procedimentos estabelecidos;

h. Análise final: o objetivo dessa fase é verificar e constatar a eficácia da ação corretiva por meio de dois focos: (1) análise da reincidência e (2) influência da medida adotada na mitigação do risco.

As estratégias de prevenção, tratamento e mitigação de riscos, conforme detalhadas, podem ser realizadas por meio de sistemas ou de relatórios desenvolvidos pela organização dentro de suas políticas institucionais. Essas estratégias são eficazes para qualificar o programa de integridade, na medida em que colaciona análises e comprova a eficácia do programa de integridade, inclusive para a certificação do programa, como será explicado adiante.

9.3. Gestão do programa de integridade (*compliance*) e aproveitamento da estrutura existente

A Lei Anticorrupção e seu decreto regulamentador, as disposições do Comitê da Basileia e a Lei Sarbanes-Oxley, dos EUA, além das regras nacionais emitidas pelo Banco Central e o Código de Boas Práticas e das internecionais, provenientes de instituições como OCDE, CGU, IBGC, Banco Mundial, entre outros, recomendam que o órgão ou responsável pelo *compliance* seja independente e tenha um canal de comunicação direto com a alta administração da instituição. Este é, portanto, o ponto de partida para a estruturação do programa no setor educacional.

EM FOCO

Lei federal norte-americana, promulgada em 30 de julho de 2002, visa garantir a criação de mecanismos de auditoria e segurança confiáveis nas empresas, incluindo ainda regras para organização de comitês encarregados de supervisionar suas atividades e operações, de modo a mitigar riscos aos negócios, evitar a ocorrência de fraudes e assegurar que haja meios de identificá-las quando ocorrem, garantindo a transparência na gestão.

Fonte: MARCHETTI, Anne M. *Sarbanes-Oxkey Ongoing* Compliance *Guide: Key Processes and Summary Checklist*. USA: Library of Congress Cataloging, 2007, p. 2.

EM FOCO

O Decreto n.º 8.420, de 2015, em seu art. 42, IX, estabelece os requisitos básicos para montagem do órgão interno da organização que será responsável pelo programa de integridade. Ele deverá ter independência, estrutura e autoridade de instância interna responsável pela aplicação do programa de integridade e fiscalização de seu cumprimento.

As estruturas organizacionais dos programas de *compliance*, inicialmente adotadas por bancos e grandes organizações, estão formatadas em quatro modelos básicos, conforme se verá a seguir:[128]

Modelo 1: a estrutura de *compliance* faz parte do departamento de gestão de risco ou da controladoria da organização. Por isso, o *chief compliance officer* (CCO) dedica-se mais ao tema dos riscos e às formas de minimizá-los do que à questão ética da organização. O CCO geralmente supervisiona os programas e os comportamentos de *compliance* por unidade de negócio dentro da empresa. Essa estrutura, muito comum nos setores mais regulados (como as instituições financeiras), estimula a habilidade da estrutura de *compliance* em rapidamente identificar e mitigar os riscos iminentes. Nessa estrutura compartimentada, a dificuldade de acesso à alta cúpula da administração pode afetar o estabelecimento das prioridades e políticas de *compliance*.

Modelo 2: é caracterizado pelo relacionamento direto do *chief compliance officer* (CCO) com a alta cúpula da administração da instituição. Esse é o modelo adotado por setores com regulação extremamente rígida (farmacêutico, médico, entre outros) e prevalece nos que se recuperam de uma crise de governança corporativa, a fim de criar estrutura de *compliance* independente, com recursos e pessoal adequado. Em linhas gerais, o CCO tem maior liberdade para desenhar as ações do programa e mais autoridade, por ter conexão direta com a alta cúpula da administração. A adoção desse modelo, considerado mais robusto, passa a percepção de que o programa executado na instituição tem a mesma prioridade dos demais assuntos organizacionais.

Modelo 3: é o adotado em organizações cujas atividades tenham nível regulatório menos rígido. Nesse caso, a estrutura do programa fica alocada dentro do departamento jurídico e o *chief compliance officer* (CCO) se reporta diretamente ao diretor jurídico. Essa relação facilita o alinhamento das políticas empresariais com as prioridades apontadas em leis e regulamentos. Em vez de contar com diretores exclusivamente dedicados ao

---

128. COIMBRA, Marcelo de Aguiar; BINDER, Vanessa Alessi Manzi (Orgs.), *op. cit.*, 2010, p. 23.

compliance, entra em operação uma unidade com dedicação parcial ao *compliance*. Dado o comprometimento parcial do modelo, não haveria como responder adequadamente aos riscos de *compliance*. Além disso, a falta de contato direto com a alta cúpula da organização enfraquece a credibilidade do programa.

Modelo 4: é estruturado com as competências e as atribuições de *compliance* descentralizadas em cada unidade da organização. O *chief compliance officer* (CCO) se reporta ao diretor jurídico e/ou à alta administração da instituição. Cada unidade responsável está obrigada, de forma individualizada, a seguir os preceitos e as regras do programa de *compliance*. Esse modelo prevalece em organizações descentralizadas, que atuam em segmentos ou mercados pouco regulamentados pelo governo. Em decorrência da responsabilidade individual de cada unidade da organização, a comunicação e o treinamento costumam funcionar adequadamente. Entretanto, há um risco na implantação deste modelo, representado pelo acúmulo de funções em cada unidade da organização.

Para Coimbra e Manzi,[129] a maioria das organizações opta pelo Modelo 2, em que o *chief compliance officer* (CCO) atua com independência considerável na investigação de possíveis desvios de conduta. Além disso, a função de *compliance* pode conquistar maior influência e respeito dentro da organização, visto que seria muito menos provável que as decisões de encarregados fossem tomadas à revelia das diretrizes de conformidade estabelecidas pela alta cúpula da instituição.

Como já vimos, o *compliance officer*, ou "oficial de conformidade", é um profissional altamente qualificado, nomeado pela instituição para supervisionar o cumprimento das leis e dos regulamentos, seguindo as estratégias e politicas da organização. Para que seja eficaz e efetivamente transformador, o programa de *compliance* deve receber apoio explícito e incondicional dos mais altos executivos da organização, bem como recursos e suficiente autonomia de gestão para garantir sua eficácia.

Esse apoio é evidenciado pela formalização, em ata de reuniões e documentos correlatos, da constituição do comitê de *compliance*, indicação de seus membros e direcionamento dos recursos, atos estes previstos e formalizados segundo as instruções contidas neste módulo. O suporte dado pela alta gestão também se manifesta pelo apoio documentado de seus membros em todas as etapas de implementação do projeto de *compliance* e na aprovação das medidas de integridade representadas pelo código de (conduta) ética e políticas institucionais.

---

129. COIMBRA, Marcelo de Aguiar; BINDER, Vanessa Alessi Manzi (Orgs.), *op. cit.*, 2010, p. 24.

9.3.1. O *chief compliance officer* e o procurador institucional: funções

O *chief compliance officer* (CCO), altamente qualificado, deve garantir a conduta correta das empresas, incluindo sua equipe, de acordo com os requisitos fixados pelo legislador, e pode atuar como um conselheiro; no entanto, pode assumir papel mais fiscalizador e agir como auditor interno. Também é bastante comum que as atividades do CCO sejam desenvolvidas por um comitê interno ou mesmo por uma consultoria externa especializada.

O professor Enrique Bacigalupo sintetiza a função do *compliance officer* nos seguintes termos:

> *Sus funciones básicas son la de vigilancia, asesoramiento, advertencia y de evaluación de los riesgos legales de gestión, que no sólo deben alcanzar al cumplimento de la ley y los reglamentos, sino también a las directivas y principios éticos internos y a los standars de conducta internacionales.* [130]

O *compliance officer*, ou agente de *compliance*, deve ter perfil multidisciplinar, pois precisa garantir a adesão da organização a qualquer regulamento identificado como aplicável, independentemente de sua origem ou impacto, tendo sempre a preocupação de disseminar a cultura dos controles internos em todas as ramificações da instituição.

É importante constatar que o *compliance officer* não é um fiscal dentro da organização, mas um agente cujo objetivo é assegurar o cumprimento das regras e, portanto, garantir a integridade da instituição. Ora, mas não seria essa uma atribuição do departamento jurídico? Evidentemente não, pois, em geral, o departamento jurídico atua de forma reativa nos problemas da instituição – ou seja, depois que a demanda ocorreu.

Ainda que seja proativo, o departamento jurídico não se envolve com questões que não sejam de sua *expertise*, como detalhes pedagógicos de uma avaliação no ensino superior, que, caso não cumpra as regras de conformidade, poderá afetar negativamente a regulação da instituição.

O *compliance officer* é uma espécie de gestor de integridade ou conformidade, mas não é o único responsável pelo programa de *compliance* de uma organização, embora seja seu principal gestor. Marcos Assi, em obra recente, descreve as principais funções dessse profissional:

> O *compliance officer* tem como principais atribuições o suporte a todas as áreas no que concerne a esclarecimentos de todos os controles e regulamentos internos, bem como no

---

130. BACIGALUPO, Enrique, *op. cit.*, 2012, p. 136.

Programa de Integridade no Setor Educacional   **231**

acompanhamento de conformidade das operações e atividades da organização com as normas regulamentares (internas e externas) em vigor. É ele quem define os planos de ação do departamento e monitora o cumprimento de prazos e o nível de excelência dos trabalhos realizados.[131]

Compete ao *compliance officer* participar da elaboração, no acompanhamento e no controle de processos, procedimentos e normas praticadas em sua área de atuação, além de assegurar que os processos e as políticas da organização sejam conhecidos e cumpridos por todos os funcionários da área.

Independentemente da estrutura organizacional do programa de integridade adotado pela instituição, o *compliance officer* deve sempre se reportar a um diretor, gerente ou membro da alta administração, pois seu trabalho subsidiará a tomada de decisões na instituição. Sua função é fomentar boas práticas dentro das regras de conformidade e influenciar positivamente as áreas interdependentes da organização.

Como se pode inferir, a área de *compliance* é cada vez mais acionada em situações complexas, desempenhando variadas atividades, como treinamentos, investigações, base de conhecimentos interdisciplinares em seu segmento de atuação etc. Por isso, requer profissionais bem preparados e com capacidades múltiplas – a preparação dos profissionais se refere tanto às características pessoais como às profissionais, incluindo sempre sua experiência empresarial e também de mercado.

Entre as habilidades previstas para um *compliance officer*, é necessário que tenha experiência em gestão (capacidade de trabalhar no nível gerencial), conhecimentos atualizados sobre as regras de *compliance*, atributos pessoais (integridade, conduta ética, reputação, habilidades interpessoais), qualificações profissionais, além de significativos conhecimentos interdisciplinares sobre seu segmento de atuação.

No setor educacional privado, por exemplo, é muito mais prático e objetivo encontrar a *expertise* de um profissional de *compliance* dentro das atribuições de quem atua no próprio segmento. Na hipótese de uma instituição de ensino médio, o próprio gestor pode assumir a função do *compliance officer* ou decidir que seja assumida por alguém do setor jurídico, mesmo que terceirizado, pois a regulamentação desse segmento é comparativamente simples.

No caso de uma pequena IES, a função de *compliance officer* pode ser assumida pelo procurador institucional, uma vez que ele já desenvolve atividades específicas de avaliação, regulação e supervisão do ensino superior. O procurador institucional deve ser indicado por toda a IES em virtude de determinação legal e, entre suas atribuições, estão as seguintes:

---

131. ASSI, Marcos. *Gestão de* compliance *e seus desafios: como implementar controles internos.* São Paulo: Saint Paul, 2013, p. 56.

- responder anualmente o Censo da Educação Superior;
- manter atualizados os dados cadastrais dos professores da IES no e-MEC (sistema informatizado do MEC);
- manter atualizados os dados cadastrais dos dirigentes da IES no e-MEC;
- manter atualizados os dados da infraestrutura da IES no e-MEC;
- Acompanhar o processo de inscrição do Enade;
- inserir Relatório de Autoavaliação no e-MEC;
- atualizar os projetos pedagógicos dos cursos de graduação no e-MEC;
- atualizar o Plano de Desenvolvimento Institucional (PDI) no e-MEC;
- atualizar regimento e estatuto junto ao MEC, através do e-MEC;
- Atualizar os membros da Comissão Própria de Avaliação (CPA) no e-MEC;
- abrir e acompanhar processos no e-MEC.

O procurador institucional, vinculado geralmente à reitoria, à mantenedora (alta administração) ou à pró-reitoria de graduação ou similar, atua em conformidade com as políticas, os procedimentos e os dados globais na relação com o Ministério da Educação e seus órgãos interligados (Inep, CNE, Capes, entre outros).

Quando o MEC, por meio de seu sistema informatizado (e-MEC), identifica o procurador institucional como representante legal da instituição, este passa a ser responsável por toda a articulação educacional perante o órgão regulador, além de ser igualmente responsável pelos procedimentos de avaliação, regulação e supervisão da instituição. Isso quer dizer que, no contexto regulatório do ensino superior, o procurador institucional assume a condição de um *compliance officer* natural para as regras de conformidade em âmbito regulatório-educacional.

As funções do *compliance officer* ultrapassam as competências do procurador institucional em todas as atividades desenvolvidas pela IES, o que não quer dizer que o procurador institucional não possa ser um *compliance officer*, muito pelo contrário, pois é possível capacitar o PI para assumir também as funções de CCO. Existem vários exemplos, dentro de IES, de procuradores institucionais de diversas formações acadêmicas (gestão, administração, contábil, jurídica etc.), o que facilita o conhecimento interdisciplinar necessário à formação de um bom profissional da área.

É importante apontar novamente que o *compliance officer* tem como função prioritária a gestão de integridade ou conformidade – é o mesmo que dizer que a função necessita um conhecimento multidisciplinar. O procurador institucional, por outro lado, não tem, em suas atribuições naturais, conhecimentos específicos sobre diversas rotinas institucionais (fiscais, trabalhistas, contratuais, financeiras etc.). Portanto, para que assuma as funções de *compliance officer*, deve passar a ter essas competências.

No caso de IES de porte maior (com duas ou mais instituições mantidas) que deseje estruturar um departamento próprio de *compliance,* profissionalizando o cargo de *chief compliance officer* (CCO), não resta dúvida de que o procurador institucional será imprescindível à boa atuação do CCO, pois tem atribuições sabidamente complementares às desse outro profissional.

Independentemente da estrutura do *compliance* adotado pela instituição particular de educação superior, não há dúvida de que o *compliance officer* deve ser um gestor eficiente nas áreas de riscos próprios do setor educacional e, com sua atuação, alguém capaz de criar sinergia em todas as áreas da organização.

9.3.2. O comitê de *compliance* e a comissão própria de avaliação (CPA): funções

A estruturação de programas de *compliance* exige a conexão entre diversos setores administrativos da organização, motivo pelo qual o *compliance officer* tem a árdua tarefa de centralizar, coordenar e supervisionar as atividades do programa em suas diversas etapas. Para a execução desse gerenciamento, os programas de *compliance* também impõem a criação de um comitê, entendido como um órgão complementar.

Para Coimbra e Manzi,[132] o comitê de *compliance* tem o objetivo de apoiar e orientar as atividades do profissional de *compliance*, e, para cada uma das áreas--chave deve haver um responsável claramente identificado, sempre um diretor ou um gerente, com a responsabilidade de assegurar a implantação do programa. O papel do profissional de *compliance* nesse comitê varia, dependendo da organização, mas seguramente deve ser o responsável pela definição de uma agenda e do acompanhamento dos assuntos discutidos e sua implantação.

Grande parte da literatura especializada sugere que o comitê de *compliance* tenha independência para realizar suas funções, pois essa independência é um elemento crítico para assegurar à organização o controle sobre a qualidade dos demonstrativos (financeiros, contábeis, fiscais, regulatórios etc.) e dos demais procedimentos de controles internos, visando assegurar sua confiabilidade, assim como para identificar e lidar com os riscos da organização.

É importante salientar que não existe nenhum ato normativo determinando o funcionamento do comitê de *compliance*, motivo pelo qual as organizações se orientam por vários códigos de boas práticas divulgados por institutos de gestão e auditoria. Nesse caso, embora a Lei Sarbanes-Oxley sirva de referência, é bastante comum a utilização do "Guia de orientação para melhores práticas de comitês de auditoria", publicado pelo Instituto Brasileiro de Governança Corporativa[133].

Reunindo as recomendações da literatura especializada, os códigos de boas práticas e as especificidades do setor educacional, apresentamos a seguir as atribuições e as competências próprias do comitê de *compliance* de uma instituição educacional:

---

132. COIMBRA, Marcelo de Aguiar; BINDER, Vanessa Alessi Manzi (Orgs.), *op. cit.*, 2010, p. 81.
133. LAMB, Roberto e JUENEMANN, João Verner (Coords.). "Guia de orientação para melhores práticas de comitês de auditoria". Instituto Brasileiro de Governança Corporativa (série Cadernos de Governança Corporativa, 7). São Paulo: IBGC, 2009.

- liderar as atividades de conformidade da instituição e promover uma abordagem consistente com esforços globais de conformidade;
- avaliar o cumprimento, por parte da instituição (mantenedora e mantida), de leis, normas e regulamentações que lhe são aplicáveis;
- acompanhar a atuação dos órgãos reguladores (MEC, Inep, CNE etc.) em procedimentos de avaliação (conceito de curso), supervisão (medida cautelar administrativa) e regulação (autorização de cursos);
- acompanhar e avaliar a atuação dos órgãos reguladores e discutir o posicionamento da instituição sobre o assunto (por exemplo, posicionamento sobre eventual alteração dos instrumentos de avaliação de cursos);
- certificar-se de que todos os assuntos relativos ao cumprimento de regulamentações e referentes a todas as rotinas próprias do setor educacional foram considerados e efetivados (por exemplo, saber se a instituição cumpre a regra da contratação do percentual mínimo de professores doutores exigido pela legislação educacional);
- obter atualizações regulares dos diversos setores da entidade e dos advogados da instituição com relação a assuntos que possam causar impactos relevantes nos diversos demonstrativos (financeiros, contábeis, fiscais, regulatórios etc.) ou na política de conformidade adotada pela instituição;
- revisar os resultados de investigações da instituição e seu acompanhamento (incluindo ações disciplinares) em quaisquer atos fraudulentos ou de não conformidade;
- revisar os resultados e as respostas da instituição em relação às avaliações realizadas pela autoridade regulatória (MEC/Inep), apontando caminhos para a melhoria contínua dos cursos e da própria instituição;
- avaliar a efetividade e a conformidade do sistema de controles internos da instituição;
- desenvolver a gestão de riscos e controles, tendo como base a matriz de risco adotada pela instituição;
- analisar a necessidade de treinamento ou capacitação em determinado setor da instituição, tendo em vista as alterações regulatórias pertinentes;
- avaliar a adequação das estruturas de controles internos para a gestão de riscos, comparando a complexidade da instituição com as práticas do mercado em que atua e as possíveis exigências legais e regulatórias;
- avaliar o processo decisório e assegurar que estejam claramente definidos os responsáveis pelo monitoramento de cada risco, assim como devidamente segregadas as funções;
- propor à mantenedora a implementação e/ou alteração de normas ou procedimento internos já existentes, visando aprimorar as estruturas e as políticas da instituição, e mitigar os riscos institucionais;

- submeter à mantenedora relatórios periódicos de conformidade em relação aos controles da instituição;
- posicionar regularmente a mantenedora sobre as atividades desenvolvidas pelo comitê e fazer as recomendações que achar pertinentes.

Embora essas competências e atribuições não esgotem o assunto, é importante que a instituição delimite o escopo do comitê de *compliance,* a fim de evitar a sobreposição de competências e o subaproveitamento do comitê.

Conforme vimos anteriormente, no que diz respeito às IES, é imprescindível que o modelo de *compliance* adotado leve em conta as exigências regulatórias próprias do setor, pois algumas estruturas de gestão já fazem partem da exigência legal e regulatória, como a figura da Comissão Própria de Avaliação (CPA). Podemos dizer que a CPA é uma espécie de comitê de *compliance* setorizado, ou seja, é um comitê que, em virtude de exigências legais, já está naturalmente desenvolvendo algumas atividades similares às atribuídas ao comitê de *compliance.*

Nos termos dos dispositivos da lei que instituiu o Sinaes, toda IES, pública ou privada, constituirá uma CPA com a atribuição de conduzir os processos de avaliação internos da instituição, e de sistematizar e prestar as informações solicitadas pelo Inep e pelo próprio MEC. A figura da CPA é similar à do comitê de *compliance* em virtude de, entre outras atribuições, ser um órgão autônomo em relação aos conselhos e demais órgãos colegiados existentes na IES. A CPA tem a prerrogativa de desenvolver propostas de autoavaliação institucional e dos cursos oferecidos, em consonância com a comunidade acadêmica e os conselhos superiores da instituição. Os objetivos da CPA são similares aos do comitê de *compliance*, sendo ambos órgãos em constante reformulação, como se estivessem desenvolvendo uma auditoria permanente.

Evidentemente, as competências do comitê de *compliance* a respeito de todas as atividades desenvolvidas pela IES são muito mais amplas do que as da Comissão Própria de Avaliação. De todo modo, na proposição de um comitê de *compliance* para uma IES, a CPA é imprescindível ao programa, uma vez que suas atribuições, embora decorrentes de determinação legal, são complementares às competências de um comitê de *compliance* específico para o setor.

O comitê de *compliance* e a CPA têm funções complementares, já que ambos visam realizar constantes avaliações sobre os processos de aquisição de conhecimentos, embora em diferentes graus.

Na formulação de um modelo de *compliance* para instituições educacionais, o grupo de trabalho responsável por implantar o programa deve aproveitar a estrutura já formada em cada instituição, conforme seu porte e natureza jurídica. Se uma instituição educacional de pequeno porte, por exemplo, com apenas uma entidade mantida, criar seu comitê de *compliance*, este deverá ser composto de representantes de diversos setores da organização, para que as regras de conformidade sejam avaliadas em todo o seu conjunto. Assim, o comitê dessa instituição hipotética pode ter a seguinte composição:

* procurador institucional;
* presidente da comissão própria de avaliação;
* representante do setor administrativo;
* representante do setor financeiro/contábil;
* assessor jurídico.

Essa proposta, exemplo de composição mínima do comitê de *compliance*, deve incluir todas as definições e competências que norteiam o comitê e a própria função do *compliance*. Com isso, visa possibilitar aos membros do comitê uma visão sistêmica do funcionamento da instituição e da importância de sua função no comitê. Portanto, o primeiro objetivo do comitê de *compliance* é justamente integrar representantes de vários setores e evidenciar a importância de todos para a consecução do programa, pois todos serão interlocutores e replicadores das decisões e propostas do comitê.

O comitê de *compliance* deve estar integrado às demais políticas institucionais, de forma a assegurar a consistência delas, e todas as atividades desenvolvidas pelo comitê devem ser documentadas com base em uma *checklist* das regras de conformidade previamente estabelecidas.

Tais proviências visam garantir:

* a missão do programa de *compliance*;
* as regras para criação, alteração e revisão das políticas institucionais;
* papel do profissional de *compliance* e do comitê de *compliance*;
* processos de educação e capacitação;
* monitoramento;
* ações disciplinares e corretivas.

Considerando uma pequena organização educacional, por exemplo, seu comitê de *compliance* deve realizar reuniões periódicas, levando em conta o respectivo calendário acadêmico, com roteiro de preestabelecido para a aferição da conformidade acadêmica, regulatória, tributária, filantrópica, financeira, trabalhista e contratual. O referido roteiro faz parte do planejamento estratégico da instituição e visa cumprir metas previamente estabelecidas, e as atividades devem ser devidamente documentadas por meio dos chamados "relatórios de recomendações" (*compliance*), apresentados e disponibilizados periodicamente à diretoria ou à mantenedora.

Nesse roteiro, a atividade desenvolvida pelo comitê de *compliance* deve incluir uma *checklist* dos prazos previstos no calendário regulatório emitido pelo Ministério da Educação para fins de novos pedidos de autorização de cursos ou da abertura de processo de recredenciamento institucional, de acordo com o planejamento estratégico da entidade. Da mesma forma, o comitê de *compliance* deve fazer uma *checklist* para a aferição dos riscos de conformidade, com base nas especificidades do setor.

As instituições financeiras no Brasil, buscando fundamentos nas boas práticas internacionais, adotam a sistemática de realizar mensalmente a reunião do comitê de *compliance*, conforme sugerido pela Associação Brasileira de Bancos Internacionais (ABBI),[134] oportunidade em que discutem, por exemplo, alterações regulatórias ditadas pela Comissão de Valores Mobiliários e pelo Banco Central, entre outros órgãos, visando adequar-se às novas determinações e manter a conformidade.

O comitê de *compliance* de instituições de educação deve adotar a mesma perspectiva, por meio da integração de *expertises* diversas, criando o hábito de implementar reuniões objetivas, proativas e com resultados práticos imediatos para a instituição. Além disso, não custa lembrar que a identificação de um risco sistêmico para o setor pode funcionar como uma excelente oportunidade de crescimento, o que evidencia a importância dessa reunião.

Os membros do comitê de *compliance* devem receber e discutir relatórios regulares da auditoria interna e da auditoria independente sobre os resultados de suas atividades, incluindo respostas da diretoria a recomendações feitas sobre controles e não conformidades, acompanhando os apontamentos e as recomendações considerados mais críticos. Assim, por exemplo, o comitê de *compliance* pode sugerir que a CPA elabore um relatório sobre determinado curso que esteja apresentando problemas e, com base nesse relatório, propor medidas para melhorá-lo ou buscar sua conformidade em relação às regras de avaliação e de regulação vigentes.

Dentre as atribuições gerais do comitê de *compliance*, quando aplicado a outros setores da economia, vemos que ele valida o chamado "plano de contingência e continuidade de negócios", dando segurança à instituição. A área de *compliance* também atua fortemente na verificação de divulgação e comunicações internas e externas. Com isso, o comitê de *compliance* de uma IES também inclui a competência de validar o plano de contingência e continuidade do negócio, uma vez que propõe medidas preventivas e saneadoras capazes de resguardar a instituição de não conformidades regulatórias, acadêmicas, trabalhistas etc.

O objetivo do comitê de *compliance* de uma instituição particular de ensino é orientar e subsidiar os profissionais que ali trabalham quanto aos controles internos e externos e também quanto ao *compliance*, estabelecendo didaticamente conceitos e métodos que, além de cumprir as exigências legais, devem ser vistos como oportunidades de melhora nos parâmetros institucionais e de mercado, nos padrões éticos e na transparência de informações, de modo a minimizar os riscos e garantir condições seguras de crescimento para a instituição.

---

134. Associação Brasileira de Bancos Internacionais. Disponível em: www.abbi.com.br. Acesso em: 15 abr. 2014.

9.4. Validação do programa de *compliance*: auditoria externa e certificações do programa

A recomendação dos órgãos reguladores e dos códigos de melhores práticas de gestão define as principais finalidades para a formatação do *compliance* e dos controles internos a fim de que se tornem de fato uma estrutura operacional compatível com a estrutura da instituição e sua finalidade. Para garantir a eficácia do programa e sua correta implantação, especialmente em termos dos controles internos, é necessário que o programa seja validado e que essa validação ocorra por meio de auditoria externa e/ou certificações do programa.

Inicialmente, no que tange à auditora externa, embora o conceito deste tipo de auditoria tenha surgido especificamente no âmbito contábil, não há dúvida de que é cabível no programa de *compliance*, principalmente como mecanismo de validação dos processos e procedimentos adotados pela instituição na implantação do programa.

Para as mais recentes teorias de gestão corporativa, o conceito de auditoria externa assume novas acepções no meio empresarial e governamental, com aplicação de técnicas diversas a auditorias referentes a obras públicas, qualidade, desempenho, atuação governamental, contas, entre outras. Note-se que nem toda auditoria é contábil, mas toda auditoria se baseia em técnicas contábeis, como mecanismos de mensuração e aferição.

Auditorias são utilizadas para verificar e avaliar informações, constituindo procedimento indispensável para que a instituição atinja plenamente suas metas. Apesar de instrumento obrigatório para os mercados financeiros e de capitais e para as atividades reguladas, também é uma importante ferramenta de transparência e credibilidade para todo tipo de empresa. Daí ser utilizada por gestores que desejam ver seus riscos minimizados.

A auditoria externa é realizada por profissional totalmente independente da empresa ou instituição auditada, e o objetivo do auditor externo é emitir opinião sobre demonstrações financeiras, contábeis, de desempenho e de qualidade, entre outros demonstrativos. Assim, podemos inferir que a auditoria externa não é voltada a detectar fraudes, erros ou interferir na administração da instituição, nem a reorganizar o fluxo de processos ou demitir pessoas ineficientes. Naturalmente, no decorrer do processo de auditoria, o auditor pode encontrar fraudes ou erros, mas seu objetivo não é esse. Em termos de *compliance*, o objetivo da auditoria externa é validar os procedimentos adotados para sua implantação, gestão e desenvolvimento.

No setor educacional privado, é imprescindível que todas as instituições se submetam aos processos de avaliação relativos à utilização de seus recursos, com a finalidade de melhorá-los. A auditoria externa age de forma a averiguar todos os procedimentos internos e as políticas definidas pela instituição no programa de *compliance*, tornando possível detectar se os sistemas de controles internos estão sendo efetivos e realizados segundo os critérios estabelecidos pelo programa.

Em geral, a auditoria interna trabalha mais como uma coordenação dentro da organização, enquanto a auditoria externa avalia e valida os procedimentos adotados utilizando-se, para tanto dos resultados da auditoria interna. Portanto, as duas áreas devem unir seus trabalhos para melhor aproveitar recursos, benefícios e competências

No setor educacional privado, a auditoria externa pode avaliar e validar todos os procedimentos regulatórios da instituição que tenham impacto em sua expansão, ou seja, a auditoria externa pode avaliar, por exemplo, se a instituição está seguindo os procedimentos de *compliance* tendentes a não incidir em nenhuma não conformidade acadêmica que repercuta no âmbito regulatório. A auditoria externa valida se os colaboradores e os gestores estão de fato se valendo do *compliance* para resguardar a instituição dos custos da não conformidade.

Especificamente, a auditoria externa poderá fazer a validação do programa de *compliance* adotado pela instituição educacional por meio dos aspectos legais, regulatórios e acadêmicos, com base nas seguintes perspectivas:

a. **Auditoria legal:** revisão de toda a documentação relacionada com a área jurídica e administrativa de uma empresa, do individuo e da regularidade do seu registro, de contratos em vigor, da situação patrimonial, de eventuais questões imobiliárias, tributárias, ambientais, ações e execuções cíveis;

b. **Auditoria regulatória:** objetiva detectar quaisquer deficiências e a maneira de recomendar ações corretivas necessárias dentro do marco regulatório que rege as instituições educacionais privadas. No âmbito da Educação Superior, por exemplo, a auditoria regulatória está intimamente atrelada aos atos regulatórios ditados pelo MEC, tais como o credenciamento de instituições, a autorização para o funcionamento de cursos etc;

c. **Auditoria acadêmica:** avaliação sistemática e analítica da situação da organização educacional como um todo, com o objetivo de aferir se as atividades e os processos acadêmicos se apresentam adequadamente e em conformidade com leis, regulamentos e políticas institucionais. A auditoria acadêmica é independente e se reporta à alta administração, projetando subsídios para fornecer valores, melhoria nas atividades, nos processos acadêmicos e nos procedimentos destinados a avaliar, testar, verificar, recomendar e enfatizar o cumprimento de metas, objetivos e demais normas de regulamentação do setor.

A auditoria acadêmica externa pode validar os procedimentos adotados pela instituição, como a readequação dos Projetos Pedagógicos de Cursos (PPC) e do Plano de Desenvolvimento Institucional (PDI), além dos procedimentos inerentes ao regimento interno; a auditoria regulatória externa também pode validar os procedimentos adotados pela instituição referentes, por exemplo, a pedidos de autorização de novos cursos, aumento de vagas etc. Já a auditoria legal externa é mais complexa por englobar uma validação mais ampla, incluindo tributos, contratos e questões patrimoniais, entre outras.

A fim de atender às determinações da Lei Sarbanes-Oxley, a auditoria externa deve fazer parte do conjunto de procedimentos que compõem o *compliance*, motivo pelo qual se mostra imprescindível para o êxito do programa em instituiçõs privadas de educação.

Em relação aos procedimentos de auditoria externa, é possível que os programas de integridade também passem por certificações que reconheçam a efetividade da adoção do programa. Embora as certificações não sejam obrigatórias, são importantes para mensurar a efetividade do programa de integridade.

No Brasil e no exterior, há organizações com credibilidade e *expertise* técnica na certificação de programas de integridade. Normalmente, com algumas variações e diferentes complexidades, o processo de certificação tem diversas etapas de avaliação e, ao final, é conferida à empresa avaliada uma certificação independente daquela que lhe é adequada e está de acordo com a legislação à qual está sujeita. Também submete o programa a testes periódicos, que funcionam como monitoramento de sua efetividade ao longo do tempo.

A Organização Internacional de Normatização (ISO), instituição não governamental que desenvolve normas de padronização nas mais diversas áreas técnicas de interesse econômico e social, desenvolveu a ISO 37001, norma que visa criar um modelo de certificação internacional para programas de *compliance*. Também existe a ISO 19600 (*Compliance Management Systems – Guidelines*), mais generalista na área de gestão de *compliance*.

A Controladoria Geral da União (CGU) adota um sistema de avaliação para a concessão do chamado 'Selo Pró-Ética'. A iniciativa consiste em fomentar a adoção voluntária de medidas de integridade pelas organizações, por meio do reconhecimento público daquelas que, independentemente do porte e do ramo de atuação, se mostram comprometidas a implementar medidas voltadas para prevenção, detecção e remediação de atos de corrupção e fraude. O "Pró-Ética" apresenta um guia de integridade e consagra as melhores práticas adotadas por organizações de diferentes naturezas jurídicas.

As certificações podem se mostrar valiosas para a estruturação de um programa de integridade efetivo na conjuntura atual, quando cada vez mais empresas buscam fazer negócios com parceiros que compartilhem os mesmos padrões de preservação da ética e da concorrência justa. Portanto, possuir um programa de *compliance* certificado pode não apenas mitigar riscos e evitar perdas, mas também gerar valor e fomentar negócios.

REFERÊNCIAS BIBLIOGRÁFICAS

AMARAL, Nelson Cardoso. *Financiamento da educação superior: Estado x mercado*. São Paulo: Cortez/Unimep, 2003.

ARIÑO Ortiz, Gaspar. "La Liberalización de los Servicios Públicos en Europa. Hacia un nuevo modelo de regulación para la competência". In: CASSAGNE, Juan Carlos & ARIÑO Ortiz, Gaspar (Eds.). *Servicios Públicos, Regulación y Renegociación*. Buenos Aires: Abeledo Perrot, 2005.

ASSI, Marcos. *Gestão de compliance e seus desafios: como implementar controles internos*. São Paulo: Saint Paul, 2013.

ASSOCIAÇÃO Brasileira de Bancos Internacionais (ABBI) e Federação Brasileira de Bancos (Febraban). Função de *Compliance*. Disponível em www.abbi. com.br e www.febraban. org.br. Acesso em: 04 nov. 2018.

ATALIBA, Geraldo. "IPTU: progressividade". *Revista de Direito Público*, São Paulo, v. 23, n.º 93, p. 233, jan./mar. 1990, p. 243.

BACIGALUPO, Enrique. *Compliance y Derecho Penal*. Buenos Aires: Hammurabi, 2012.

BANCO CENTRAL DO BRASIL (www.bcb.gov.br). "Auditoria Interna e Compliance na visão do BACEN: Perspectiva e Responsabilidade." 8º Congresso Febraban de Auditoria Interna e *Compliance*, 2007.

BANK for International Settlements (BIS). *Enhancing Corporate Governance for Banking Organizations*, Basel Committee on Supervision, Fev. 2006. Disponível em: www.bis.org. Acesso em: 1º nov. 2012.

BANK for International Settlements (BIS). *The* Compliance *Function in Banks – Consultative Document*, October 2003, p. 3. Disponível em: www.bis.org. Acesso em: 19 out. 2012.

BARBI FILHO, Celso. "Acordo de acionistas: panorama atual do Instiuto no Direito brasileiro e proposta para a reforma de sua disciplina legal". *Revista de Direito Mercantil, Industrial, Econômico e Financeiro*. São Paulo, ano XL, n.º 121, 2001.

BARRETO, Maria Inês. "As organizações sociais na reforma do Estado brasileiro". In PEREIRA, Luiz Carlos Bresser; GRAU, Nuria Cunill (Orgs.) *O público não estatal na reforma do Estado*. Rio de Janeiro: Fundação Getúlio Vargas, 1997.

BERMAM, Marshall. *Tudo o que é sólido desmancha no ar – A aventura da modernidade.*São Paulo: Companhia das Letras, 1992.

BERTOLDI, Marcelo M.; RIBEIRO, Márcia Carla Pereira. *Curso avançado de Direito Comercial.* 6. ed., rev. e atual. São Paulo: Revista dos Tribunais, 2011.

BORGES, José Souto Maior. *Teoria geral da isenção tributária.* 3. ed. São Paulo: Malheiros Editores, 2001.

BRASIL, MEC, INEP. Comissão Nacional de Avaliação da Educação Superior. Sistema Nacional de Avaliação da Educação Superior. "Bases para uma proposta de Avaliação da Educação Superior". Brasília: Conaes, 2003.

BRASIL. Presidência da República, Câmara da Reforma do Estado, Ministério da Administração Federal e Reforma do Estado. "Plano Diretor da Reforma do Aparelho do Estado", 1995.

BRITO, Osias Santana de. *Controladoria de risco-retorno em instituições financeiras.* São Paulo: Saraiva, 2003.

BUCCI, Maria Paula Dallari. "As políticas públicas e o Direito Administrativo". *Revista Trimestral de Direito Público*, São Paulo, n.º 13, 1996.

CADBURY COMMITTEE. *The report os the committee on financial aspects of corporate governance.* Londres: Cadbury Committee, 1992.

CANDELORO, Ana Paula P., DE RIZZO, Maria Balbina Martins, e PINHO, Vinícius. Compliance *360°: riscos, estratégias, conflitos e vaidades no mundo corporativo.* São Paulo: Trevisan Editora Universitária, 2012.

CARMELLO, Eduardo. *Resiliência: transformação como ferramenta para construir empresas de valor.* São Paulo: Gente, 2008.

CHIAVENATO, Idalberto. *Teoria geral da administração.* Rio de Janeiro: Campus, 2006.

COELHO, Fábio U. *Manual de Direito Comercial.* São Paulo: Saraiva, 2003.

COIMBRA, Marcelo de Aguiar e BINDER, Vanessa Alessi Manzi (Orgs.). *Manual de* compliance: *preservando a boa governança e a integridade das organizações.* São Paulo: Atlas, 2010.

COMPARATO, Fábio Konder. "Ensaio sobre o juízo de constitucionalidade de políticas públicas". Revista dos Tribunais, São Paulo, ano 86, n.º 737.

CONSELHO NACIONAL DE EDUCAÇÃO. Parecer CNE/CES n.º 261/2006, de 9 de novembro de 2006, convertido na Resolução CNE/CES n.º 3, de 2 de julho de 2007, que dispõe sobre procedimentos a serem adotados quanto ao conceito de hora-aula.

CONSELHO NACIONAL DE EDUCAÇÃO. Resolução n.º 2, de 17 de outubro de 2010, que institui as Diretrizes Curriculares Nacionais do curso de graduação em Arquitetura e Urbanismo, alterando dispositivos da Resolução CNE/CES n.º 6/2006.

CORRÊA, Walter Barbosa. "Não-Incidência – imunidade e isenção". *Revista de Direito Administrativo*, n.º 73, p. 444.

Coso (Committee of Sponsoring Organizations of the Treadway Comission). *Coso Enterprise Risk Management – Integrated Framework.* Set. 2004. Disponível em: http://www.cpa2biz.com/AST/Main/CPA2BIZ_Primary/InternalControls/ COSO/PRDOVR~PC-990015/PC-990015.jsp. Acesso em: 19 mar 2014.

CREUZ, Luís Rodolfo Cruz e. *Acordo de quotistas.* São Paulo: IOB Thomson, 2007.

DA SILVA, Edson Cordeiro. *Governança corporativa nas empresas: guia prático de orientação para acionistas, investidores, conselheiros de administração, executivos, gestores, analistas de mercado e pesquisadores.* 2. ed. São Paulo: Atlas, 2010.

DAUDT, Edmar Vianei Marques. "Imunidade das entidades assistenciais". Curitiba, 2003, p. 80. Dissertação (Mestrado em Direito) – Curso de Pós-Graduação em Direito, Universidade Federal do Paraná.

DE BANDT, Olivier e HARTMANN, Philipp. *Systemic Risk: A survey.* (Working Paper), n.° 35, Berlim: European Central Bank, 2000.

FABRETTI, Láudio Camargo. *Fusões, aquisições, participações e outros instrumentos de gestão de negócios: tratamento jurídico, tributário e contábil.* São Paulo: Atlas, 2005.

FARACO, Carlos Emílio e MOURA, Francisco Marto de. *Língua e literatura. Vol. I,* São Paulo: Ática, 1990.

FERRAZ, Sérgio e DALLARI, Adilson Abreu. *Processo Administrativo.* São Paulo: Malheiros Editores, 2001.

FERREIRA JARDIM, Eduardo Marcial, *Comentários ao Código Tributário Nacional.* Coord. Ives Gandra da Silva Martins. Saraiva: São Paulo, 1998.

FERREIRA, Lucinete. *Retratos da avaliação: conflitos, desvirtuamentos e caminhos para a superação.* Porto Alegre: Mediação. 2002.

FRANÇA, G. V. *Noções de jurisprudência médica.* João Pessoa: Editora Universitária, UFPB, 1977.

GIOVANNI. Wagner. Compliance: *a excelência na prática.* 1. Ed. (*Editora independente*). São Paulo: 2014.

GONÇALVES, José Antônio Pereira. *Alinhando processos, estrutura e compliance à gestão estratégica.* São Paulo: Atlas, 2012.

GRAU, Eros Roberto. *O Direito posto e o Direito pressuposto.* 3. ed. São Paulo: Malheiros Editores, 2000.

GRAZZIOLI, Airton e PAES, José Eduardo Sabo. Compliance *no terceiro setor. Controle e integridade nas organizações da sociedade civil.* São Paulo: Editora Elevação, 2018.

GROPPELLI, A. A. e NIKBAKHT, E. *Administração financeira.* 2. ed. São Paulo: Saraiva, 2005.

HOJI, Masakazu. *Administração financeira: uma abordagem prática.* 2. ed. São Paulo: Atlas, 2004.

HOUAISS, Antônio. *Dicionário Houaiss da Língua Portuguesa*, disponível em http://houaiss.uol.com.br. Acesso em: 19 out. 2018.

INSTITUTO BRASILEIRO de Governança Corporativa (IBGC). *Governança Corporativa*. São Paulo: IBGC, 2004

INTERNACIONAL ORGANIZATION of Securities Commission (Iosco). *The Function of Compliance Officer: Study on What the Regulations of the Member's Jurisdictions Provide for the Function of Compliance Officer*. Outubro de 2003. Disponível em: www.iosco.org. Acessado em 20 de outubro de 2012.

JUSTEN FILHO, Marçal. *Curso de Direito Administrativo*. São Paulo: Saraiva, 2005.

LA ROCQUE, Eduarda (Coord.). *"Guia de orientação para o gerenciamento de riscos corporativos."* Instituto Brasileiro de Governança Corporativa, Série Cadernos de Governança Corporativa, n.º 3. São Paulo: IBCG, 2007.

LAMB, Roberto; JUENEMANN, João Verner (Coords.). "Guia de orientação para Melhores Práticas de Comitês de Auditoria". Instituto Brasileiro de Governança Corporativa (Série Cadernos de Governança Corporativa, 7). São Paulo: IBGC, 2009.

LAURETTI, Lélio. SOLÉ, Adriana de Andrade. *Código de conduta: evolução, essência e elaboração – a ponte entre a ética e a organização*. Belo Horizonte: Fórum, 2019.

LUNARDELLI, Pedro Guilherme Accorsi. *Isenções tributárias*. São Paulo: Dialética, 1999.

MACHADO, Hugo de Brito. "Imunidade tributária". In: MARTINS, Ives Gandra da Silva (Coord.). *Imunidades Tributárias, Pesquisas Tributárias n.º 4*. São Paulo: Resenha Tributária e Centro de Extensão Universitária, 1998, p. 80-95.

MAEDA, Bruno Carneiro. "Programas de *Compliance* Anticorrupção: importância e elementos essenciais". In *Temas de Anticorrupção & Compliance*, Alessandra Del Debbio, Bruno Carneiro Maeda, Carlos Henrique da Silva Ayres, coordenadores. Rio de Janeiro: Elsevier, 2013

MALISKA, Marcos Augusto. *O direito à educação e a Constituição*. Porto Alegre: Sérgio Fabris, 2001.

MAMEDE, Gladston; MAMEDE, Eduarda Cotta. Holding *familiar e suas vantagens: planejamento jurídico e econômico do patrimônio e da sucessão familiar.* 3. ed., São Paulo: Atlas, 2012.

MANZANO, Edison Antônio; Ernest & Young (coautoria). Compliance *e auditoria de sistemas nas transações de e-commerce*. São Paulo: IBCG. 2003.

MANZI, Vanessa Alessi. Compliance *no Brasil: consolidação e perspectivas*. São Paulo: Saint Paul, 2008.

MARTINS, Ives Gandra da Silva. "Imunidade tributária das fundações de apoio às instituições de ensino superior – Inconstitucionalidade de Disposições da Lei n.º 9.532/97 – Requisitos exclusivos para gozar da imunidade do art. 14

do Código Tributário Nacional". *Revista Dialética de Direito Tributário, São Paulo*, Dialética, p. 97-117, 1998.

MAXIMIANO, Antonio César Amaru. *Fundamentos de administração*. 2. ed. São Paulo: Atlas, 2007.

MICHAELLIS. *Dicionário Michaellis*. Disponível em http://michaelis.uol.com.br. Acesso em: 3 out. 2012.

MONTESQUIEU, Charles Louis de Secondat, baron de la Brède et de. *O espírito das leis*. Trad. Fernando Henrique Cardoso. Brasília: Universidade de Brasília, 1995.

MORAES, Bernardo Ribeiro de. *Doutrina e prática do Imposto de Indústria e Profissões*. Ts. I e II. São Paulo: Max Limonad, 1964.

MOREIRA NETO, Diogo Figueiredo. *Mutações do Direito QAdministrativo*. Rio de Janeiro: Renovar, 2000.

MOREIRA, Vital. *Autorregulação profissional e administração pública*. Coimbra: Coimbra Editora, 1997.

NASCIMENTO, Auster Moreira e REGINATO, Luciane (Orgs.). *Controladoria: um enfoque na eficácia organizacional*. 2. ed. São Paulo: Atlas, 2009

NEWTON, Andrew. *The Handbook of Compliance: Making ethics work in financial service*. Mind into Matter. 2002.

ORDEM DOS ADVOGADOS DO BRASIL, Seccional do Distrito Federal, Cartilha "Programa de Integridade em Organizações do terceiro setor: Manual de *Compliance*". Acesso em 13 de dezembro de 2018.

ORGANIZAÇÃO para Cooperação e Desenvolvimento Econômico (OCDE). *OEDC principles of corporate governance*. Paris: OECD, 1999.

PAES, José Eduardo Sabo. *Fundações, associações e entidades de interesse social: aspectos jurídicos, administrativos, contábeis, trabalhistas e tributários*. 9. ed. rev. e atual. Rio de Janeiro: Forense, 2018.

PASCUAL, J. G. *Análisis de la empresa através de su información económico-financiera: fundamentos teóricos e aplicaciones*. Madri: Ediciones Pirámide. 2001.

PERRENOUD, P. *Avaliação: da excelência à regulação das aprendizagens*. Porto Alegre: Artmed, 1999.

RAWLS, John.*Uma teoria da justiça*. São Paulo: Martins Fontes, 2000.

REALE, Miguel. *Lições preliminares de Direito*. 22 ed. São Paulo: Saraiva, 1995.

SANTOS, Edno Oliveira. *Administração financeira da pequena e média empresa*. São Paulo: Atlas, 2001.

SCHILDER, Arnold. "Banks and the Compliance Challenger". In: Asian Banker Summit, Bangkok, 16 mar. 2006. Proceedings. "TI Corruption Perception Index", *Transparency International*, 2008. Disponível em: <www.transparency.org>. Acesso em: 20 out. 2018.

SILVA, Daniel Cavalcante. "A finalidade extrafiscal da norma tributária como mecanismo de implementação de políticas públicas: análise da casuística do

Programa Universidade Para Todos (Prouni)". Dissertação apresentada para obtenção do título de mestre em Direito e Políticas Públicas pelo Centro Universitário de Brasília – UniCeub, 1997.

SILVA, Daniel Cavalcante. *O direito do advogado em 3D: Um sacerdócio – Uma análise sobre o advogado moderno e um legado às gerações futuras.* Brasília: Ensinamento, 2012.

SILVA, Daniel Cavalcante; SANT'ANA, Sérgio Henrique Cabral. "Aprimoramento e atualização das estruturas de gestão jurídico-corporativa das entidades de ensino superior". In *Competitividade na gestão jurídico-regulatória das entidades privadas de ensino.* Brasília: Ensinamento, 2013.

SILVA, Edson Cordeiro da. *Como administrar o fluxo de caixa das empresas: guia prático e objetivo de apoio aos executivos.* 2. ed. rev. São Paulo: Atlas, 2006.

SILVA, Janssen Felipe. *Avaliação na perspectiva formativa-reguladora: pressupostos teóricos e práticos.* Porto Alegre: Mediação, 2006.

SOBRINHO, José Dias. "O Sistema Nacional de Avaliação da Educação Superior – Sinaes". In PEREIRA, Antônio Jorge da Silva; SILVA, Cinthya Nunes Vieira; MACHADO, Décio Lencioni; COVAC, José Roberto; FELCA, Marcelo Adelqui (Coords.). *Direito Educacional: Aspectos práticos e jurídicos.* São Paulo: Quartier Latin, 2008.

SOUSA, Rubens Gomes de. "Isenções fiscais – substituição de tributos. Emenda Constitucional n.° 18. Ato complementar n.° 27. Imposto de vendas e consignação. Imposto sobre circulação de mercadorias". Parecer. *Revista de Direito Administrativo*, n.° 88, p. 259.

SOUSA, Sandra M. Lian. "Avaliação do rendimento escolar como instrumento de gestão educacional". In: OLIVEIRA, Dalila (Org.) *Gestão democrática da educação: desafios contemporâneos.* Petrópolis: Vozes, 1997.

SOUTO, Marcos Jurema Villela. *Direito Administrativo da economia.* 3. ed. Rio de Janeiro: Lumen Júris, 2003.

STÄHLER, Patrick. *Geschäftsmodelle in der digitalen Ökonomie.* Colônia: Josef Eul, 2002.

AGRADECIMENTOS

UM DOS SEGREDOS mais valiosos que aprendemos no decorrer da nossa caminhada está oculto na aparência externa do que é mais óbvio: a gratidão. A gratidão é algo que nos liberta de expectativas e de ansiedades, reconciliando-nos com os fatos como eles são. Agradecer é uma opção pela simplicidade, e a simplicidade nos permite percorrer sempre o caminho da bem-aventurança.

Quando percebemos a importância do momento em que vivemos, passamos a ser gratos pelas oportunidades que nos rodeiam o tempo todo. Agradecer passa a ser um ato de amor incondicional, um exercício de desapego, uma opção pelo suficiente e o reconhecimento de que a vida é completa em si mesma a cada momento. Eis que uma gratidão espontânea surge inevitavelmente quando percebemos que a vida biológica não nos pertence. Ela constitui uma dádiva provisória. Ela é colocada ao nosso alcance para que possamos aprender que a sabedoria é um processo cíclico para o qual somos convidados durante algum tempo. Somos hóspedes, e não proprietários, e, estando na condição de hóspedes, devemos agradecer diariamente.

Por todas essas razões, temos muitos motivos para agradecer, sobretudo porque esta obra é fruto de uma longa parceria e de um intenso intercâmbio profissional vivido no cotidiano de diversas entidades representativas e instituições privadas de ensino no país, possibilitando-nos contextualizar experiências, condensar conhecimentos e angariar valiosos subsídios. Os agradecimentos são mais do que necessários.

Da mesma forma, como já explicitado em obras anteriores, temos ciência de que agradecer publicamente constitui uma temeridade, pois pode haver o risco de que nos esqueçamos de alguma pessoa querida. Assumiremos esse risco, desculpando-nos desde já por eventual esquecimento.

Inicialmente, agradecemos a Deus, pai e amigo tão presente. Devemos a Ele a oportunidade desta parceria tão profícua. Que, com a intersessão de Maria, seja ela bastante frutífera.

Agradecemos às nossas famílias pelo amor incondicional, irrestrito incentivo e, principalmente, pela compreensão dos momentos em que estivemos ausentes. Esperamos que o livro justifique ao menos os sacrifícios e privações suportados nos últimos anos. Aos nossos filhos, que são os nossos grandes professores, agradecemos pelas lições diárias.

Aos amigos e sócios de escritório, Kildare Araújo Meira, João Paulo de Campos Echeverria, Sérgio Henrique Cabral Sant'Ana, Gilberto da Graça Couto Filho e Iara Lucas de Sá Covac, agradecemos o apoio, o intercâmbio intelectual e a convivência fraterna, que nos possibilitaram o desenvolvimento desta obra.

Como este livro nasceu de experiências vividas na trajetória profissional, agradecemos aos gestores de todas as entidades representativas do ensino superior privado com as quais obtivemos relevantes vitórias e com cujo cotidiano pudemos colaborar: Fórum das Entidades Representativas do Ensino Superior Particular (Fórum); Sindicato das Entidades Mantenedoras de Estabelecimentos de Ensino Superior no Estado de São Paulo (Semesp); Associação Brasileira de Mantenedoras do Ensino Superior (Abmes); Sindicato das Entidades Mantenedoras dos Estabelecimentos de Ensino Superior no Estado do Rio de Janeiro (Semerj); Associação Brasileira de Mantenedoras de Faculdades (Abraf); Associação Nacional dos Centros Universitários (Anaceu); Associação Nacional das Universidades Particulares (Anup); além das diversas instituições de ensino superior que representamos no país. O nosso muito obrigado!

Agradecemos também ao professor Ives Gandra da Silva Martins, fundador e presidente emérito do Centro de Extensão Universitária (CEU), amigo de longa data e companheiro de batalhas na melhoria do ensino superior privado no país.

Aos amigos que tivemos a ventura de conhecer e dos quais, em razão da convivência profícua e festiva, também extraímos importantes lições, deixamos aqui registrado os nossos mais sinceros agradecimentos.

SOBRE OS AUTORES

Daniel Cavalcante Silva é advogado e sócio da Covac Sociedade de Advogados. mestre em Direito e Políticas Públicas e MBA em Direito e Política Tributária, com ampla experiência na atuação com Direito Educacional. Autor de diversos artigos e livros na área jurídica. Indicado entre os "Dez Advogados Mais Admirados no Setor de Educação, Revista *Análise Advocacia 500*, em 2012 e 2015.

José Roberto Covac é autor de uma série de livros e artigos que discutem as interligações entre Direito e Educação. Considerado um dos maiores especialistas em Direito Regulatório Educacional do país, ele é sócio da Covac Sociedade de Advogados e leciona em instituições como Unaerp e Unisal. Indicado entre os "Dez Advogados Mais Admirados no Setor de Educação, Revista *Análise Advocacia 500*, em 2015 e 2017.

Direção editorial
MIRIAN PAGLIA COSTA

Direção de produção
HELENA MARIA ALVES

Preparação de texto & Revisão
PAGLIACOSTA EDITORIAL

Capa & Editoração eletrônica
YVES RIBEIRO

Impressão & Acabamento
ASSAHI

Impresso no Brasil
Printed in Brazil

Formato	170 x 240 mm
Mancha	136 x 206 mm
Tipologia	Minion
Papel (miolo)	Chambril 75 gr/m^2
Papel (capa)	Cartão 250 gr/m^2
Páginas	256